职业教育旅游类专业升级与数字化改造系列教材

# 文旅产业基础

刘迎华 主 编
杜 梦 孟凤娇 满孝平 副主编

清华大学出版社
北京

## 内 容 简 介

文旅融合是当前旅游业发展的重要趋势，国家也出台了相关政策，促进文旅融合发展。本书将传统的旅游类专业基础课程"旅游学概论"的内容重构，增加了文旅融合方面的知识内容，从而构建了符合当前文旅融合发展需要的内容。本书主要包括三篇，分别是理论篇、产业篇和职业篇。理论篇包括旅游理论基础、会展理论基础、研学旅行理论基础以及文化创意与策划理论基础；产业篇包括旅游业、会展业、研学旅行业与文化创意业；职业篇包括文旅行业职业岗位、文旅职业资格证书。本书旨在使学生既能在理论方面认知文旅，又能初步了解文旅相关产业发展现状，还能为将来的职业发展打好基础。书中配套了丰富的学习资源，扫描书中二维码既可获取。

本书可作为职业教育旅游类专业教材，也可以作为各类文旅企业及从业人员的培训、学习用书。

本书封面贴有清华大学出版社防伪标签，无标签者不得销售。
版权所有，侵权必究。举报：010-62782989，beiqinquan@tup.tsinghua.edu.cn。

图书在版编目（CIP）数据

文旅产业基础 / 刘迎华主编 . —北京：清华大学出版社，2023.8（2024.8 重印）
职业教育旅游类专业升级与数字化改造系列教材
ISBN 978-7-302-63693-9

Ⅰ. ①文… Ⅱ. ①刘… Ⅲ. ①文化产业－中国－职业教育－教材 ②旅游业发展－中国－职业教育－教材 Ⅳ. ① G124 ② F592.3

中国国家版本馆 CIP 数据核字（2023）第 102179 号

责任编辑：聂军来
封面设计：刘　键
责任校对：刘　静
责任印制：沈　露

出版发行：清华大学出版社
　　　　　网　　址：https://www.tup.com.cn，https://www.wqxuetang.com
　　　　　地　　址：北京清华大学学研大厦 A 座　　　　邮　编：100084
　　　　　社 总 机：010-83470000　　　　　　　　　　邮　购：010-62786544
　　　　　投稿与读者服务：010-62776969，c-service@tup.tsinghua.edu.cn
　　　　　质量反馈：010-62772015，zhiliang@tup.tsinghua.edu.cn
　　　　　课件下载：https://www.tup.com.cn，010-83470410
印 装 者：三河市铭诚印务有限公司
经　　销：全国新华书店
开　　本：185mm×260mm　　　　印　张：15.75　　　　字　数：376 千字
版　　次：2023 年 8 月第 1 版　　　　　　　　　　　印　次：2024 年 8 月第 2 次印刷
定　　价：56.00 元

产品编号：099894-02

# 序　言

　　习近平总书记在主持中央政治局第三十四次集体学习时强调，发展数字经济是把握新一轮科技革命和产业变革新机遇的战略选择。《中华人民共和国国民经济和社会发展第十四个五年规划和2035年远景目标纲要》提出，迎接数字时代，激活数据要素潜能，推进网络强国建设，加快建设数字经济、数字社会、数字政府，以数字化转型整体驱动生产方式、生活方式和治理方式变革。党的二十大报告指出，推进教育数字化，建设全民终身学习的学习型社会、学习型大国。这些都表明，数字化转型是世界范围内教育转型的重要载体和方向，以数字化转型推动职业教育的创新发展是新时代赋予职业院校的历史使命，也是职业教育主动贯彻国家战略，服务经济社会数字化转型的必然选择。

　　2021年，教育部印发的《职业教育专业目录（2021年）》从专业名称到内涵全面进行数字化改造。2022年，教育部发布的《职业教育专业简介》突出了职业岗位能力培养，更新了课程体系，升级了专业内涵。在《职业教育专业目录（2021年）》中，旅游大类下分别设置了旅游类和餐饮类两个小类，其中旅游类又设置了旅游管理等13个专业。在新时代、新产业、新目录、新简介、新标准下，如何实现旅游类专业升级和数字化改造成为旅游职业教育高质量发展的重大课题。

　　青岛酒店管理职业技术学院作为参与《职业教育专业目录（2021年）》和《职业教育专业简介》（2022版）研制的单位之一，依托"双高计划"建设的有利契机，积极探索专业升级和数字化改造的路径与方法，将纸质教材的数字化改造作为推进专业升级和数字化改造的重要内容。学校坚持践行立德树人根本任务，适应新时代技术技能人才培养的新要求，服务经济社会发展、产业转型升级、技术技能积累和文化传承创新，牵头打造了职业教育旅游类专业升级与数字化改造系列教材。本系列教材具有以下特点。

　　一是强化课程思政，以习近平新时代中国特色社会主义思想为指导，在教材编写过程中充分融入中华优秀传统文化，引导学生树立正确的世界观、人生观和价值观。

　　二是突出校企双元开发，兼顾理论，强调实践，满足不同学习方式需求，注重以典型工作任务、案例等为载体组织教学单元，融入相关"1+X"职业技能等级证书标准。

　　三是注重数字化资源融入，面向教师"教"、学生"学"和教学做一体化，教材中以二维码的形式，大量融入微课、动画、案例、表格、电子活页等，同时还有大量面向新技术、新产业、新业态、新模式的原创性数字化素材。

　　四是关注教师数字化素养提升，通过习题、案例、讨论、实操等方式引导教师从数字化意识、数字技术知识与技能、数字化应用、数字社会责任以及专业发展五个维度积极拥抱数字化，助力教师的教学。

感谢所有参与教材的主编和编写成员，他们都是旅游职业教育领域的佼佼者；感谢清华大学出版社的大力支持，经过多轮的研讨最终确定了这些选题确保这套教材的顺利出版。"人生万事须自为，跬步江山即寥廓"，希望通过我们的一点探索，能够为旅游职业教育的发展贡献一份绵薄之力，希望通过我们的一点努力，能够为文旅产业这个幸福产业的发展添砖加瓦。

青岛酒店管理职业技术学院文旅学院院长

石媚山

2023 年 2 月

# 前 言

文化是旅游的灵魂，旅游是文化的载体。文旅融合是旅游业未来发展的重要方向和趋势。党的二十大报告指出，"坚持以文塑旅、以旅彰文，推进文化和旅游深度融合发展。"这为新时代、新征程文旅融合工作指明了发展方向。

"旅游学概论"是高等院校旅游管理专业的一门非常重要的专业基础课程，是该专业学生学习和掌握旅游管理专业知识的入门课程，同时也是学生认知旅游行业、树立从事旅游行业信心、规划旅游职业发展路径的关键节点。为了契合文旅融合的时代背景，我们将旅游学概论的知识体系进行了升级完善，丰富了"会展概论""研学旅行概论""文化创意概论"等相关内容，并将该课程命名为"文旅产业基础"，打造了一门旅游管理、会展策划与管理、研学旅行管理与服务、文化创意与策划等相关专业的专业平台基础课程。通过对本门课程的学习，学生能掌握文旅基础知识，了解文旅相关行业的发展情况，并进一步树立从事文旅行业的职业信心，并能为学生进一步学习旅游管理专业的各分支学科奠定专业基础。

本书主编所在的青岛酒店管理职业技术学院的旅游管理、会展策划与管理、研学旅行管理与服务等专业团队为了契合文旅融合的时代需求，从2020年开始在传统的"旅游学概论""会展概论"等课程的基础上对"文旅产业基础"课程进行框架搭建和内容重构，并开展了两轮的课堂教学。课程内容体系完备，紧贴旅游发展的时代特色，受到了学生的一致好评。与此同时，主编组建了编写团队编写《文旅产业基础》一书。3年来，编写团队多次召开线上、线下会议，讨论和交流编写进程与研究遇到的问题，书中内容进行了数次修改；同时，编写团队在编写的过程中也积极与其他同类院校进行沟通和交流，吸纳积极的建议和意见，终于完成了书稿。

本书主要包括三篇，分别是理论篇、产业篇和职业篇。理论篇包括旅游理论基础、会展理论基础、研学旅行理论基础以及文化创意与策划理论基础；产业篇包括旅游业、会展业、研学旅行业与文化创意业；职业篇包括文旅行业职业岗位、文旅职业资格证书。

本书经过编者团队多年的思考与实践，从基础专业课程开始进行全方位的知识体系构造，使本书具有如下鲜明特点。

### 1. 紧跟文旅融合的时代背景

旅游行业发展日新月异，文旅融合的时代背景下，旅游的内涵不断丰富和延伸，旅游相关业态更加丰富。本书充分考虑文旅融合的时代发展特色，将文旅融合出现的新知识、新业态以及新的职业岗位和职业资格证书进行了较为系统的梳理和介绍，能够满足旅游管理等相关专业学生的学习需求。

### 2. 契合课程思政的教学要求

本书把"立德树人"作为编写的根本任务之一。在编写过程中将课程思政与专业知识进行深入融合，立足专业知识进行课程思政教育，使学生在学习旅游专业知识的同时，潜移默化地接受爱国主义教育以及职业道德、职业精神教育，从而高度契合当前课程思政的教学要求。

### 3. 不断创新编写体例、丰富数字化教学资源

本书进行了大胆的改革与创新，在框架体系、编写体例、教学内容、案例等方面都进行了重新构思与编排，它呈现的不仅仅是知识，更重要的是一种理念。另外，本书构建了包括网络学习平台（包括教学视频、相关视频）、课件、二维码等多维立体化教学资源库，方便学生进行知识学习。

本书由青岛酒店管理职业技术学院刘迎华任主编，青岛酒店管理职业技术学院杜梦、青岛酒店管理职业技术学院孟凤娇、济宁职业技术学院满孝平任副主编。具体编写分工如下：刘迎华负责大纲设计，全书统稿及项目一、项目五、项目十的编写工作；杜梦负责项目二、项目六、项目九的编写工作，孟凤娇负责项目三、项目七的编写工作，满孝平负责项目四、项目八的编写工作。

感谢编者团队老师的辛勤付出，让本书得以顺利完成。在编写本书的过程中，积极借鉴了国内外新的研究成果，参考了部分专业网站的数据资料，在此对这些作者表示衷心的感谢。

由于编写人员的知识水平和教学经验有限，书中难免存在不足，希望广大读者能够提出意见，我们将会不断修订和完善。

编　者

2023 年 2 月

# 目 录

## 第一篇 理 论 篇

### 项目一 旅游理论基础 2

任务一 旅游 4

任务二 旅游者概述 8

任务三 旅游资源 11

任务四 旅游市场 15

任务五 旅游发展的历史沿革 19

### 项目二 会展理论基础 32

任务一 会展的概念与特点 34

任务二 会展的作用 38

任务三 会展业发展的现状 41

任务四 会展业的发展趋势 48

### 项目三 研学旅行理论基础 54

任务一 研学旅行的起源与发展 56

任务二 研学旅行相关概念 65

### 项目四 文化创意与策划理论基础 74

任务一 文化、创意、策划的概念 76

任务二 文化创意与文化策划 80

任务三 文化创意与策划的思维及原则 82

## 第二篇 产 业 篇

### 项目五 旅游业 88

任务一 旅行社 90

任务二 旅游景区 96

任务三 酒店 105

任务四 旅游交通 113

任务五 其他旅游业态 116

### 项目六 会展业 123

任务一 展览 125

任务二 会议 130

任务三 节事活动 137

任务四 奖励旅游 142

### 项目七 研学旅行业 146

任务一 研学旅行服务机构 148

任务二 研学旅行基地营地 158

### 项目八 文化创意业 170

任务一 文化创意产业概述 172

任务二 文化创意产业发展的主要模式 176

任务三 文化创意产品 182

任务四 文化创意产业园区 186

## 第三篇 职 业 篇

### 项目九 文旅行业职业岗位 194

任务一 策划设计类岗位 197

任务二 运营管理类岗位 200

任务三 营销推广类岗位 202

任务四　服务类岗位　205

## 项目十　文旅职业资格证书　208
　　任务一　导游资格证与导游证　210
　　任务二　会展管理职业技能等级证书　215
　　任务三　旅行策划职业技能等级证书　222
　　任务四　研学旅行课程设计与实施职业技能等级证书　229

## 参考文献　236

# 二维码目录

微课：旅游的概念　5
知识链接：世界旅游组织　5
微课：旅游的"六要素"说　6
微课：成为旅游者的条件　8
微课：国际旅游者与国内旅游者　8
微课：人文旅游资源　13
微课：自然旅游资源　13
知识链接：旅游资源基本类型释义　13
相关案例：茶卡盐湖　13
相关案例：重庆李子坝站　13
知识链接：我国世界遗产名录和非物质文化
　　遗产名录　15
微课：市场与旅游市场　15
微课：旅游市场的细分　17
相关案例：旅游市场中的"她经济"　18
知识链接：世界上最早的"旅行家"　20
知识链接：托马斯·库克　24
知识链接：中国旅游集团有限公司　30
微课：会展的概念　34
微课：会展的特点　35
知识链接：展位的类型　37
微课：会展的作用　38
知识链接：中国国际进口博览会　39

微课：国内会展业发展现状　43
微课：国内会展业问题　45
微课：会展业发展趋势　48
相关案例：新之联展览公司和慕尼黑展览
　　集团联合举办工业展　49
知识链接：展台设计与搭建的环保材料　51
微课：我国研学旅行概览　56
微课：国外研学旅行概览　62
微课：研学旅行的定义与分类　65
知识链接：研学旅行的国家政策及相关
　　文件　66
微课：研学旅行的性质与特征　67
知识链接：研学旅行与其常混淆概念的对比　70
相关案例：108道工序只为做好一支笔　77
相关案例：瓷器加入贝壳粉、地瓜变成
　　伴手礼　78
知识链接：成功的品牌策划会怎么做　79
相关案例：2021十大文化创意事件　80
相关案例：人人都可以打造价值千万的个人
　　知识产权　84
知识链接：品质中国综艺节目组策划的那些
　　惊艳文案　84
知识链接：创意文案策划撰写技巧　85

微课：旅行社的定义、性质、作用及分类  90

微课：旅行社的设立及主要业务  94

微课：旅游景区的概念及基础设施  96

微课：旅游景区的分级  100

知识链接：中国拥有41个世界地质公园，这个省就占了4个  102

知识链接：国家级旅游度假区名录  102

相关案例：新疆文博院馆让文物"活"起来  103

相关案例：上海迪士尼乐园  103

相关案例：中国最"慷慨"的5A级景区，免费开放18年  104

微课：酒店的概念及组织部门构成  105

微课：酒店的分类及分级  109

相关案例：上海浦东香格里拉大酒店  110

相关案例：西安万豪行政公寓  110

相关案例：亚龙湾红树林度假酒店  110

相关案例：七星级饭店——阿拉伯塔酒店  111

相关案例：上海最"坑"的五星级酒店大楼  112

微课：旅游交通  113

相关案例：武陵源"交通旅游"深度融合助力经济发展  115

知识链接：说说这个邮轮旅游业  115

微课：休闲旅游  116

相关案例：在西安大唐不夜城执手相约不倒翁  117

知识链接：旅游演艺——景区开发视角下的三大模式  118

微课：展会的分类  125

相关案例：科隆国际食品博览会的票价"门槛"  126

知识链接：世界博览会的举办时间  127

微课：展会现场管理  128

知识链接：国际会议  133

微课：会议的申办  133

微课：会议服务要点  134

相关案例：博鳌论坛为何选在海南  136

微课：节事活动概念、特点及作用  137

知识链接：中国传统节日  139

相关案例：南宁国际民歌艺术节  140

微课：奖励旅游概念、特点及作用  142

相关案例：美国企业奖励旅游经典案例  145

微课：研学旅行服务机构的相关概念  148

微课：研学旅行服务机构的资质要求  149

微课：研学旅行基（营）地的内涵与功能  158

微课：研学旅行基（营）地的分类  160

微课：文化创意产业的发展现状  172

微课：文化创意产业的定义与分类  174

相关案例："一大"会址的数字文创火了，三款盲盒预约一空  176

相关案例：法国巴黎左岸  177

微课：文创产品  182

相关案例：六百年历史的故宫成为最受欢迎的文创知识产权？  186

微课：文化创意产业园区  186

微课：策划设计类岗位  197

微课：运营管理类岗位  200

微课：营销推广类岗位  202

知识链接：旅游产品的销售渠道　203

相关案例：黄山开启文旅新媒体营销
　　　　　模式　204

微课：服务类岗位　205

相关案例：从业者讲述职业内容　206

知识链接：会议期间的服务　207

微课：导游证　210

知识链接：拿到导游资格证后，如何申请
　　　　　电子导游证　213

微课：会展管理职业技能等级证书　215

微课：旅行策划职业技能等级证书　223

微课：研学旅行课程设计与实施职业技能
　　　等级证书证　230

# 第一篇
# 理 论 篇

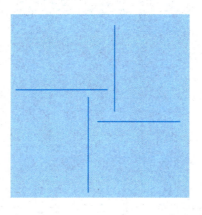

项目一　旅游理论基础

项目二　会展理论基础

项目三　研学旅行理论基础

项目四　文化创意与策划理论基础

# 项目一
# 旅游理论基础

旅游是社会经济发展到一定阶段的产物,是人们社会实践、认知活动和需求体验的集合,更是一种经济现象。旅游活动的发展产生了大量的游客,既有国内旅游者也有国际旅游者。旅游的发展需要依托一定的旅游资源,旅游资源被开发成各种类型的旅游产品,吸引人们开展形式各样的旅游活动,进而形成了一定规模的旅游市场。

旅游的产生与旅行活动有着密切的关系,但是二者又有着本质的区别。从全世界的角度看,真正意义的大规模旅游活动开始于工业革命之后,并随着社会经济的发展而快速崛起。我国旅游业的兴起和发展也经历了不同的阶段,时至今日,我国旅游业在国际社会占有举足轻重的地位。

◎ 知识目标

1. 理解旅游概念的起源和发展,掌握旅游资源的概念。
2. 掌握旅游的六要素说。
3. 了解旅游者的概念,并掌握旅游者形成的客观条件和主观条件。

4. 掌握旅游资源的概念，并了解其类型划分和典型案例。
5. 理解旅游市场的概念，掌握旅游市场的细分方法。
6. 了解旅游的发展历程，并掌握旅游发展历史中的关键人物和事件。

◎ **能力目标**

1. 能够运用所学知识，分析旅游行业的特点。
2. 能够调研旅游者，并深入分析旅游者的消费特点。
3. 能够深刻理解旅游资源，并以某地为例分析其典型旅游资源。
4. 能够以某一旅游市场为例，分析这一市场的消费特征。

◎ **素质目标**

1. 热爱旅游、致力于从事旅游行业的职业信心。
2. 能够收集旅游行业相关信息，提升融入社会、与人交往的能力。
3. 提升逻辑思维、与人沟通交流以及语言表达能力。

◎ **思政素养**

1. 树立生态文明理念，强化人类命运共同体意识，践行推动旅游业绿色发展的理念。
2. 培养对旅游行业的认同感以及将来从事旅游行业的荣誉感和自豪感。
3. 以古今中外著名旅行家为榜样，培养热爱祖国大好河山的情怀。
4. 运用专业知识，讲好中国旅游故事，做中华优秀传统文化的传承人。

## 案例导入

### 旅游业是五大幸福产业之首　创造美好生活
### 旅游业应有更大作为[①]

党的二十大报告提出"以中国式现代化全面推进中华民族伟大复兴"，并从本质要求、总体目标、重大原则等方面对中国式现代化进行了深入阐释。中国式现代化是人口规模巨大的现代化，是全体人民共同富裕的现代化，是物质文明和精神文明相协调的现代化，是人与自然和谐共生的现代化，是走和平发展道路的现代化。这些理念、认识和理论，闪耀着马克思主义的真理光辉，为旅游业发展指明了方向。

旅游业是五大幸福产业之首，近年来旅游已经成为"小康生活标配、美好生活必备"。坚持以人民为中心，围绕游客需求，旅游业不断优化产品供给、提升服务品质，加快文旅融合，朝着满足人民对美好生活向往的目标迸发。

一方面，旅游业与中国式现代化有着极高的契合度。人人参与旅游、共享旅游，有望成为实现共同富裕的重要指标；文旅事业、产业大发展大繁荣，时刻彰显着物质文明与精神文明的双重成果；旅游业也将跳出单一行业、业态的认识局限，成为人与自然和谐共生

---

① 资料来源：马振涛. 旅游业是五大幸福产业之首　创造美好生活旅游业应有更大作为 [EB/OL]. https://baijiahao.baidu.com/s?id=1747091337697226529&wfr=spider&for=pc.（2022-10-19）[2023-02-10].

的重要手段、抓手，以及中国与世界沟通、融合的重要媒介。

另一方面，在中国式现代化新征程中，旅游业应体现更大的担当和作为。坚持人民至上理念，坚持美好生活导向，坚持"幸福产业"和"大健康产业"定位，服务大局、提高站位，加快推进文旅融合，努力实现高质量发展，将旅游打造成人们美好生活的重要组成部分。

2020年以来，旅游业积极做好防控，体现了旅游人的大局意识和政治担当。展望中国式现代化新阶段，旅游业有望在服务共同富裕、加快绿色发展和更高层次开放上有更大作为，在彰显文化自信、民族自强方面体现更大价值。

贯彻落实党的二十大精神，要坚持以文塑旅、以旅彰文，更加聚焦文旅融合，打开格局和视野，持续推进旅游与传统文化、现代文化、红色文化、体育文化等的融合创新，以文化和旅游深度融合，助力行业高质量发展，为"以中国式现代化全面推进中华民族伟大复兴"作出新的更大贡献。

思考：你是否有过非常难忘的旅游经历，在这个过程中你是否感受到了幸福？

# 任务一　旅　　游

## 一、旅游概念的形成

旅游作为人类社会生活的一项重要内容，是从人类早期的旅行发展而来的，起源非常久远。从全球历史考察来看，中国人和印度人可能是最早的旅游者。在公元前四千年左右，他们就到处周游进行贸易交往。由于人类早期的旅行主要是出于经商和贸易的需要，旅行目的和内容单一，旅行人数规模和范围有限，社会影响也较小，因此，在相当长的时期内，"旅行"一词没有明确的科学概念的界定，只是一个日常用语。在我国古代，"旅"和"游"是两个各自独立的概念。古书曰："旅者，客寄之名，羁旅之称。失其本居而寄他方，谓之旅。"而"游"即遨游、游览。《礼记·后记》中有"息焉游焉"语，此外，还有"闲暇无事谓之游"。可见"旅游"就是旅行游览，是"旅行"和"游览"两种活动的有机统一。在中国，"旅游"一词始见于南朝梁代诗人沈约的《悲哉行》中："旅游媚年春，年春媚游人。"20世纪70年代以前很少用到"旅游"一词，常见的是"旅行"。与"旅游"意义相似的还有"观光"一词，远在3000年前《易经》的"观"卦中就有"观国之光，利用宾于王"的句子。观光，即观看、考察。目前，我国台湾地区及受汉文化影响的日本、韩国都在文献中使用"观光"一词。在西方国家，"Tourism"一词最早出现在1811年出版的《牛津词典》中，用于指因消遣目的而离家外出的旅行和逗留。

### 头脑风暴

请结合自身旅游经历，谈谈你对旅游概念的认识和理解。

## 二、旅游概念的类型

不同时代的旅游学家根据当时的旅游发展情况，对旅游作出了相应的定义，目前来说主要有以下几种说法。

### （一）交往概念的定义

1927年，德国的蒙根·罗德对旅游作了交往概念的定义，认为旅游从狭义的角度理解是那些暂时离开自己的住地，为了满足生活和文化的需要或各种各样的愿望，而作为经济和文化商品的消费者逗留在异地的人的交往。可以看出，这个定义强调旅游是一种社会交往活动。

微课：旅游的概念

### （二）综合性的定义

1942年，瑞士学者沃特尔·汉兹克尔和库特·克拉普夫对旅游作了很重要的概念性定义，即"旅游是由非本地居民的旅行和暂时居留所引起的各种现象和关系的总和，其前提是这些旅行和短暂停留不会导致他们长期地居住或从事任何赚钱的活动。"这个定义强调了旅游引发的各种现象和关系，即强调了旅游的综合性内涵。

由于这个定义于20世纪70年代为国际旅游科学专家联合会（AIEST）所接受，因此，这一定义也被称为"艾斯特定义"，国际上普遍采用。

### （三）空间流动定义

李天元在其《旅游学概论》中认为："旅游是人们出于移民和就业任职以外的其他原因离开自己的常住地前往异国他乡的旅行和逗留活动，以及由此所引起的现象和关系的总和。"该定义突出了旅游的非移民和就业目的，以及在异地的活动。

### （四）经历的定义

谢彦君在《基础旅游学》中对旅游给出了一个简洁而明确的定义："旅游是个人以前往异地寻求愉悦为主要目的而度过的一种具有社会、休闲和消费属性的短暂经历。"该定义强调了旅游的目的性和属性，突出说明旅游是个人的经历。

### （五）旅游的技术性定义

知识链接：世界旅游组织

世界旅游组织于1991年6月25日，在加拿大首都渥太华召开了旅游统计国际大会，会上通过了一系列决议。世界旅游组织在技术层面上对旅游进行了界定："旅游是指人们为了休闲、商务或其他目的离开他们的惯常环境，去往他处并在那里逗留连续不超过一年的活动。"同时强调"访问的目的不应是通过所从事的活动从访问地获取报酬"。

以上论述了国内外具有代表性的旅游定义，尽管表述不一，各有看法，但这些观点还是存在许多共同之处的，如离开常住地、前往异地逗留一段时间及其相关活动等。因此，笔者认为：旅游是人们出于移民和就业任职以外的其他原因，暂时离开自己的常住地，前往异国他乡旅行游览和逗留的活动。

### 头脑风暴

请根据以上旅游的概念，总结一下旅游的关键特点。

## 三、旅游"六要素"说

旅游活动"六要素"说认为，"食、住、行、游、购、娱"是旅游活动中六个最基本的要素，这些要素相互依存，缺一不可。

### （一）食

食，即餐饮，是旅游供给中最基本的一项内容。旅游者是在拥有了足够的可自由支配收入后，才会参与到旅游活动中，他们的消费能力都比较高。因而，对于他们来说，用餐不仅仅是为了简单地填饱肚子，满足生理需求，而是为了追求心理、精神或情感上的满足。美味可口的饭菜，安全、整洁、轻松、愉快的用餐环境是最基本的要求，而具有当地特色、体现深厚饮食文化的传统饮食则更能受到旅游者的青睐，甚至在某些情况下，餐饮本身就能成为一种旅游资源，吸引旅游者来访。由此可见，餐饮产品的质量，将直接影响旅游产品的整体质量。

### （二）住

住，即住宿，是旅游活动得以顺利进行的基本保障。无论旅游者参与的是何种类型的旅游活动，都需要一定的体力支持。漫长的旅途难免会让旅游者产生疲劳，而舒适、安全的住宿设施能够帮助旅游者补充体力，是顺利参与后续旅游活动的有力保障。随着旅游业的发展，旅游活动的形式正日益多样化。旅游活动中消费结构的变化，意味着住宿设施也必然要逐步调整档次结构、类型结构和地域分布结构，按照旅游产业结构变化和旅游者需求结构的变化而变化，以最大限度地满足旅游者的消费需求。

### （三）行

行，即旅游交通，是旅游活动的必要前提，没有"行"就没有旅游。旅游活动的异地性决定了在旅游活动中发生空间转移的不是旅游产品，而是购买旅游产品的主体旅游者。旅游交通就是帮助旅游者实现空间转移的必要手段，它既包括旅游者在旅游客源地和旅游目的地之间的往返交通，也包括旅游目的地之间以及同一目的地内不同景点之间的转移过程。快捷、安全、舒适的现代旅游交通不仅提高了旅游的舒适度，也丰富了旅游活动的内容，为旅游过程增添了许多的乐趣。湖上泛舟、策马驰骋、缆车观景，这些有异于日常生活的特殊体验，已不仅仅是实现旅游活动的一种手段，其本身已成为吸引旅游者的因素之一。

### （四）游

游，即游览，是旅游消费的最终目的，也是旅游活动的基础部分。在旅游活动的"六要素"中，食、住、行、购、娱都是进行游览的必要条件或派生物。食、住、行是实现"游"的前向关联要素，是开展旅游活动的必要条件，一旦缺乏这些条件，旅游活动就无法开展；购、娱是"游"的后向关联要素，是提升旅游质量的充分条件。尽管"购"和"娱"的存在与否似乎并不影响旅游活动的开展，但对旅游者来说，这两个要素不仅能丰富旅游者的旅游经历，还能使其对目的地留下深刻的印象；而对目的地来说，这两个要素则是旅游效益的关键所在，在效益构成中占有举足轻重的地位。旅游者外出旅游必然希望在旅游的过程中经历和享受不同文化、不同生活体验带来的快感，因而"游"的关键就是要体现特色。对于旅游者来说，只有与众不同的体验，才是有价值的。

### （五）购

购，即旅游购物，是旅游者在旅游过程中购买旅游相关产品的行为，是旅游的乐趣所在，也是旅游过程中必不可少的环节之一。通常，旅游者在旅游过程中会购买一些非日常性的特殊商品，如纪念品、艺术品、特殊的家庭生活用品等，以满足馈赠亲友、玩味欣赏等需要。这种购物形式是与日常购物完全不同的体验，购买的大部分不是生活必需品，而且购物的环境也较为轻松、悠闲，因而购物已不再是一种负担，而成为一种享受。

尽管购物可能不是旅游者到目的地旅游的首要目的，但购物能增加旅游目的地的吸引力，使旅游活动的内容更加丰富多彩。

### （六）娱

娱，即旅游娱乐，是旅游者在旅游活动中所观赏和参与的文娱活动，它是旅游活动中的休闲内容。随着人们生活水平的日益提高以及旅游消费观念的日趋成熟，人们对旅游产品和服务的质量有了更高的要求。"白天看庙、晚上睡觉"这样传统的旅游活动早已不能满足现代旅游者的需求。因此，旅游娱乐成为旅游活动中的一个重要组成部分。旅游娱乐活动大体上有两类：一类是有固定时间和场所、充分展示地方特色的大型文化表演活动；另一类是分散于城市中的休闲娱乐活动。对旅游者来说，旅游娱乐是参观游览活动的必要补充，它使旅游活动的内容更加充实；对旅游目的地来说，它既是一种文化的传播和交流，也是延长旅游者逗留时间、增加旅游收入的有效手段。

"食、住、行、游、购、娱"是在旅游活动发展的初期，旅游者提出的最基本的旅游需求。随着旅游者旅游经验的不断丰富，以游览、观光为主的旅游活动已经很难满足他们个性化的需求，因此对旅游提出了新的更高的要求。旅游者对目的地的选择更加理性，目的地旅游资源、旅游环境、文化体验、科技元素等都将影响旅游者的旅游决策。可见传统的旅游活动六要素已经难以适应当前旅游发展的需要了。

## 项目训练

1. 以某一旅游产品为例，分析其中的旅游六大要素。
2. 以小组为单位，到某一旅游企业（景区、旅行社、酒店等）进行实地调研，深入理解旅游的含义，并完成一份心得体会。

# 任务二　旅游者概述

## 一、旅游者

微课：成为旅游者的条件

旅游者是旅游活动的主体。作为旅游产品的购买者，旅游者是旅游业的服务对象。因此，对旅游者及其需求和行为特点的了解，无论是对旅游理论研究还是对旅游业的经营与管理，都具有重要的现实意义。

什么人才算是旅游者？按照传统的语言工具书中的解释，作为一般的日常用语，"旅游者"（tourist）泛指那些因消遣目的而外出旅行的人。但是，这并非旅游学研究以及旅游业实务中将"旅游者"用作专业术语时的释义。在旅游研究和旅游管理工作中，人们所需要的旅游者定义是一种能够有助于旅游调研和旅游统计开展的技术性定义，即能够以某些可以测量的具体标准来划定旅游者范畴的定义。

 **头脑风暴**

请结合对旅游和旅游业的了解，说说你对旅游者的认识和界定。

微课：国际旅游者与国内旅游者

## 二、国际旅游者和国内旅游者的界定

### （一）国际旅游者

#### 1. 国际联盟的规定

1937年，国际联盟的统计专家委员会（Committee of Statistics Experts of the League of Nations）对"国际旅游者"解释如下：国际旅游者是指"离开定居国到其他国家访问超过24小时的人"。可列入国际旅游者统计范围的人员包括以下几种：为消遣、家庭事务或健康原因而出国旅行的人；为出席国际会议或作为公务代表而出国旅行的人（包括科学、行政、外交、宗教、体育等会议或公务）；为工商业务原因而出国旅行的人；在海上巡游途中停靠某国，登岸访问，即使其停留时间不足24小时的人（停留时间不足24小时的应另外分为一类，必要时可不管其长居何处）。不可列为旅游者的人员包括以下几种：到某国就业谋职的人，不管其是否订有合同；到国外定居者；到国外学习、寄宿在校的学生；居住在边境地区、日常跨越国境到邻国工作的人；临时过境但不作法律意义上停留，即使在境内时间超过24小时的人。

#### 2. 罗马会议的规定

1963年，联合国在罗马举行的国际旅行与旅游会议（又称罗马会议），对上述定义进行了修改和补充，对旅游统计中来访人员的范围作了新的规范。这就是通常所说的界定旅游者的罗马会议定义，具体内容如下：

凡纳入旅游统计中的来访人员统称为"游客"(visitor),指除为获得有报酬的职业外,基于任何目的到一个不是自己常住国家访问的人。

游客又分为两大类。

一类是在目的地停留过夜的游客,称为"旅游者",指到一个国家短期访问至少逗留24小时的游客。其旅行目的可为以下之一:消遣(包括娱乐、度假、疗养、保健、学习、宗教、体育活动等);工商业务、家务、公务出使、出席会议。

另一类是在目的地不停留过夜,当日往返的游客,称为"短程游览者"(excursionist),又称"一日游游客",指到一个国家作短暂访问,停留时间不足24小时的游客(包括海上巡游中的来访者)。

这一定义不包括那些在法律意义上并未进入所在国的过境旅客(例如未离开机场中转轴区域的航空旅客)。国际联盟的统计专家委员会界定的不属于旅游者的五种人员继续适用。

这一定义的基本特征如下。

第一,将所有纳入旅游统计的人员统称为游客,并具体规定包括消遣和工商事务两种目的的旅游者,从而使旅游(tourism)和旅行(travel)这两个含义原本不同的术语趋于同化。扩大了旅游者的外延,有利于发展旅游产业。

第二,对游客的界定不是根据其国籍进行的,而是依据其定居国或常住国界定的。

第三,根据其在访问地的停留时间是否超过24小时,即是否过夜为标准,将游客划分为旅游者和短程游览者,在旅游统计中分别进行统计。

第四,根据来访者的目的界定其是否应该纳入旅游统计之中。

1967年,联合国统计委员会召集的专家统计小组采纳了1963年罗马会议的定义,并建议各国都采用这一定义。世界旅游组织(WTO)成立后,也将罗马会议的定义作为本组织对应纳入旅游统计人员的解释。因此,在学术界又将其称为世界旅游组织的解释。

### 3. 我国的规定

随着1978年中国对外开放政策实施,接待入境旅游迅猛发展,旅游统计工作也纳入政府的工作范畴。在我国的旅游统计工作中,1979年,国家统计局和国家旅游局曾对应纳入统计范围的人员做过一系列的界定和规定。在我国来华旅游人次统计方面,现行界定如下。

凡纳入我国旅游统计的来华旅游入境人员统称为(来华)海外游客。

海外游客包括来中国大陆观光、度假、探亲访友、就医疗养、购物、参加会议或从事经济、文化、体育、宗教活动的外国人、华侨、港澳台同胞。也就是指因上述原因或目的,离开其常住国(或地区)到中国大陆访问,连续停留时间不超过12个月,并且在中国大陆活动的主要目的不是通过所从事的活动获取报酬的人。其中,常住国(或地区)是指一个人在近一年的大部分时间所居住的国家(或地区),或者虽然在一个国家(或地区)只居住了较短时间,但在12个月内仍将返回的这一国家(或地区)。在这一界定中,外国人指属于外国国籍的人,包括加入外国国籍的中国血统的华人;华侨指持有中国护照但侨居外国的中国同胞;港澳台同胞指居住在我国香港、澳门地区和台湾地区的中国同胞。

按照在中国大陆访问期间停留时间的差别,海外游客可划分为以下两类。

(1)海外旅游者,即在中国大陆旅游住宿设施内停留至少一夜的海外游客,又称过夜游客。

（2）海外一日游游客，即未在中国大陆旅游住宿设施内过夜，而是当日往返的海外游客，又称不过夜游客。

下列人员不属于海外游客：应邀来华访问的政府部长以上官员及随从人员；外国驻华使、领馆官员，外交人员及随行的家庭服务人员和受赡养者；在我国驻期已达一年以上的外国专家、留学生、记者、商务机构人员等；乘坐国际航班过境，不需要通过护照检查进入我国口岸的中转旅客；边境地区（因日常工作和生活而出入境）往来的边民；回大陆定居的华侨、港澳台同胞；已经在中国大陆定居的外国人和原已出境又返回中国大陆定居的外国侨民；归国的我国出国人员。

对比前述国际组织对应纳入旅游统计人员的界定和我国对来华海外游客的现行解释，可以看出，除了在各自的表述以及对某些术语的解释有所不同之外（如我国界定的海外旅游者实际将在亲友家过夜的来华旅游者排除于统计范围之外），这些定义及解释的内容都大致相同。世界各国的情况也大都如此。可以说，世界上目前对国际旅游者的界定原则上已经有了统一的认识。

当然，在旅游统计的具体工作中，不同的国家可能会有不同的执行标准。以西班牙为例，西班牙接待的绝大部分旅游者都来自欧洲，由于交通便利等因素，当日往返的游客在其中占了很大部分，因此在其旅游统计中，采用的标准并非过夜与否，而是以入境为标准。

## （二）国内旅游者

### 1. 概念的众说纷纭

与国际旅游者的定义全世界基本趋于认识统一相比，国内旅游者的概念解释更多。世界上不同国家所给出的定义，多是依照本国的理解，按本国的情况给出的，可以说各不相同。

加拿大政府部门对国内旅游者的定义是：旅游者指到离开其所居社区边界至少25英里以外的地方去旅行的人。这个定义同美国劳工统计局（USBLS）在其"消费者开支调查"中所使用的旅游者概念基本一致。

美国使用较广的旅游者定义是1978年美国国家旅游资源评审委员会（the National Tourism Resource Review Commission）提出的定义：旅游者指为了出差、消遣、个人事务或者由于工作上下班之外的其他任何原因而离家外出旅行至少50英里（单程）的人。而不管其是否在外过夜。

世界旅游组织关于国内旅游者的定义，是世界旅游组织在1984年参照国际旅游者的定义做出的，采用的界定标准与国际旅游者的界定标准基本一致。在这一定义中，与国际旅客的划分类似，国内游客也被区分为国内旅游者（domestic tourists）和国内短程游览者（domestic excursionists）。国内旅游者指在其居住国国内旅行超过24小时，但不足一年的人，其目的可以为消遣、度假、体育、商务、公务、会议、疗养、学习和宗教等。此后又补充规定，国内旅游者不包括那些外出就业的人。国内短程游览者指基于任何以上目的在访问地逗留不足24小时的人。

### 2. 我国的规定

我国的国内旅游统计中，旅游者是指任何因休闲、娱乐、观光、度假、探亲访友、就医疗养、购物、参加会议或从事经济、文化、体育、宗教活动而离开常住地到我国境内其他地方访问，连续停留时间不超过 6 个月，并且访问的主要目的不是通过所从事的活动获取报酬的人。在这一定义中，所谓常住地指的是在近一年的大部分时间内所居住的城镇（乡村），或者虽然在这一城镇（乡村）只居住了较短时间，但在 12 个月内仍将返回的这一城镇（乡村）。

国内游客分为以下两类。

（1）国内旅游者，指我国居民离开常住地，在我国境内其他地方的旅游住宿设施内停留至少一夜，最长不超过 6 个月的国内游客。

（2）国内一日游游客，指我国居民离开常住地 10 千米以外，出游时间超过 6 小时但又不足 24 小时，并未在我国境内其他地方的旅游住宿设施内过夜的国内游客。

下列人员不属于国内游客：到各地巡视工作的部级以上领导；驻外地办事机构的临时工作人员；调遣的武装人员；到外地学习的学生；到基层锻炼的干部；到其他地区定居的人员；无固定居住地的无业游民。

我国对国内游客的定义和世界旅游组织的定义基本是一致的，但是我国对国际旅游统计方面所做的统计并未将在亲友家过夜的国内旅游者包括进去，所以，我国关于国内游客人次的统计数字可能低于实际规模。

## 项目训练

1. 通过网络等途径，收集近 10 年来我国旅游者的统计数据和报告，并做简单分析。
2. 到旅游点进行实地调研，观察旅游者的消费及行为特点，并进行访谈，完成旅游者调研报告。

# 任务三 旅 游 资 源

## 一、旅游资源的概念

旅游资源是旅游业发展的基础，关于旅游资源的定义有很多不同的观点，主要有以下几种。

（1）凡是足以构成吸引旅游者的自然和社会因素，亦即旅游者的旅游对象或目的物都是旅游资源。[1]

（2）旅游资源是指对旅游者具有吸引力的自然存在和历史文化遗产，以及直接用于旅游目的的人工创造物。[2]

（3）自然界和人类社会凡能对旅游者产生吸引力，可以为旅游业开发利用，并可产生经济效益、社会效益和环境效益的各种事物现象和因素，均称为旅游资源。[3]

---

[1] 邓观利.旅游概论 [M].天津：天津人民出版社，1983.
[2] 保继刚.旅游地理学 [M].北京：高等教育出版社，1993.
[3] 国家旅游局 2003 年颁布的《旅游规划通则》。

为了解和认识"旅游资源"的概念，下面将进一步分析。

第一，旅游资源与其他资源一样，是一种客观存在。换言之，旅游资源具有客观性。同时，旅游资源具有资源意义上的基本属性，它又有旅游业中特有意义上的属性。例如，杭州西湖风景名胜区，从一般意义上的资源来看，它是一个客观存在的物质，它的水光山色、动植物、文物古迹都是物质资源。然而，西湖还兼有着旅游资源特有意义上的属性，如《白蛇传》《梁山伯与祝英台》等传说，《水浒传》中关于杭州风土人情的描述等，这些"文化"的产物，使西湖更具有吸引力和旅游价值，而且这种精神文化往往是物质景点的灵魂所在。从这点出发，人们便把旅游资源分为自然旅游资源和人文旅游资源。但无论是物质资源还是人文资源都是客观存在的。

第二，旅游资源具有激发旅游者兴趣和吸引力的属性。只有那些能够萌发旅游兴趣和需求，并能为旅游业所利用的各类事物和因素，才能成为旅游资源，这是旅游资源的特点和核心，也是与其他资源区别的重要方面之一。为此，西方学者也将"旅游吸引物"（tourism attractions）作为旅游资源的代名词。

第三，作为一种资源，必然要体现一种价值性。资源是满足人们必要且重要的经济、政治、社会以及与此相关的各种需要的东西。"旅游资源"的价值性主要体现在经济效益、社会效益和环境效益3个方面。

第四，旅游资源是一个发展的概念。在旅游业发展的不同历史阶段，对旅游资源的内涵会有不同的理解和认识。随着科学技术的进步，旅游资源的科技含量增加，资源潜能将进一步得到发挥，而且科技本身也可以成为新的旅游资源。

综上所述，我们认为旅游资源应是客观存在、具有吸引力、体现价值和发展的。2017年修订并公布的国家标准《旅游资源分类、调查与评价》（GB/T 18972—2017）将旅游资源定义为"自然界和人类社会凡能对旅游者产生吸引力，可以为旅游业开发利用，并可产生经济效益、社会效益和环境效益的各种事物和现象。"

## 二、旅游资源的分类

随着旅游业的迅速发展，人们对旅游资源的需求正在迅速扩大，为满足这种需求，对旅游资源的信息和数据进行技术性标准评估、排序、存储和运用，是十分迫切的任务，而尽快建立旅游资源分类和评价系统，是完成这一任务的关键所在。2003年5月1日，国家标准《旅游资源分类、调查与评价》（GB/T 18972—2003）（通常简称"旅游资源分类国家标准"）开始在全国实施。该标准的出台，从实际应用层面对旅游资源进行分类、调查和评价，对旅游资源的研究和认定起了重要的作用。2017年12月发布了修订的《旅游资源分类、调查与评价》，新版本充分考虑了2003版本颁布以来，旅游界对旅游资源的含义、价值、应用等多方面的研究和实践成果，重点对旅游资源的类型划分进行了修订，使标准更加突出实际操作、突出资源与市场的对接、突出旅游资源开发利用的综合评价，更加适用于旅游资源开发与保护、旅游规划与项目建设、旅游行业管理与旅游法规建设、旅游资源信息管理与开发利用等方面的工作。

该标准依据旅游资源的现状，即现存状况特性特征划分类型。将全部旅游资源划分为3个层次，即"主类""亚类""基本类型"。其中主类和亚类为"构造层"，基本类型为"实体层"。构造层是旅游资源的框架支撑，实体层是分类、调查、评价的实际对象，因此，基本类型在本标准分类中是最实际的资源单位。标准中，旅游资源被分成 8 个主类和 23 个亚类，共 110 个基本类型。8 个旅游资源主类分别是景观、水域景观、生物景观、天象与气候景观、建筑与设施、历史遗迹、旅游购品和人文活动。

　　根据旅游资源的性状，一般将旅游资源划分为自然旅游资源和人文旅游资源两大类。自然旅游资源是指能使旅游者产生美感的自然景观和因素。它是自然形成的而不是人为的，因而它们具有自然的属性。人文旅游资源是人类在发展过程中，社会、政治、经济和文化活动的记录和遗存，也称人文景观。它是人为创造的，不是自然形成的。两大类旅游资源，再根据它们的成因、存在状态及组成要素，又可细分为具有从属关系的不同等级的类别系统。

微课：人文旅游资源

微课：自然旅游资源

知识链接：旅游资源基本类型释义

相关案例：茶卡盐湖

相关案例：重庆李子坝站

### 头脑风暴

　　请结合对旅游资源的认识和了解，说说旅游资源的特征与作用有哪些？

## 三、世界遗产

　　1972 年 11 月，联合国教科文组织在巴黎总部举行的第 17 届大会上专门通过了一项《保护世界文化和自然遗产公约》（简称《世界遗产公约》），对世界文化和自然遗产的定义作了明确的规定，并随之确定了实施公约的一系列指导方针。《世界遗产公约》是联合国教科文组织在全球范围内指定和实施的一项具有深远影响的国际准则性文件，它的宗旨在于促进世界各国人民之间的合作与相互支持，为保护人类共同的遗产作出积极的贡献。其主要任务就是确定和保护世界范围内的自然和文化遗产，并将那些具有突出意义和普遍价值的文物古迹和自然景观列入《世界遗产名录》。

### (一)《世界遗产公约》概述

《世界遗产公约》提供了一个在法律管理和财政方面的国际合作的永久性框架。在全球范围内迄今共有180个国家和地区加入《世界遗产公约》，使之成为国际上最通行的遗产保护法规。

#### 1.《世界遗产公约》中有关遗产的概念

"世界遗产"是全人类共同继承的文化及自然遗产，它集中体现了地球上文化和自然的丰富性和多样性。

第一条为实现本公约的宗旨，下列各项应列为"文化遗产"。

古迹：从历史、艺术或科学角度看具有突出的普遍价值的建筑物碑雕和碑画、具有考古性质的成分或构造物、铭文、洞窟以及景观的联合体。

建筑群：从历史、艺术或科学角度看在建筑式样、分布均匀或与环境景色结合方面具有突出的普遍价值的独立或连接的建筑群。

遗址：从历史、审美、人种学或人类学角度看具有突出的普遍价值的人类工程或自然与人的联合工程，以及包括有考古地址的区域。

第二条为实现本公约的宗旨，下列各项应列为"自然遗产"。

从审美或科学角度看具有突出的普遍价值的由物质和生物结构或这类结构群组成的自然景观。

从科学或保护角度看具有突出的普遍价值的地质和地文结构以及明确划为受到威胁的动物和植物生存区。

从科学、保存或自然美角度看具有突出的普遍价值的天然名胜或明确划分的自然区域。

#### 2.《世界遗产公约》中有关"口头及非物质遗产"的定义

在1972年通过《世界遗产公约》后，一部分会员国提出在联合国教科文组织内制订有关民间传统文化非物质遗产各个方面的国际标准文件。2003年10月，联合国教科文组织第32届大会通过了《保护非物质文化遗产公约》，宣布将"人类口头和非物质遗产代表作"的遗产纳入人类非物质文化遗产代表作名录。

"口头及非物质遗产"的定义叙述如下。

目的：号召各国政府、非政府组织和地方社区采取行动对那些被认为是民间集体保管和记忆的口头及非物质遗产进行鉴别、保护和利用。

定义：传统的民间文化是指来自某文化社区的全部创作，这些创作以传统为依据、由某一群体或一些个体所表达并被认为是符合社区期望的，作为其文化和社会特性的表达形式、准则和价值，通过模仿或其他方式口头相传。它的形式包括语言、文学、音乐舞蹈、游戏、神话、礼仪、习惯、手工艺、建筑艺术及其他艺术。除此之外，还包括传统形式的联络和信息。

"世界遗产"实际上是最具吸引力的旅游资源，分布在各国的"世界遗产"几乎成为该国旅游业的象征。

### (二)中国的"世界遗产"

中国历史悠久，文化灿烂，山川秀丽，民族众多，无论是文化还是自然遗产都极其丰富，它们是中国人民和世界人民的共同财富。自1985年11月22日，中国获准加入《世界遗产公约》以来，中国联合国教科文组织全国委员会秘书处为《世界遗产公约》在中国的实施作出了积极的努力，有组织、有计划地向《世界遗产目录》申请和推广中国具有突出价值的遗产。

1986年，中国开始向联合国教科文组织申报世界遗产项目。1999年10月29日，中国当选为世界遗产委员会成员。截至2021年7月，中国世界遗产总数达到56处，其中世界文化遗产33项、世界文化与自然双重遗产4项、世界自然遗产14项、世界文化景观遗产5项。中国是世界上拥有世界遗产类别最齐全的国家之一，也是世界自然遗产数量最多的国家、世界文化与自然双重遗产数量最多的国家之一。

知识链接：我国世界遗产名录和非物质文化遗产名录

## 📖 项目训练

1. 查找家乡有代表性的旅游资源，分析其主要类型、基本特征，并做成PPT在课堂上展示。
2. 选取一项世界遗产，重点分析其特色、价值，并完成一份分析报告。

# 任务四 旅游市场

## 一、市场与旅游市场的概念

市场是一个商品经济的范畴，凡是存在社会分工和商品交换的地方，就有市场。对于市场的概念有不同的解释，通常有以下几种。

（1）市场是商品买卖的场所。例如农贸市场、电子科技市场、建材市场等。

（2）市场是指某一特定产品的经常购买者或潜在购买者。例如使用华为手机的消费者就构成了华为手机市场。

微课：市场与旅游市场

（3）市场是指具有某些相同特点、被认为是某些特定产品的潜在购买者的人群。例如老年市场、儿童市场、大学生市场等。

（4）市场是商品交换关系的总和，是不同的生产资料所有者之间经济关系的体现。它反映了社会生产和社会需求之间、商品供求量和有支付能力的需求之间、生产者和消费者之间及国民经济各部门之间的关系。

旅游市场也有广义和狭义的区别。广义的旅游市场指旅游产品交换过程中的各种经济行为和经济关系的总和，即旅游市场反映了旅游产品实现过程中的各种经济活动现象和经济活动的关系。在旅游市场中存在着相互对立又相互依存的各方。一方是旅游产品的供应者，也就是旅游企业。而另一方则是旅游产品的消费者，也就是旅游者，双方通过市场紧密地联系在了一起。旅游经营者通过市场销售产品，而旅游者通过市场取得自己需要的产品。这种市场交换的关系实际上就是人与人之间的经济关系。

狭义的旅游市场是从市场学的角度出发，认为旅游市场是指旅游区内某一特定旅游产品的现实购买者与潜在购买者。在这个意义上，旅游市场指的就是旅游需求市场，也叫旅游客源市场，即由不同地域、国家、阶层、年龄等的旅游者组成。对旅游企业来说，客源市场是其经营管理的核心之一。著名管理学家彼得·杜拉克曾说过，顾客便是生意。也就是说，只有满足了顾客的需要，才能满足企业的需要。

从经济学的角度，狭义的旅游市场指的是旅游产品交换的场所，如旅游景区、游乐场、旅游饭店等。狭义的旅游市场的构成主要有两方面。一方面是购买能力，也就是人们对某一特定旅游产品的货币支付能力。另一方面是购买欲望，即旅游者对某一特定旅游产品的需求动机。在各国和各地区旅游业竞争激烈的今天，了解和掌握必要的市场情况，会大大提高旅游企业取得成功的可能性及程度。

### 头脑风暴

请结合市场和旅游市场的概念，举例说明。

## 二、旅游市场的特点

旅游市场的特点有以下几个方面。

### （一）旅游产品的无形性

从供给方来看，旅游市场供给的主要产品是无形的旅游服务。供给的有形产品只销售使用权而不是所有权。比如，在酒店的客人只有酒店的使用权，而没有酒店的所有权。同时，旅游者购买的一般是整体性旅游产品，而不是一种服务或产品，且往往是多种产品和服务的同时消费。

### （二）旅游市场的适应性

通常旅游产品在地点上是不可移动的，在所有权上也是不可发生转移的。旅游供给与旅游需求之间的矛盾关系，不像普通商品的生产完全以适应市场和迎合市场为导向。原因在于：旅游市场供给要适应旅游需求的特征和要求。比如老年人旅游市场，对旅行时舒缓、方便、交通无障碍等的要求比较高；而儿童旅游市场，则要求充满活跃明快和奇异性。因此，旅游供给只能针对不同目标市场的不同需求和特点开发出适销对路的产品，方能实现预期的目标。

### （三）旅游市场的敏感性

旅游业作为一种综合性社会经济现象，受它影响和影响它的因素几乎涉及整个社会的方方面面，如战争、政治局势治安、自然灾害、经济水平等，这些因素都会导致市场的波动，进而可能影响旅游流向的变化、市场结构的变化或消费结构的变化。

### （四）旅游市场的季节性

季节性的特征来自主体客体两个方面的因素。自然旅游资源为主的旅游地，受自然气候的影响，产生季节性的特征。它会增强或削弱旅游区（旅游点）的吸引力。例如哈尔滨的冰雪节，就具有明显的季节性特征。客源国和客源地的风俗、节假日制度等也会影响到旅游市场，进而产生季节性的变化。中国的传统节日和西方国家的传统节日有很大的差异，季节性的特征就不一样。旅游经营者要充分注意到旅游市场的这一特点。客源在时间分布上的不平衡，既给旅游经营带来困难，也能成为旅游市场可以利用的机会。

## 三、旅游市场细分

### （一）市场细分的定义

市场细分是指将一个整体市场按照消费者的某种或某些特点分解或划分为不同消费者群体的过程。市场细分的概念是美国市场学家温德尔·史密斯在20世纪50年代中期提出来的。他认为，由于消费者个性不同，消费需求千变万化。一个企业无论多大规模，也不能满足全部消费者的所有需求，企业只能满足市场上某一部分消费者的某种需求。旅游市场中的学生夏令营游、老年人的"夕阳红"游、年轻夫妇的蜜月旅游等，就是旅游的细分市场。

微课：旅游市场的细分

### （二）市场细分的意义

旅游市场细分的意义主要表现在以下3个方面。

#### 1. 有助于选定目标市场

旅游目的地和旅游企业对市场进行细分，有利于分析各细分市场的需要特点和购买潜力，从而可以根据自己的经营实力有效地选定适合自己经营的目标市场。同时，这也有利于企业发现新的市场机会，找到新的目标市场。

#### 2. 有利于有针对性地开发产品

旅游目的地和旅游企业在选定目标市场的基础上，可以针对这些目标消费者的需要，开发适销对路的产品。这样不但避免了盲目开发产品而造成的失误和浪费，也为旅游者满意提供了基本保障。

#### 3. 有利于有针对性地开展促销

对于旅游目的地和旅游企业来说，促销工作是非常重要的，针对目标市场开展促销，可以避免因盲目而造成的浪费，有助于提高促销的成效。

### （三）市场细分的标准

旅游市场的细分标准有很多，不同的旅游目的地，特别是不同的旅游企业应该根据自己的情况和需要，选用对自己的经营工作具有实际意义的细分标准。中国旅游业经营实践中最为常见的旅游市场细分标准有三大类。第一类是地理细分，包括国家、地区、城市、乡村等细分因素。第二类是人口统计学特征，主要包含年龄、性别家庭人口、职业、收入、教育背景、种族国籍等因素。第三类是心理细分，包含生活方式、个人性格、社会阶层和价值观等因素。

#### 1. 地理因素的细分标准

根据地理因素划分是一种传统的至今仍普遍使用的旅游市场划分方法。这种划分方法比较简单易行。旅游企业的接待对象都是来自世界各地的，各个国家和地区的旅游者对旅游产品和服务的需求具有很大的差别性。因此，了解一个国家或地区的地理环境因素对选择旅游市场起着重要的作用。地理细分因素包括地区、气候、环境、人口密度及城市规模等。

（1）按地区细分。从国际旅游市场来看，世界旅游组织（WTO）将世界旅游市场划分为六大旅游区域，即东亚及太平洋旅游市场、南亚旅游市场、中东旅游市场、欧洲旅游市场、美洲旅游市场和非洲旅游市场。在这六大旅游市场中，欧洲旅游市场与美洲旅游市场最为繁荣，东亚及太平洋地区的旅游市场发展速度最快。

相关案例：旅游市场中的"她经济"

（2）按气候和环境因素细分。在构成自然旅游资源的重要因素中，地形地貌与气候起主导作用。往往以气候为主导因素的自然旅游资源是最具有吸引力的。许多地处寒冷地带的国家或地区的旅游者，把寻找阳光、温暖和湿润空气作为主要旅游目的，如地中海地区、加勒比海地区、夏威夷等地每年吸引成千上万的旅游者前往，主要是因为那里气候宜人，并能为旅游者提供海滩、阳光等良好的自然条件。相反，生长在南方的旅游者对北方的冰雪风光感兴趣。

（3）按人口密度和城市规模细分。世界各国人口密度悬殊，即使同一国家和地区人口密度也不一致。一般来说，人口众多、空间狭小、人口密度大的地区居民出外旅游的可能性要大得多。按城乡差别可将旅游市场细分为城市旅游市场和乡村旅游市场。城市居民要求旅游的人数比乡村多，占城市总人口的比例也比乡村多，主要原因是：第一，城市居民收入水平高，出游经济条件较好；第二，城市交通发达，信息灵通；第三，城市环境质量差，迫使人们外出调节身心。

### 2. 人口统计学特征的细分标准

（1）按年龄细分。不同年龄阶段的旅游者对旅游内容、旅游价格、旅游时间、旅游方式等有明显的需求差别，且需求随着年龄的增长而不断发生变化。根据旅游者年龄结构，将旅游市场细分为老年旅游市场、中年旅游市场、青年旅游市场和儿童旅游市场。

（2）按性别细分。按性别分，旅游市场可细分为男性旅游市场和女性旅游市场。男性旅游者与女性旅游者对旅游服务和项目的需求表现出一定的差别。女性喜结伴出游，喜好购物，对价格较敏感。女性将成为旅游市场的重要客源目标。有关资料表明，家庭旅游决策常由女性决定。近年来，众多旅游企业大力开发女性旅游市场，尤其是年轻女性旅游市场，组织她们到世界著名的旅游胜地观光和购物旅游，甚至一些度假地开办了专为女性服务的饭店。

（3）按收入、职业、受教育程度细分。可自由支配收入是旅游的必要条件，从这一点来看，对于一个旅游者，收入在很大程度上决定着他的旅游活动能否最终实现，同时也会影响他对于旅游目的地和消费水平的选择。职业对旅游需求的影响也较大，主要影响着旅游时间和方式的选择。如教师、学生一般会利用寒暑假旅游；管理人员、技术人员、商务人员则多具有公务和商务旅游的需求。个人受教育程度对旅游的需求也有影响。受教育的程度越高，旅游需求的层次越高。

（4）按家庭结构细分。家庭是消费的基本单位，家庭结构、规模和总收入等状况都会直接影响旅游需求。

### 3. 按旅游者的旅游行为划分

（1）按购买时间和方式细分。即根据旅游者出游的时间、购买旅游产品的渠道及旅游方式来划分旅游市场。由于旅游活动的时间性、季节性非常突出，按购买时间可划分为旺季、淡季及平季的旅游市场，还可分出寒暑假市场，以及节假日市场（如春节、元旦、双休日等）。购买方式是指旅游者购买旅游产品过程的组织形式和所通过的渠道形式。依此可分为团体旅游市场和散客旅游市场。其中散客旅游已发展成为世界旅游市场的主体，在这一市场中，旅游形式也日益复杂多样，包括独自旅游、结伴同游、家庭旅游、小组旅游、驾车旅游、徒步旅游，等等。

（2）按旅游者的目的细分。按旅游者出游的主要目的，可将旅游市场细分为以下几种。

① 观光旅游市场。这类旅游者的旅游目的主要是了解异国他乡的历史、文化、风俗风情以及参观游览当地的自然景观。观光旅游市场是传统的旅游市场。

② 会议、商务旅游市场。这类旅游者的需求量受价格影响较小，消费水平高，目的地则以大城市为主。

③ 休闲度假旅游市场。休闲度假旅游是当今旅游市场中的主流旅游活动方式，其主要目的是休养生息。这一旅游市场的旅游者停留时间长，且重复旅游者比例很高。

④ 探亲访友旅游市场。这一市场的旅游者的目的是探亲访友或寻根问祖，不太受各种营销活动的影响。

## 项目训练

1. 设计一份关于女性旅游市场的问卷，并进行实地调研，分析调研数据，完成一份报告。

2. 选择公共假期，到本地旅游景区进行实地调研，了解假日旅游市场情况。

# 任务五　旅游发展的历史沿革

## 一、19世纪以前的旅行活动

纵观世界旅游发展的历史，旅游活动从早期人类的迁徙活动开始萌发，历经古代、近代和现代社会的不断演进和发展，已形成综合性和产业化发展规模的现代旅游活动，成为世界经济社会发展的一个潜力巨大的重要的产业集群领域。

现代意义的旅游既与早期的人类迁徙活动有着本质的不同，也与古代的旅行活动有着严格的区别。然而，我们要探索旅游的产生和发展又不能不谈到早期人类的迁徙活动和古代的旅行活动。

### （一）迁徙与旅行的出现

众所周知，在原始社会的早期，由于劳动工具极其简陋，生产力水平非常低下，人类只能靠狩猎和采集艰难地维持生存,生计尚处于无法保障的状态。因此,这种低下的生产方式决定了人类最基本的生存方式——逐水草而迁徙。在这一历史演变过程中,人类不得不依靠集体的力量来抗衡自然,维持生计。在这种状况中,尽管人类不断出现从一个地方迁徙到另一个地方的活动,但都是因为自然因素(如气候、自然灾害等)和特定的人为因素(如部落纷争等)被迫进行的,都是为了最基本的生存需要。这种迁徙显然不是旅行活动,而是古代生产活动的构成部分。

直到新石器时代,随着生产工具的改进、生存方式的变化,开始出现了原始饲养业和原始农业,并最终导致人类历史上第一次社会分工的出现——农业和畜牧业开始分工。在后来的发展中,随着劳动工具的改进和原始手工业的出现和发展,手工业又一次从农业和畜牧业中分离出来。正是由于生产力的不断发展,使得劳动剩余出现并不断增多,进而促使了交换的出现,且交换的种类和数量也随之逐步扩大。在这种情况下,交换本身已经演变成一种重要的社会职能,促使原始商业出现,并在发展过程中从农业、畜牧业和手工业中分离出来。无疑,古代社会的三次大分工促进了人类社会的发展,尤其是古代商业的出现和发展,孕育着古代旅行活动的出现和发展。因为人们需要通过旅行来了解其他地区的生产和需求情况,并通过旅行活动与其他地区交换各自所需要的物品,满足自己的生活所需。

可见,人类最初的旅行活动只是出于物品交换性质的易货贸易和了解异地情况的基本需要。用今天的眼光来看,它主要是一种经济目的的旅行活动。

### (二)奴隶社会的旅行活动

知识链接:世界上最早的"旅行家"

在人类社会发展史上,尽管奴隶制社会是一个非常残酷的社会,但也是人类社会发展的一个巨大进步。正如马克思所说:"在当时的条件下,采用奴隶制是一个巨大的进步。"因为它实现了社会生产在各行业之间、体力劳动和脑力劳动之间更深入、更细致的分工,提高了生产力水平,促进了商业交换的扩大,促使艺术和科学进一步发展,客观上也为旅行的发展提供了一定的物质条件。

奴隶制社会中旅行的发展,最典型的是古罗马帝国时期,这是西方奴隶制社会旅行发展的鼎盛时期。这一时期,古罗马帝国的对外扩张已告结束,疆域面积空前扩大,社会秩序相对稳定,社会经济有了较快的发展。尤其是规模庞大的道路网络,使陆路和水路交通空前便利,加上客栈和旅店的快速发展,以及货币的统一都给旅行带来了极大的方便,因此大大促进了旅行的快速持续发展。当然,当时的旅行基本上都是在国境内进行,而且大多数都是经商性质的旅行。但这一时期也有国家之间的商业旅行活动,如北欧的琥珀、非洲的象牙、东方的香料及宝石等奢侈品的贩运旅行。我国的丝绸当时就是通过有名的"丝绸之路"远销罗马帝国各地的。然而,从公元5世纪开始,随着罗马帝国的逐渐衰亡和社会秩序的动荡,旅行的条件陆续丧失。这不仅表现在贸易数量和旅行者数量不断减少,还表现在道路日渐毁坏,盗匪横生。正如西方学者诺沃尔1936年在其《旅游业》一书中所说的那样,在欧洲有可靠的证据表明,从古罗马帝国衰落直到19世纪中叶之前是没有人外出旅行的。尽管诺沃尔的说法肯定有言过其实之处,但却说明了当时旅行活动的衰败。

中国的奴隶制社会时期，旅行的出现和发展与西方大体相同，但中国奴隶制社会的形成要早于西方国家。在中国奴隶制社会鼎盛时期的商代，由于生产工具和生产技术的进步，社会分工的细化，劳动效率大大提高，从而使商朝成为我国历史上奴隶制社会经济发展比较繁荣的一个时期。由于剩余劳动产品的不断增多，刺激了交换活动的较快发展，进而也促进了以交换为目的的生产活动的开展和不断扩大。在这一发展过程中，尤其是商人阶层的不断壮大，使得以贸易经商为主要目的的旅行活动有了很快的发展，也使商代成为我国古代旅行发展最活跃的一个时期。

当然，在奴隶制社会除了这种以产品交换和易货经商为目的的旅行活动外，奴隶主阶层的享乐旅行也比较盛行，如包括"天子"在内的奴隶主阶层的外出巡视和游历，无疑就是以消遣为主要目的的旅行活动。我国《易经》上记载的"观国之光"等语，就是反映这种享乐旅行的。

### （三）封建社会时期旅行活动的发展

无论是中国的封建社会还是西方的封建社会，都经历了一个漫长的发展过程，旅行活动在这一时期也经历了曲折的发展过程。

欧洲的封建社会是一个非常落后和残酷的社会，旅行活动在这一时期呈现出萎缩趋势。这是因为社会人口的绝大多数的农民基本上都是农奴，既无人身自由，更无外出活动的自由；加上自然经济的性质十分突出，一个村子就是一个闭塞的经济单位，与外界几乎隔绝，交换活动很少。尽管从 11 世纪到 14 世纪，欧洲经济有了较大发展，但由于其间无休止的战乱，旅行活动的规模始终难以达到古罗马帝国时期的水平。

13 世纪的欧洲，中世纪最黑暗的年代已然褪去，欧洲开始呈现出复兴的端倪，外交、贸易旅行逐步发展起来。从 13 世纪 40 年代起，西欧各国相继派出了传教士前往海外，这些使者不仅肩负着传播宗教的使命，同样也承担着外交的使命。米兰首先在意大利的北部城市设立常驻大使馆，其后又从意大利出发，将其逐渐扩展到欧洲其他国家，各个大国开始互派代表，外交旅行日益兴盛起来。欧洲经济在当时已经发展到了较高的水平，对外贸易也随之增长。德国、英国、荷兰、挪威、西班牙、葡萄牙等欧洲各国之间的贸易往来频繁。1241 年，德国北部的两个城市吕贝克和汉堡首先结成联盟，共同保护水路和陆路贸易线路的安全，抵御车匪路霸及波罗的海和北海海盗的袭击。之后，越来越多的城市陆续加入这一贸易联盟，在鼎盛时期，其成员达到了 60 多个，极大地促进了波罗的海、北海和北欧大部分地区的贸易活动快速发展，贸易旅行日益昌盛。欧洲国家与东方国家的贸易活动同样发展迅速，大量的商人频繁地往返于欧亚之间。马可·波罗就是其中的典型代表。马可·波罗出生于意大利商业城市威尼斯的一个商人家庭，1271 年，他跟随父亲和叔父前往中国经商。他们由威尼斯出发，经地中海、小亚细亚半岛、亚美尼亚、底格里斯河谷，到达伊斯兰教古城巴格达，再由此沿波斯湾南下，穿越伊朗高原、帕米尔高原，经敦煌、酒泉、张掖、宁夏等地，历时三年半，于 1275 年夏天抵达元上都，觐见元世祖忽必烈，并得到忽必烈的信任，成为其臣下。忽必烈对他很器重，除了让他在京城大都当差外，还几次安排他到国内各地和一些邻近国家进行游览和访问。1295 年，马可·波罗回到了威尼斯，留下了著名的《马可·波罗游记》。

15 世纪，由于对黄金和与东方发展贸易的需求不断增加，欧洲人开始了开辟新航路的探索。随着欧洲商品经济的日益发展和资本主义萌芽的产生，黄金日益取代土地成为社会财富的主要标志。受《马可·波罗游记》的影响，欧洲人把东方看作遍地黄金的人间天堂，希望到东方去实现黄金梦的人比比皆是，再加上奥斯曼帝国占领了巴尔干、小亚细亚及克里米亚等地区，控制了东西方之间的通商要道，导致了欧洲市场上东方商品的价格猛涨。于是，欧洲商人渴望开辟另一条通往东方的商路，哥伦布、达·迦马、麦哲伦等航海家开辟了新航路的远洋旅行，不仅满足了欧洲贸易的需要，还使欧洲与世界各地区各民族之间的联系加强了，为世界市场的形成创造了条件。这一时期的航海旅行，兼有探险、考察的性质。

16世纪后期开始，欧洲的旅行活动有了新的发展。在英国，贵族子弟完成规定的学业后，都会渡过英吉利海峡，前往巴黎、罗马、威尼斯以及佛罗伦萨等欧洲大陆的城市进行游学旅行。他们在随行导师的引导下，参观大教堂、古代城堡和美术馆，认识西方文明史。在此期间，他们也要学习不同的语言，参加各种社交活动，并被介绍给欧洲的贵族们。这种游学旅行通常要花费长达数月甚至数年的时间，被称为"GrandTour"。除了以教育为目的的旅行外，以保健为目的的旅行也开始出现。1562年，英国医生威廉·特纳发表了一份研究报告，谈到天然温泉对各种疼痛症状的治疗效果。这份报告的发表，在当时的英国乃至欧洲引起了温泉旅行的热潮，洗温泉浴成为一种流行的时尚。

中国的封建社会经历了2000多年的历史，其间除了分裂和战乱的年代之外，各统一朝代的社会政治相对比较稳定，生产技术和社会经济较前都有了很大的发展。无论是在农业生产技术、水利工程技术方面，还是在手工业、冶炼、纺织、造纸、瓷器生产等方面，都曾领先于当时的西方世界，这些都为当时社会旅行的发展提供了物质基础和社会条件。

从我国的历史典籍和有关文学作品中所描述的"商旅"一词的广泛使用情况来看，这一时期以经商为目的的旅行活动仍然占据主导地位。当然，这一时期的宗教旅行和专门的考察旅行也比较盛行，如西汉历史学家和文学家司马迁的游历活动和张骞的出使西域，久负盛名的晋代法显、唐代玄奘、鉴真的宗教旅行，明代医学家李时珍的药物考察和地理学家徐霞客的地理考察，以及著名的"郑和下西洋"等，都是这类考察活动的典型。

从上面的论述中可以看出，封建社会时期世界范围内旅行的发展是不平衡的，但也表现出一些规律性的特点：一是旅行活动的发展同国家的政治经济状况有着直接的关系，比如在政治安定、生产力发展、经济繁荣的统一时期，旅行活动就会较快发展；二是以贸易经商为主要特征的旅行活动仍占据主导地位，尽管这一时期各种非经济目的的旅行活动仍然有了新的发展和扩大，但与有经济目的的旅行活动相比还不占主导地位。

## 二、近代旅游活动的兴起和发展

近代社会是世界旅游产生和发展的一个重要时期。从19世纪开始，旅行活动的发展在很多方面都已表现出今天意义上旅游的一些特点，其中很重要的表现就是以消遣为目的的外出访问活动在规模上迅速发展，并超过了以商务旅行为代表的有经济目的的访问活动。

### （一）工业革命对近代旅游发展的影响

18世纪60年代，工业革命首先在英国开始，并于19世纪30年代基本完成。之后，美、法、德、日等国的工业革命也在19世纪内陆续完成。工业革命不仅极大地推动了生产技术和生产关系的变革，而且极大地促进了资本主义生产力的迅速发展，提高了生产的社会化程度，促使资本主义制度最终战胜封建制度而居于统治地位。

国际上许多旅游研究专家认为，近代旅游的出现和发展与工业革命所产生的影响密切相关，这种影响主要体现在以下几个方面。

首先，工业革命促进了交通条件和设施的变化，推动了较大范围和较远距离的旅行活动的开展。我们知道，蒸汽机的发明是工业革命的重要标志，而蒸汽机的改进和应用很好地解决了交通运输的动力问题，促使新的交通运输方式产生。尤其是1825年世界上第一条铁路的出现，开创了现代化陆路运输的新纪元，并成为近代旅行发展的一个重要标志。到1850年，世界上共有15个国家修建了铁路，蒸汽轮船、蒸汽火车已成为重要的交通运输工具，并表现出速度快、成本低、运量大等特点。

其次，工业革命极大地推动了城市化进程，促进了人们生活观念和生活方式的变化以及城乡之间的人员流动，也刺激了旅游的发展。由于工业革命带来了机器化、流程化、规模化生产方式的发展，从而吸引了大量的农村人口涌向城市就业，使得城市的膨胀速度加快。正是由于工业化和城市化发展形成的繁忙的工作氛围、紧张的工作节奏，使得越来越多的人需要通过外出休息来调节生活节奏，缓释身心压力。在这种情况下，旅游成为一种重要的调节方式。

最后，工业革命带来了阶级关系的重大变化，客观上促进了旅游规模的扩大。在工业革命之前，只有地主阶级和封建贵族才有金钱和时间从事非经济目的的消遣性旅行活动。然而，工业革命造就了工业资产阶级，并使之成为新的统治阶级，从而使社会财富不再只是流向封建贵族和大地主阶级，而是越来越多地流向新兴的资产阶级。因此，这一重大变化使得在经济上有条件外出旅游消遣的人数有了明显的增加。与此同时，工业革命在造就了工业资产阶级的同时，也造就了大批出卖自身劳动力的工人。随着生产力的发展和剩余价值的逐步增多，特别是工人阶级为争取自己的权益而进行的不懈抗争，使得资本家在增加工人工资和包括传统节日带薪休假在内的权益等方面不得不做出更多的让步。

所有这些都在客观上促进了休闲度假等旅游活动的开展，也使参加旅游活动的人员构成发生变化，人数迅速增加。

### （二）近代旅游的发展

随着旅游人数的不断增加，人们旅游需求的增长与旅游供给和旅游服务的缺乏之间的矛盾开始逐步凸显。

英国的托马斯·库克可以说是寻求这一矛盾解决途径的第一人。成功的禁酒活动，不仅使很多人成功戒酒，也使库克名声大振，很多对团体旅游感兴趣的人都纷纷找到库克，要求他提供旅游服务，这启发了库克。1845年，托马斯·库克在英国的莱斯特正式创办了世界上第一家旅行社——托马斯·库克旅行社，开始专门从事旅行代理业务，成为世界上第一位专职的旅行代理商。旅行社的出现标志着近代旅游业的诞生。由于托马斯·库克对旅游业的突出贡献，他也被尊称为"世界旅行社之父"。

在托马斯·库克组织旅游活动的影响下，19世纪下半叶，许多类似的旅游组织在欧洲大陆纷纷成立。1857年，英国成立了登山俱乐部，1885年又成立了帐篷俱乐部；1890年，德国组建了观光俱乐部；1898年，旅游国际联盟正式成立；美国"运通公司"从1850年起兼营旅游代理业务，并于1891年开始发售与现在使用方法相同的旅行支票。到20世纪初，美国"运通公司"和以比利时为主成立的"铁路卧车公司"，成为当时与通济隆公司齐名的三大旅游代理公司。当然，随着旅行社行业的发展和旅游需求的不断增大，很多其他形式的旅游企业和旅游设施也不同程度地有了新的发展。

19世纪末内燃机技术问世以后，又给交通运输手段提供了新的动力来源。到第一次世界大战爆发时，英国和美国的私人小汽车已分别达到13万辆和200万辆。内燃机技术的发展不仅升级了汽车、火车的动力系统，而且促进了飞机的发明和航空技术的不断创新。到20世纪20年代末，机型较大、安全性能较好的民航客机已开始投入使用，民航运力逐年增加，1939年欧美各主要城市间都已有了定期的客运航班。交通条件的划时代变化和旅游组织形式的不断创新对旅游业的发展起到了巨大的推动作用。据统计，1924年从英国去欧洲其他国家旅游的人数仅比1913年增加了7个百分点，但到1930年英国去欧洲其他国家旅游的人数比1913年增加了47%。1928年到奥地利旅游的英国游客人数增加到180万人次，1929年到瑞士的游客达100万人次。

综上所述，近代旅游的发展具有以下几个重要特征。

其一，旅游交通工具的不断创新为旅游业的发展提供了重要条件。尤其是火车、汽车和飞机的发明，大大提高了游客的运输能力。

其二，旅游组织形式的创新为旅游业的发展提供了重要的组织载体和旅游服务形式。这一时期旅行社等组织的纷纷创立，铁路、公路、航空等乘客服务组织体系的建立，都为旅游的发展提供了良好的组织服务载体。

知识链接：托马斯·库克

其三，饭店业的逐渐兴起，对旅游服务体系的完善起到了重要的推动作用。应该说，这一时期不仅对特权阶层提供服务的豪华饭店有了发展，对中产阶层提供服务的一般商业饭店也发展很快，对旅游业的发展起到了重要的支撑作用。

其四，旅游胜地的不断开辟有力地促进了旅游业的快速发展。随着旅游胜地的不断增多，旅游服务的其他辅助设施也迅速增加，如游乐场、音乐厅、散步场、运动场、赌场、浴场等。尤其是人文景观也开始与自然景观融合，改变了之前单调的旅游产品形式。

## 三、现代旅游活动的兴起和发展

现代旅游是指第二次世界大战结束以来，特别是20世纪60年代以来迅速普及于世界各地的社会化旅游活动，是对旅游发展史中一个时期概念的界定，它与历史学界对历史时代划分中的"现代"概念有所不同。

### （一）世界现代旅游业发展的基本特征

#### 1. 旅游业增长的持续性

第二次世界大战后，旅游活动日益成为人们日常生活的重要组成部分。世界旅游组织的统计资料显示，从20世纪50年代至今，世界旅游业发展整体上呈现上升的趋势。70多年来，国际旅游人次从1950年的2 582万，增加到了2019年的123.10亿；国际旅游收入更是从1950年的21亿美元，增加到了2019年的5.8万亿美元，增长了2 460.9倍。

### 2. 旅游活动参与者的大众性

现代旅游活动与古代旅行活动及近代旅游活动最大的区别在于大众性。现代旅游活动的参与者已不仅仅局限在少数特权阶层的范围之内，而是扩展到了各个阶层的普通大众。随着世界经济的发展，各国人民生活水平普遍提高，加上带薪假期权利的获得，越来越多的普通大众具备了参与旅游活动的条件，旅游活动真正成为人人都可享有的权利。正如世界旅游组织在1980年公开发表的《马尼拉宣言》中明确提出的那样，"旅游业是人类社会基本需要之一。为了使旅游同其他社会基本需要协调发展，各国应将旅游纳入国家发展的重要内容之一，使旅游度假真正成为人人享有的权利。"现代旅游活动的大众性还体现在旅游形式上。有组织的旅游团体或旅行社包价旅游的规范化旅游模式，成为占主导地位的旅游形式。这种形式对于缺乏旅游经验的旅游者来说，大大增加了安全感，提升了旅游的质量，同时也节省了费用开支。正是这种形式的旅游，为旅游者消除了外出旅游的种种障碍，促使越来越多的人参与到旅游活动中来，形成了大众旅游的局面。

### 3. 旅游活动地域上的集中性

随着世界旅游业的迅猛发展，旅游活动的参与者数量日益增加，旅游活动的地域范围也日益扩大，从严寒的南极大陆到湿热的热带雨林，从白雪皑皑的珠穆朗玛峰到神秘莫测的海底世界，到处都遍布着旅游者的足迹。但旅游者并非平均地分布于世界各地，旅游者在确定旅游目的地时，往往也会选择一些热点国家或地区，从而使旅游活动呈现出地域上的集中性。联合国世界旅游组织（UNWTO）发布的统计数据显示，2018年欧洲依然是最受欢迎的国际旅游目的地，2018年共接待了7.13亿入境游客，同比增长6%。亚太地区的入境游客数量为3.43亿，同比增长了6%。美洲地区的入境游客人数同比增加了3%，达到2.17亿，其中中美洲和加勒比海地区的游客数量下降了2%，北美洲的游客数量上升了4%。非洲地区入境游客人数约为6 700万，同比增长了7%；中东地区入境游客人数为6 400万，增幅为10%。

### 4. 旅游市场竞争的激烈性

旅游业是全球经济发展中规模最大、增势最强、前景最好的产业之一，它对整个国民经济产生的巨大推动作用是其他产业无法比拟的，因而各国、各地区对旅游业的重视也达到了前所未有的程度。旅游竞争已不仅仅局限在企业与企业之间，而是扩大到各国和各地区之间。各国、各地区政府为了推动本国、本地区的旅游业发展，积极地投入旅游业的开发和建设中。政府投资进行道路交通等基础设施建设，做好社会治安和环境卫生的整治，为旅游业的发展提供了良好的基础环境。政府出面利用旅游博览会、各种媒体以及各类活动对本国、本地区的旅游整体形象进行宣传推广。例如，亚洲金融危机以后，中国香港特别行政区拿出上亿港币成立了盛事基金，通过举办大型促销活动加快复苏旅游业。为了吸引旅游者，一些国家元首和政府首脑甚至亲自出面为本国的旅游业做广告。

## （二）现代旅游快速发展的原因分析

分析现代旅游快速发展的原因，主要有以下几点值得关注。

其一，投资对经济发展的拉动作用促进了旅游业的快速发展。经济的发展需要大量的投资，战后旅游业的发展同样需要大量的资金注入。度假区的开发和辅助设施的建设，交通工具和交通设施的改善与技术创新，旅游产品的设计、开发与组合，旅游市场的培育与规范等,都需要投资的注入和有效运作。当然,投资的强度和规模依赖于一国经济的持续稳定增长。

其二,旅游市场细分化的推动作用。如从年龄角度划分的老年人市场、青年人市场、中年人市场,在生活态度、生活方式和行为方式上都有较大的差异,对旅游产品、服务方式以及在特定要求上都有各自的特点。尤其是市场细分化对旅游产品提供者、旅游产品服务规范与过程、旅游产品创新等方面都产生了巨大影响,极大地推动了旅游业的快速发展。

其三,世界人口的迅速增长对旅游活动的影响。第二次世界大战结束后世界人口约为25亿,20世纪60年代增加到36亿,到20世纪90年代突破了50亿。相关统计数据显示,截至2020年3月18日,全球230个国家和地区的人口总数为75亿8 520万,其中中国以14亿5万位居世界第一,印度以13亿5 405万位居地球第二,第三至第九名分别是:美国、印度尼西亚、巴西、巴基斯坦、尼日利亚、孟加拉国、俄罗斯等。无疑,世界人口的不断增长已成为战后大众旅游发展的基础。

其四,政府政策和行业组织的革新对旅游业发展产生了积极影响。在战后相当长的一个时期,旅游业在欧美国家政策和拨款方面都享有很多优惠。为战后欧洲重建而制订的著名的美国马歇尔计划,就是促使欧洲各国政府通过欧洲经济开发组织(后来的欧洲经济合作与发展组织的前身),干预旅游营销和对旅游业的投资,重视旅游对国家财政收入增加的作用。甚至欧洲经济开发组织还直接资助欧洲旅游委员会开拓美国旅游市场。旅游行业组织和结构也发生了一些变化,建立了很多在世界范围内经营的跨国旅游公司,尤其是欧美旅游业的全球化趋势非常明显。

其五,生产自动化程度的不断提高和各国城市化发展的速度加快对旅游业的发展产生了重要影响和推动作用。第二次世界大战后随着科技的不断进步和生产过程自动化程度的不断提高,产业的生产效率大大提高,单位产品的生产时间大大缩短,从而使员工带薪休假也越来越普及,客观上也刺激了旅游的发展。

其六,战后世界各国教育事业的发展不仅提高了人们的知识层次和结构,而且促进了人们对现代工作生活质量的追求,旅游成为生活质量的一种重要指标。随着教育层次的提高,越来越多的人在工作之余追求更为新颖的生活方式,感受自然、体验社会、和谐人际已成为生活的重要组成部分,而旅游已成为满足这些需求的重要方式。

## 四、中国旅游业的发生与发展

应该说,中国旅游业的产生是在近代,而前文提到的古代社会的各种旅行活动,包括帝王巡游、官吏宦游、经商旅行、文人漫游、宗教云游和节事庆游等,都不是现今意义上的旅游。

### (一)中国近代旅游活动的迅速兴起

中国近代旅游主要是指1840年鸦片战争爆发后到1949年中华人民共和国成立的这段时期的旅游活动。中国旅游业也开始产生并逐步发展起来。

与西方国家相比,中国的近代旅游业的发展远远落后于其他国家。在我国最早经营旅游业务的旅行社都是一些国外旅游服务机构为方便本国居民来华旅行而设置的分支服务机构。如在 20 世纪初进入中国市场的英国通济隆旅行社、美国运通银行旅行社、日本观光局等。他们在我国上海、香港等主要城市设立分支机构，开办代售旅行所必需的车船票等营业项目，发行被当时中国人称为"通天单"的旅行支票，几乎包揽了当时中国国内外所有的旅行业务。

1923 年 8 月 15 日，陈光甫在上海创立了第一家由中国人自己投资创办的旅行社——上海商业储蓄银行旅行部（后改名中国旅行社）。陈光甫先生创办上海商业储蓄银行旅行部的主要目的并非营利，而是维护民族的尊严。陈光甫希望通过创办中国人自己的旅行社，来减少中国人在旅游中受到的歧视，希望为更多的旅行者提供方便，使他们免受旅途之苦，同时也希望更多的人能够更好地了解中国悠久的历史文化和壮美的大好河山。旅行部成立后的同年 10 月，全国教育联合会第九次会议在云南昆明举行，陈光甫争取到了为各省代表安排从上海至昆明旅途间的一切舟车食宿事项的工作，这一过程中，旅行部提供的周到服务受到了教育界人士的称赞。

旅行部业务活动的一举成功，坚定了陈光甫创办中国旅行机构的决心。随着业务活动的逐步扩展，前来旅行部办理旅游业务的人越来越多，原先银行内的营业处已无法满足业务需要。1924 年 1 月旅行部迁往四川路，独立门户，以便于发展。为了更好地推广业务，旅行部首先在杭州设立分部，之后的五年间，先后在各地设立了 11 个分部。1927 年 6 月 1 日，旅行部正式改名为"中国旅行社"，与银行正式分离。

中国旅行社成立之初，业务活动较为简单，主要是代售火车票和轮船票。在中国航空公司成立后，开始代售飞机票。之后，其业务范围不断拓展。从 1924 年，也就是成立的第二年起，每年春季，旅行部都会组织前往杭州的旅游团，并协同铁路局开设游杭专列，开创了我国包专列旅游的先河。此外，旅行部还组织了海宁观潮、惠山游湖、富春览胜等各具特色的团体旅游活动。1927 年，中国旅行社创办了中国的第一本旅游杂志《旅行杂志》，杂志邀请了当时国内许多著名学者和教授执笔，还聘请了许多国外的特稿记者，使之成为旅游者获取旅游信息的最佳来源之一。

1932 年，为了更好地拓展业务活动，中国旅行社专门设立了游览部。中国旅行社还开办了一系列与旅游直接相关的其他业务。如为了给游客提供更好的住宿设施，中国旅行社自 1931 年到 1937 年先后在沈阳、徐州、青岛、黄山等地投资兴建了 21 家招待所、饭店。为了帮助景区吸引游客，中国旅行社多次直接投资开发景区，如为戚继光的遗址修建华亭，为泰山修整登山道路等。此外，中国旅行社还为留学生办理出国手续，发行旅游支票，代办邮政电报等。

1937 年，抗日战争全面爆发，中国陷入了动荡不安的局势中，中国旅行社苦心经营了十余年的业务也毁于一旦。1949 年中华人民共和国成立前夕，陈光甫移居香港，中国旅行社的业务重心也随之转移。1954 年旅行社重新注册为"香港内地旅行社有限公司"，成为内地在我国香港的旅游、铁路货运业务的主要代理。

### （二）中国现代旅游业的快速发展

中国现代旅游业是指中华人民共和国成立后的旅游活动。70 多年来，中国的旅游业取得了惊人的发展，其发展可以划分为两个主要的阶段，分别是 1949—1978 年的外事接待阶段和 1978 年以后的全面发展阶段。

### 1. 外事接待阶段

这一时期，旅游是作为一项政治性的"民间外交"而存在的，旅游业以外事接待为主，具体可分为三个阶段。

1）初步创立时期

从中华人民共和国成立到20世纪50年代中期，是中国现代旅游业的初步创立时期。中华人民共和国成立的第一家旅行社成立于福建省厦门市。由于地理环境和历史背景的因素，厦门拥有众多的归侨、侨眷以及厦门籍海外侨胞，是著名的侨乡。中华人民共和国成立后，为了方便海外侨胞回国探亲，1949年11月19日，厦门市军管会在接管了旧"华侨服务社"并对其进行整顿后，于同年12月正式创立了新中国成立后的第一家华侨服务社。此后几年里，广东省、福建省和许多中心城市相继成立华侨服务社。

中华人民共和国成立后，来华公务出差和旅游的外籍人士也逐渐增多，为了更好地完成这项严肃的政治接待任务，1954年4月15日，经政务院批准，新中国成立后的第一家面向外国旅游者开展国际业务的旅行社——中国国际旅行社总社成立，并在上海、天津、广州、杭州、南京等地成立了14家分社，其主要业务活动是承办除外国政府代表团以外的所有其他单位委托的外宾，以及外国自费旅游者在中国的食、住、行、游、购、娱等各项接待工作。

1957年，各地华侨服务社在北京召开专业会议，决定对全国华侨服务社进行统一管理，并在原有名称的基础上增加"旅行"二字，于是，华侨旅行服务总社在北京成立。

尽管如此，中国的旅游业在此期间的发展还是极为有限的。在国际旅游方面，由于当时以美国为首的资本主义国家对中国实施政治孤立、经济封锁和军事包围的政策，中国国际旅游的发展受到了很大的阻碍，而国内旅游由于旅游基础设施和旅游需求的缺乏而发展缓慢。因此，这一时期的旅游业基本上是以外事接待为主。

2）逐步开拓时期

从20世纪50年代中后期到1966年前，是中国现代旅游业的逐步开拓时期。经过10多年的努力，中华人民共和国的外交工作取得了巨大的进展，先后与50多个国家建立了外交关系。1964年1月，中国与法国的建交，更是标志着中国同西欧国家关系有了一个重大的突破。同年，中国民航开通了前往巴基斯坦、中东和阿富汗的三条国际航线，架起了通向世界的空中桥梁。

随着中华人民共和国外交工作的全面开展和国际交通的日益便利，自费前往中国旅行游览、洽谈贸易的旅游者不断增多。为了做好旅游接待工作，进一步推动旅游业的发展，1964年7月，全国人大常委会批准成立了中国旅行游览事业管理局。这一时期中国旅游业的管理体制是政企合一，国家旅行游览事业管理局和中国国际旅行社总社是"两块牌子，一套人马"，对外招徕用国旅总社的牌子，对内行业管理则行使国家旅游局的职能。

3）崎岖发展时期

1966年到1976年，是中国现代旅游业的崎岖发展时期。20世纪60年代中期，世界旅游业正处于大发展的时期，而我国的旅游业却停滞不前，甚至出现了倒退的现象。旅游业几乎陷入了瘫痪的境地，入境旅游者日益减少。

20世纪70年代后，这一局面才得以逐步扭转。1972年8月，中国华侨旅行服务总社恢复营业。为了进一步做好海外华侨、港澳台同胞和外籍华人的旅游接待工作，1974年1

月,国务院批准在华侨旅行服务总社的基础上成立中国旅行社,保留"华侨旅行服务社总社",同时加用"中国旅行社总社"的名称。

1975年,财政部开始对旅游外汇收入下达指标。至此,中国的旅游业才逐步摆脱了外事接待的身份,进入了全新的发展时期。

### 2. 全面发展阶段

1978年,党的十一届三中全会开启了改革开放的历史新时期,中国旅游业也随之进入全面发展时期。改革开放以来,中国旅游业的发展驶入了快车道,已成功地实现了由旅游资源大国向世界旅游大国的跨越,并正在为早日成为世界旅游强国而不懈努力,旅游业发展成绩斐然。

1)旅游管理体制不断完善

为了进一步加强对旅游行业的管理,1978年3月,中国旅行游览事业管理局改为直属国务院的中国旅行游览事业管理总局,由外交部代管;成立各省、区、市旅游局,负责地方的旅游行业管理。

1978年8月,中国旅行游览事业管理总局改为由国务院直接领导。中国国际旅行社总社作为事业单位进行企业化管理,各省市分社根据各地具体情况由地方决定,开始进入企业化运作阶段。1986年1月30日,国务院批准成立了第一个全国综合性旅游全行业组织——中国旅游协会,在旅游企业与政府之间起到了沟通、纽带和桥梁作用。

从1988年到1998年,国家先后出台了三次"三定"方案,实现政府机构精简和职能转变,进一步促使国家旅游局机关与直属企业彻底脱钩。1988年10月,国家旅游局"三定"方案出台,全面系统地规定了旅游管理体制改革的具体实施方案,使政企职能进一步清晰化。1994年3月,国务院办公厅批准印发了《国家旅游局职能配置、内设机构和人员编制方案》,对政府和企业的不同权责进行了更为详尽的划分,进一步下放企业自主经营权,政府的功能逐步向行业管理、间接管理、调节式管理转变。1998年,国务院办公厅印发国家旅游局机构改革"三定"方案,再一次大幅精简了机构设置和人员编制,进一步明确了中央和地方、政府和企业的相关职能。

此后,《旅游发展规划管理暂行办法》《导游人员管理条例》《旅游区(点)质量等级的划分与评定》《中国公民出国旅游管理办法》《旅游规划通则》《旅游饭店星级划分与评定》等一系列行业性管理条例和办法的颁布,使旅游行业管理朝着法制化、规范化的道路迈进。

2018年3月,第十三届全国人民代表大会第一次会议通过《深化党和国家机构改革方案》,决定组建文化和旅游部,4月8日文化和旅游部在北京正式挂牌。

2)市场规模不断拓展

改革开放以来,中国旅游业发展迅猛,入境旅游、国内旅游和出境旅游三大市场全面繁荣。

入境旅游市场方面,对外开放的不断扩大以及对外经济文化交流的日益频繁,使我国和平、安全、发展的国际形象为越来越多的国际旅游者所接受,从而为大力发展入境旅游带来了良好机遇。入境旅游市场始终保持着良好的增长势头,各项经济指标屡创新高。1978年接待的国际旅游者仅为181万人次,国际旅游收入2.62亿美元,位居世界第41。2019年,入境旅游者达到1.45亿人次,国际旅游收入1 313亿美元。

国内旅游方面，随着居民生活水平的稳步提高和带薪休假制度的不断完善，国内旅游日益成为人们日常生活的重要组成部分。2019年，国内旅游人数达到60.06亿人次，国内旅游收入达5.73万亿元人民币，成为世界上规模最大的国内旅游市场。

出境旅游方面，市场增长势头异常强劲。从1983年内地居民自费赴我国港澳地区探亲旅游开始计算，中国出境旅游发展经历了探亲试验、调整放开和快速发展三个阶段。从人数上看，中国内地居民出境旅游热情日益高涨，人数持续增长，尤其是进入21世纪后，年增长速度均在两位数。2019年，出境旅游者达1.55亿人次，从出境目的地来看，出境旅游目的地也由原来的中国香港、澳门地区，扩展到了除南极洲以外的世界六大洲。

3）产业规模进一步扩大

我国经济的快速发展和旅游市场的不断繁荣，进一步促进了旅游产业的快速发展，1978年，我国涉外饭店仅有137家，客房1.5万间，旅行社也仅有国旅和中旅及其所属的100多个分社，数量极为有限。1984年7月，国务院批准国家旅游局《关于开创旅游工作新局面几个问题的报告》，准许在旅游基础设施的建设方面，采取国家、地方、部门、集体、个人一齐上，自力更生和利用外资一齐上的原则，促使大量资本涌入旅游业，使旅游投资者和经营者多元化，为产业规模的壮大奠定了坚实的基础。

饭店业方面，数量、规模、类型都有了极大的发展。世界著名的饭店集团纷纷加快了进入中国市场的步伐，并在此展开全面布局。据不完全统计，已有40多家国际饭店管理集团的70多个品牌进入中国，共管理10 000多家饭店。世界排名前十位的国际饭店管理集团已全部进入我国市场。本土酒店管理集团逐渐从吸收模仿阶段发展到自主创新发展阶段，32家本土酒店集团跻身世界酒店300强。旅行社方面，1980年，中国青年旅行社成立，形成由国旅、中旅、青旅三家垄断经营的局面。1984年，国务院就旅行社的体制改革作出决定，打破垄断，放开经营旅行社，旅行社由行政事业单位改为企业。此后，旅行社开始迅猛发展。

1998年，外资旅行社开始进入中国旅游市场。6月，由国旅总社、云南旅游集团股份有限公司和瑞士力天集团有限公司合资的，经国家批准在我国境内开设的第一家中外合资旅行社云南天力旅游有限责任公司成立。2001年，中国加入世界贸易组织，并承诺到2005年年底，允许外商在国内成立独资旅行社。2003年7月，首家外资独资旅行社正式准入中国，即日本航空公司所属的日航国际旅行社有限公司在北京设立，提前兑现中国入世承诺。

知识链接：中国旅游集团有限公司

在线旅游发展迅速，2019年在线旅游市场交易规模约10 059亿元，相比2018年的8 750亿元增加14.96%，用户规模达4.13亿人，同比2018年的3.92亿人增长5.35%。携程旅行、去哪儿旅行、同程旅游、飞猪旅行、马蜂窝、途牛旅游、艺龙旅行、猫途鹰等在线旅游企业规模不断壮大。

## 项目训练

1. 通过网络等途径，搜集我国旅游业发展历史中的重大事件，并做成PPT。
2. 通过网络等途径，搜集我国旅游业发展历史中的重要人物，并做成PPT。

**复习思考题**

1. 旅游的概念是什么？旅游的"六要素"包括哪些内容？
2. 成为旅游者的条件有哪些？
3. 旅游资源的概念是什么？类型有哪些？请举例说明。
4. 旅游市场的细分方法有哪些？
5. 根据我国旅游业的发展历程，总结并分析旅游业发展与社会经济发展的关系。

# 项目二

# 会展理论基础

## 项目导读

会展是指在一定地域空间，由多个人聚集在一起形成的集体性的物质和文化交流活动，主要由会议、展览、节事活动和奖励旅游四部分组成。我国的会展产业已经成为一个独立的经济部门。在国民经济行业分类中归属商务服务业（代码为L7491）。会展业与旅游业、房地产业并称为"三大无烟产业"。会展业具有创新性、综合性、竞争性、技术性与艺术性、直观性和区域差异性等特点。会展的经济作用包括产生巨大的直接经济效益、拉动相关产业发展、促进经贸合作、优化产业结构、增加就业机会等。同时会展还有提高举办地的知名度、促进信息交流和知识传播等社会文化方面作用。

世界会展发展的基本格局：一方面，会展活动和会展业在全球范围内均有不同程度的发展，呈现出全方位、多元化和高增长的发展格局。另一方面，由于各国经济总体规模和经济发展水平不一，世界会展发展也呈现出很不平衡的状况。总体而言，欧美发达国家凭借其在科技、交通、通信和服务业水平等方面的优势，在当今世界会展业中处于主导地位。20世纪90年代以来，我国会展业在各方面取得重大突破，呈现国际化、市场化、专业化、品牌化、信息化、生态化等发展趋势。

## 学习目标

◎ **知识目标**

1. 理解会展的狭义概念和广义概念，掌握会展的内涵及外延。
2. 了解会展的特点，掌握中国五大会展产业经济带的分布。
3. 了解会展的作用，了解会展产生的直接经济效益和带动效应。
4. 了解国内外会展业的发展现状，明确城市发展会展业的必备条件。
5. 掌握国内会展业存在的问题，并理解产生的原因及解决的对策。
6. 了解会展业发展的趋势，明确会展从业者应具备的素质和能力。

◎ **能力目标**

1. 能够运用所学知识，分析会展业的特点。
2. 能够运用所学知识，分析某个会展活动的作用。
3. 能够调研某个城市会展业的发展状况并发现问题。
4. 能够运用所学知识，分析某个城市会展业发展的基础。

◎ **素质目标**

1. 热爱会展、树立从事会展业的信心。
2. 能够进行会展行业相关信息的收集与分析，提升人际交往的能力。
3. 具体问题具体分析的逻辑思维能力。

◎ **思政素养**

1. 以会展业日新月异的发展激发学生对国家强大的自豪感；同时让学生认清发展的不足，树立为国家会展业发展贡献力量的决心。
2. 树立绿色会展的理念，推动会展业生态化发展。
3. 培养对会展业的认同感以及将来从事会展业的荣誉感和自豪感。

## 案例导入

### 广交会再出发：特殊盛会背后的重大意义何在①

2021年10月，第130届中国进出口商品交易会（以下简称"广交会"）时隔两年后，再次重启线下办展。

自1957年创办以来，无数中国商品通过广交会走向全球，而世界也通过广交会走进来，了解中国这个"世界市场"。

据统计，广交会自创办累计出口成交额超过1.4万亿美元，已与全球210多个国家和地区建立了贸易关系，累计到会境外采购商约880万人。

---

① 资料来源：黄浩博. 21世纪经济报道[EB/OL]. https://news.southcn.com/node_54a44f01a2/f91a34bf0e.shtml.（2021-10-11）[2023-02-10].

60多年间，广交会也见证了中国外贸快速蓬勃发展，赢得了外贸"风向标""晴雨表"的美誉。1957年至2020年，中国外贸进出口增长了3 000多倍，跃居世界第一贸易大国。

但2020年4月开幕的广交会未能如期举行。彼时，国际市场需求严重萎缩，国际产业链供应链受到严重冲击。

广交会办与不办、如何办成为各界关注的议题。

2020年4月7日，国务院常务会议研究决定，第127届广交会在网上举办。仅有两个月准备时间，但云端广交会最终帮助2.5万家参展商在线上展示……

在中国对外贸易中心主任储士家看来，广交会"上云"并非简单迁移，而是通过注入数字化基因实现全新的结构设计和流程再造。

"随着国内疫情稳定与会展业复苏，广交会恢复线下办展的时机逐渐成熟。"在中国对外贸易中心办公室副主任郭伟华看来，面对面的线下交流是无法取代的，参展商和采购商通过线下交流，能够极大提高沟通效率并实现产品方向的及时调整。

如今，广交会采用线上线下融合办展的形式，将发挥更大作用。白明表示，线上线下融合办展将成为未来常态化机制，这也是顺应国际贸易方式多样化、数字化转型发展的大趋势。

**思考：** 你是否听说过广交会，你对广交会有哪些了解？

# 任务一　会展的概念与特点

## 一、会展的概念

微课：会展的概念

曾任美国前总统的威廉·麦金利说："会展是人类进步的机器。它们记录世界的进步，激发人们的能量、进取心和聪明才智，鼓舞人们创造激情。会展进入家庭，开阔了人们的眼界，照亮了人们的日常生活。会展为求知的人们打开巨大的信息宝库。无论规模大小，每个会展都在推动着这一进步。"

会展的概念是随着人们认识的变化和会展自身的发展而不断完善的，包括狭义的会展和广义的会展。

狭义的会展仅包括会议和展览会。欧洲是会展的发源地，在欧洲，会展被称为C&E（convention and exposition）或者M&E（meeting and exposition）。

广义的会展是指MICE或MICEE（M表示corporate meetings，公司业务会议；I表示incentive tour programs，奖励旅游；C表示conventions，协会或社团组织会议；E表示exhibitions，展览；E表示events，节事活动）。

概括地说，会展是指在一定地域空间，由多个人聚集在一起形成的集体性的物质和文化交流活动，主要由会议、展览、节事活动和奖励旅游四部分组成。

### （一）会议

会议是指三人或三人以上参与的，有组织、有目的的一种短时间聚集在一起进行讨论、交流的集体活动。会议的本质是信息的交流和传达。作为一种管理工具，会议已经成为现代社会的经常性活动之一。会议具有决策、协调、组织、领导、资讯交流、联络感情等功能，是提供信息聚集、信息讨论与解决问题、宣传、培育训练的重要途径。

### （二）展览

展览是一种具有一定规模和相对固定的举办日期，以展示产品或形象为主要形式，以促成交易为主要目的中介性活动。展览是会展活动中最重要的形式之一，随着我国经济运行的市场化及国际化程度不断提高，展览业在社会经济活动中的影响也越来越引起人们的关注。展览活动已成为企业营销、品牌培育的重要工具。

#### 头脑风暴

现代展览与集市有哪些相同点和不同点？

### （三）节事活动

节事活动是指能够对人们产生吸引，并有可能被规划开发成消费对象的各种节庆活动和特殊事件的总和。节事活动在提升地方知名度、打造地方品牌、提升本地经济及民族经济等方面具有重要的影响。如2022北京冬季奥运会的举办极大提升了中国在国际上的形象和知名度。

### （四）奖励旅游

奖励旅游是基于工作绩效对优秀员工及利益相关者以旅游方式进行奖励的管理方法。现金是最常见的奖励方式，是一种纯粹的物质奖励，而奖励旅游因为融合了团队建设和企业文化等方面的内容，所以能给员工带来更多精神层面的东西，如荣誉感、归属感，产生显著的激励作用，是现代企业管理的重要手段之一。奖励旅游的历史可以追溯到20世纪20年代的美国，如今已有50%的美国公司采用该方法来奖励员工。奖励旅游不是普通的旅游，往往与会议结合在一起，因此也被称为会奖旅游。

#### 头脑风暴

奖励旅游与普通旅游的区别。

## 二、会展的特点

### （一）创新性

创新是会展的灵魂。会展活动是新产品、新技术、新信息在世人面前亮相的重要舞台。参展商往往会把最新的产品和技术拿到展会上亮相，举办新品发布会。这样做的目的：一是可以借助展会的媒体为自己的新产品、新技术做宣传；二是可以在现场向专业观众做新产品、新技术的调研，探测市场的反应；三是把新产品、新技术带到展会上可以成为参展商吸引观众的重要手段。

微课：会展的特点

## （二）综合性

从宏观上看，会展活动的范围十分广泛，囊括各种会议、展览、节庆、体育运动会等。从微观上看，会展活动的内容也十分丰富。在现代会展中，会议与展览已不再截然分开或互不相干，而是呈现出会议、展览、经贸、观光、休闲、娱乐、节庆、表演等多项活动相结合的特点。从活动目的和性质上看，其涵盖了政治、经济、文化等社会范畴。此外，会展活动涉及的行业部门众多，既有国民经济的各个产业（包括第一、第二、第三产业部门），又有非产业（行政、社会团体等）部门。会展活动的综合性要求会展举办地的社会各界共同协作，才能使会展得以顺利成功举行。会展业与国民经济各细分行业的关系如图2-1所示。

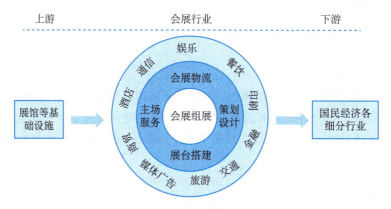

图2-1　会展业与国民经济各细分行业的关系

## （三）集中性

大型会议、展览活动可以给会展举办地带来源源不断的商流、物流、人流、资金流、信息流。展场和会场是陈列展品、构建形象、负载信息的物质实体，是个综合的全息媒介，汇集了种类繁多的信息。

会展活动将大量的人员、产品、技术和信息等资源在一定时间集中在某一特定的地域空间，这种生产要素的集中性使资源利用效率提高，并由此产生成本的节约，收入或效用的增加，形成聚集经济效应。以商业展为例，展会是产业信息和同类产品在时间与空间上的集聚。由于专业买家、卖家和商品的高度集中，在这里能迅速发现和传递诸如产品、价格、市场及产业发展等方面的信息，这是展会区别于市场和大卖场的显著特点之一。因此，大型展会是搜集商业信息和寻求商机的最佳场所。会展的集中性还使得会展活动和会展场所规模化。

## （四）竞争性

会展的集中性也带来很强的竞争性。展会内的竞争是参展商之间面对面的竞争，是"真刀真枪"的竞争。其中有参展商产品的竞争、宣传的竞争、服务的竞争、技术的竞争等。这些竞争为专业买家和最终消费者带来了物美价廉的各类商品。同时，在展会期间，强手如林的同类公司之间互相学习，寻求合作，也互相"摸底"，互相较量。

### （五）技术性与艺术性

科技的革新对会展的兴起和发展具有重大作用，没有科技的支撑，就没有现代会展的辉煌。例如，会展场馆中的各种设施都有赖于先进的技术手段。科技的发展还使人们看到了一个美妙的会展艺术天地。为了突出会展形象，会展主办者和参展商往往综合运用声、光、色、形，以及文字、图像等艺术手段，将会展场馆、展品和环境布置得美轮美奂，人们在会展场馆中参观，仿佛置身于立体艺术、平面艺术、灯光艺术和音乐艺术的海洋。特装展位是技术性与艺术性的集中体现。

知识链接：展位的类型

### 头脑风暴

归纳标准展位与特装展位的不同点。

### （六）直观性

展会是面对面的交流。会展活动可以充分满足观众"百闻不如一见""眼见为实"的心理。观众可以直接触摸展品、开动机器，亲身感受产品的各种性能。展会的直观特性还体现在会谈过程中，可以从双方的面部表情、神态和肢体语言中，获取有价值的信息。因此当面洽谈会有更高的成交率。这也是为什么网络展览发展至今仍然只能是实物展的补充，而不能对实物展形成强烈冲击的根本原因。

### （七）区域差异性

会展业的发展需要经济的发展作为后盾。会展业的发展程度与当地的经济发展水平紧密相连。因此，经济发展程度较高的地区也往往是会展业发展较好的地区。

从我国会展行业产业链区域分布来看，会展行业产业链的企业多集中于我国东南沿海地区，例如北京、山东、上海等地。在内陆地区的河南、四川等省份，产业链企业分布较多。2020年，全国按展览面积排名的前十个省（直辖市）为：广东省、江苏省、山东省、上海市、浙江省、广西壮族自治区、重庆市、福建省、河南省和湖南省。以上十个省（自治区、直辖市）的展览数量占全国展览总数的76.29%，展览总面积占全国展览总面积的72.95%。城市展览业发展指数前10强：上海、广州、深圳、北京、成都、青岛、济南、南京、杭州、重庆。[①]

### 项目训练

1. 以某一会展活动为例诠释会展的特点。
2. 以小组为单位，到某一会展活动（会议、展览、节事活动等）进行实地调研，深入理解会展的含义与特点，并完成一份心得体会。

---

① 资料来源：前瞻产业研究院《中国会展行业市场前瞻与投资战略规划研究报告》。

# 任务二  会展的作用

微课：会展的作用

会展深刻地影响当今人类社会发展的各个方面，作为经济的推动器、社会文化的传播器和环境的美化器，会展发挥着不可替代的作用。

## 一、会展业的经济作用

### （一）产生巨大的直接经济效益

会展业是高收入、高盈利的行业，除了门票、场地租金等直接收入外，还有因会展活动所带来的交通、旅游、餐饮、住宿、通信、广告、物流、保险等相关行业的间接收入。会展业可以产生直接的经济效益，这是它得以迅速发展的重要原因。从国际上看，在瑞士日内瓦，德国汉诺威、慕尼黑，美国纽约，法国巴黎，英国伦敦，新加坡和中国香港等这些世界著名的"展览城"，会展业为其带来了直接的收益和经济的繁荣。

会展的直接经济效益如此显著的原因首先在于会展代表消费水平高。导致会展代表消费水平高的因素如下。

（1）会展代表身份高、收入高、消费档次高。参加会展活动的代表一般都是各行各业的精英人士，具有一定的社会地位和较高的职务，属于高收入阶层，因而消费档次高，购买能力强。

（2）会展代表价格敏感度低。由于出席会展期间的开支大多由会展代表各自的单位承担，会展代表在进行消费时对价格并不敏感，而是更重视会展服务的品质，如方便、快捷、舒适等。

（3）会展代表逗留时间长。会展代表在会展活动期间，不仅要参加会展及相关活动，还要进行观光游览等消遣活动，因而在会展举办地的停留时间相对较长。

### （二）拉动相关产业发展

会展产业关联度高，会展消费不仅给会展业带来直接经济收益，同时还刺激了交通、住宿、餐饮、旅游、建筑、商业、信息、金融、贸易、保险、广告、印刷、物流、房地产等诸多产业部门的发展，给会展举办地带来更大的间接经济效应。一般而言，以国际平均水平看，会展业对其他相关产业的带动系数为1∶9（举办会展本身的效益一般只占综合收益的10%，而相关的食宿行、购物、娱乐、旅游、广告等的收入则占90%）。会展业越发达的城市，带动系数越高。据测算广交会带动效应是1∶13.6。

会展业是现代化程度高且综合性强的都市服务型产业，是城市发展的助推器。作为新兴产业的会展业，经过十几年的积累和发展，成为一些城市的支柱产业和带动地区经济发展的新经济增长点。2020年，中国举办展览5 661场，会展业直接产值4 600亿元人民币，占全国第三产业总值的0.83 %。带来1∶$N$的经济拉动效应，为交通、物流、餐饮、通信、广告等相关支撑行业创造了间接经济效应。

## （三）促进经贸合作

在开放的经济体系下，国与国之间、地区之间的经济贸易合作越来越重要。会展活动，尤其是大型的国际会展活动将各国、各地区客商聚于一堂，有力地促进了会展举办地的对外经济贸易交流与合作，并大大降低了贸易成本，降低了企业的采购和营销成本，优化了贸易双方的经营环境，为各类企业带来了巨大的便利。

知识链接：中国国际进口博览会

## （四）优化产业结构

对于会展活动所在的产业而言，每一场会展活动，都可以将不同类型层次的目标主题汇集，从而形成强大的人流、信息流以及技术流，是市场经济主体进行信息和技术交流的重要平台。通过参与会展活动，企业可以利用市场反馈机制，分析消费偏好，降低信息不对称情况，从而对产品进行改进，以做到精准营销。另外，企业还可通过会展活动了解行业动向，把握发展战略，通过改进自身技术、提升产品优势，推动整个产业结构的优化升级。

对于会展活动举办城市而言，当会展业被确定为城市的主导产业时，那么会展业的发展将会通过回顾效应对城市建筑、装潢、设计、广告、旅游、物流、零售、交通、通信、宾馆、餐饮等行业提出新的投入需求，这些投入需求将会促进后向关联部门技术、组织及制度等各方面的发展。就旁侧效应而言，会展业的发展会同时拉动城市金融、保险、市政建设、环保、会计、审计等行业的发展，促进这些行业采用先进的管理技术和设备，加速这些行业专业技术人员的培养，而这种影响已远远超过了会展活动本身，它将涉及整个城市的社会、经济领域。因此，会展业能够推动城市产业结构优化。

## （五）增加就业机会

会展活动直接和间接涉及的行业众多，故可增加会展举办地的各种就业机会。据测算，每增加1 000平方米的展览面积，就可创造近百个就业机会；而每增加20位会议代表就可创造1个就业机会。当会展形成产业和一定规模的经济后，就能增加长期的就业机会。而由会展活动带来的其他相关产业的间接就业机会将会更多。

以海南省为例，2019年全省会展业收入232亿元，同比增长16%，会展业增加值101亿元，同比增长11%。2016—2019年，会展业收入年均增长21%，会展业增加值年均增长14.1%。市场主体持续增多，2020年上半年全省会议及展览业企业法人单位数量为784家，带动就业近万人。

# 二、会展的社会文化作用

## （一）提高举办地的知名度

会展是展示会展举办地形象和品牌的重要手段，常被称为"都市名片"。各种会展活动，尤其是品牌会展和大型国际节事活动能够向国内外的会展参与者宣传举办地的经济实力、科技水平，使会展参与者了解举办地发展状况，并亲身体验当地的社会风貌、文化特色和文明素质，从而提高当地的国际国内知名度和美誉度，扩大当地的政治、经济和文化影响，为会展举办地打造区域品牌积累无形资产。

会展的形象传播功能强大，主要是由于：第一，会展代表身份高、名气大，本身可以起到形象传播媒介的作用；第二，会展活动往往是新闻媒介报道的热点。长时间的持续宣传使会展举办地形象得以提升和推广，而良好的形象又使当地获得更大的社会经济效益。

国际上有许多以展览著称的城市，尤以德国为多。像汉诺威、杜塞尔多夫、莱比锡、慕尼黑等均是世界知名的会展之都，展览在为这些城市带来可观经济效益的同时，也大大提高了它们在国际上的知名度。法国首都巴黎，平均每年都要承办300多个国际大型会议，因此有"国际会议之都"之称。法国戛纳是一个6万人的海边小镇，若干年前还默默无闻，因为戛纳电影节的举办，现在是世界著名的城市。我国香港以其每年举办大型国际会议、展览而在国际上享有盛名。瑞士达沃斯因为每年举办世界经济论坛，从昔日名不见经传的小镇，变成了世界著名的会议旅游目的地。

### （二）促进信息交流和先进科技知识的传播

会展活动作为"触摸世界的窗口"，具有极强的信息交流功能。会展的集中性特点在带来巨大人流的同时，也带来了信息流，各类会展成了信息沟通渠道和积聚信息的载体。

从科技发展史来看，许多划时代的发明创造，如电话机、留声机、蒸汽火车、电视机等都是在展览会上首先进行展示和推广的。即使是在信息技术迅速发展的今天，会议和展览的便捷性、集中性、直观性和快速性，在新技术的推广方面仍起着不可替代的作用。

会展传播信息的功能具有以下三个显著特点：第一，会展信息传播的流向是多向且互动的，传播者和接受者是直接互相交流的。第二，会展信息处理方式是组合式的，把不同信息用多种方式加以组合并传播出去，从而可以加强传播效果。第三，会展能够对信息进行集中控制，其传播的信息比一般分散传播的信息更密集、信息量更大。

会展活动也是增进国际相互了解与沟通的重要平台。会展业的不断发展已使会展活动日益成为国际政治、经济、社会、文化和先进科学技术交流、国际信息汇集与沟通的重要渠道，各类会展大大地推动了世界各国和地区间的交流与往来。

### （三）丰富文化生活，提高居民素质

随着物质生活的极大丰富，人们对于精神文化生活的需求日益增长。会展活动的欢快使参与者心情愉悦，精神得到极大的满足，从而更加热爱生活并以饱满的热情投入新的工作中，大大有利于提高其工作的效率和主动性。而且会展活动作为一种有娱乐性质的活动，对改善因长期的单调生活而产生的各种心理不健康问题有极大的改善作用。同时，保护和继承传统文化也是会展活动，尤其是传统会展活动的重要功能。

大型会展活动汇集了不同国家或地区的不同文化、不同观念的人们，会展举办地的居民在与来自各地的会展参与者的接触过程中，可以接受新鲜的知识和思想。因而会展活动还有利于提高举办地居民的综合素质。

## 三、会展的环境作用

会展活动促进了会展举办地的基础设施建设、环境卫生的维护，从而改善了当地居民

的生活环境。一个城市或地区要举办会展活动，都会积极进行综合性、全方位的城市和地区建设，这些举动的直接目的是创造争取会展举办权或成功举办会展的基础条件，但客观上改善了会展举办地的社会和自然环境。1996年，德国汉诺威举办世博会，德国政府为此拨款70亿德国马克进行基础设施建设，大大改善了该市的基础设施环境。1999年，在我国昆明举办的世界园艺博览会，218公顷的场馆群及相关投资总计超过216亿元，使昆明的城市建设至少加快了十年。2008年北京奥运会，仅北京市用于奥运会的投资就达2 800亿元，其中64%用于扩建机场、修建地铁、建设场馆、绿化道路等城市基础建设，城市的管理理念、管理机制不断创新完善，北京市民素质不断提高，城市的整体发展水平、影响力和软实力得到显著提升。

## 项目训练

1. 分析2022北京冬季奥运会的举办对于中国产生的影响。
2. 以小组为单位，选取一个知名的会展活动，分析其作用。

# 任务三　会展业发展的现状

## 一、世界会展业的发展现状

### （一）世界会展业发展的基本格局

世界会展发展的基本格局：一方面，会展活动和会展业在全球范围内均有不同程度的发展，呈现出全方位、多元化和高增长的发展格局。另一方面，由于各国经济总体规模和经济发展水平不一，世界会展发展也呈现出很不平衡的状况。总体而言，欧美发达国家凭借其在科技、交通、通信和服务业水平等方面的优势，在当今世界会展业中处于主导地位。

#### 1. 欧洲

欧洲是世界会展业的发源地，经过100多年的积累、发展、充实和完善，已日趋成熟，形成了国际化、市场化、专业化的大格局；欧洲会展经济整体实力最强，规模最大。在欧洲，德国、意大利、法国、英国都是世界级的会展业大国，其中德国是第一号世界会展强国。总体而言，欧洲凭借其在科技、交通、通信和服务业水平等方面的优势，在当今世界会展业中处于举足轻重的地位。

## 头脑风暴

归纳欧洲成为最主要会展目的地和客源地的原因。

#### 2. 北美洲

北美洲的美国和加拿大是世界会展业的后起之秀，每年举办展览会近万个，其中，净展出面积超过460平方米的展览会约有4 300个，净展出面积约4 600万平方米，参展商

120万家，观众近7 500万人次。举办展览最多的城市是拉斯维加斯、多伦多、芝加哥、纽约、奥兰多、达拉斯、亚特兰大、新奥尔良、旧金山和波士顿。

### 3. 亚洲

亚洲会展经济的规模和水平比拉丁美洲和非洲高，会展经济的规模仅次于欧美。亚洲会展经济以中国、日本、新加坡、阿拉伯联合酋长国为代表，它们凭借广阔的市场，巨大的经济发展潜力，发达的基础设施，较高的服务业发展水平，较高的国际开放度，以及较为有利的地理区位优势，分别成为该地区的展览大国。

新加坡一直被列为最具优势的展览城市，许多世界知名专业展览组织公司，如励展博览集团、杜塞尔多夫展览机构等都在新加坡设有公司，并选择新加坡作为亚太地区总部。新加坡的会展业起步于20世纪70年代中期，时间并不算早，但新加坡政府对会展业十分重视，新加坡会议展览局和新加坡贸易发展局专门负责对会展业进行推广。

我国香港是"国际会展之都""全球最佳会议中心"，其玩具展的规模仅次于纽约和慕尼黑的玩具展，排名世界第三；钟表展、珠宝展名列世界第一。

### 4. 大洋洲

大洋洲的会展业发展水平较高，仅次于欧美水平，但是其规模与亚洲相比则略逊一筹。该地区的会展强国是承办2000年悉尼奥运会的澳大利亚。该国每年大约举办300个大型展览会，吸引超过5万家参展商和660万参观者。据估算，该国每年展览行业的平均收入大约为25亿澳元，因而会展业在其国民经济中的比重日益突出。值得指出的是，澳洲举办的专业性会展具有很强的国际竞争力。每年高水平的专业性会展都可以吸引大批高素质且十分具有购买力的专业买家为该国带来丰厚的经济效益。

### 5. 非洲和拉美

经济贸易展览会近年来在中美洲和南美洲逐步发展。据估计，整个拉丁美洲的会展经济总量约为20亿美元。其中，巴西位居第一，紧随其后的是阿根廷和墨西哥。除这3个国家外，其他拉美国家的会展经济规模很小，很多国家尚处于起步阶段。

整个非洲大陆的会展经济发展情况基本上与拉丁美洲相似，主要集中于经济发达的南非和埃及。南非凭借雄厚的经济实力及对周边国家的辐射能力，使其会展业在整个南部非洲地区处于遥遥领先的地位，每年举办300多个展览会。约翰内斯堡是主要的工业与会展中心，德班与开普敦正日益成为设施完备的会议场所。

纵观世界会展经济在全球发展的情况，我们不难看出，一国举办会展的经济实力和发展水平是与该国综合经济实力、总体经济规模、服务业水平等密切相关的，而随着发展中国家及地区经济实力的增强，其会展业也在蓬勃发展。

## （二）世界会展业发达的国家

### 1. 德国

德国有"世界展览王国"的美誉，是世界会展第一大国，因具有一流的展馆和严格的行业管理而闻名。世界上绝大多数大规模的展览会都在德国举办。博览会是德国服务行业的重要支柱以及促进德国经济发展和对外贸易增长的有效手段。

从本质上说，最终推动德国会展业发展的是专业会展对全球企业，特别是工业企业所具备的卓越营销功能。会展业已成为德国乃至全球工业经济运转的重要一环，为各个行业上游制造商与下游采购商和消费者搭建了一个最直接的交流平台。

展会主题随着工业经济的发展而及时转变，这正是德国会展业蓬勃发展的根本所在。例如，第二次世界大战后德国展览会以机械、汽车、消费品等为主；20世纪80年代后伴随着IT产业的兴起，汉诺威信息技术展成为德国展览会的头号品牌；近年来随着IT高潮的逝去，德国一批新兴的房地产、生物、新能源等会展品牌逐渐崛起。

德国会展业成功的另一个关键因素就是组织模式、产业结构的成功。德国会展业在长期发展中构建了以行业分工为主、地区分工为辅、面向全球的强大会展网络。德国展览会设立的首要原则就是行业细分市场必须明确。尽管德国每年有上百个展览会，但在德国展览委员会等权威行业协会的统一协调下，各展览会的目标非常明确。即使同样在电子行业，德国汉诺威国际信息及通信技术博览会和德国柏林消费类电子展的观众群也有明显区分，前者以采购商等专业客户为主，后者则以终端消费者为主。

德国会展产业经过多年的发展已经相当成熟。上至各级政府、行业协会的管理，下到展览公司、参展商、观众之间的多方协调，以及专业会展人才教育、媒体合作、国际交流等外部支持，德国已经基本形成了一整套功能完备、核心突出、配套齐全的会展产业体系。同时，德国会展企业也积极研究行业的价值链，紧紧抓住行业利润最丰厚的环节，大力发展增值服务，最大限度地发掘会展经济的盈利空间。

### 2. 新加坡

新加坡的国际会议规模居亚洲第一位。新加坡曾被国际协会联合会评为"世界第五大会展城市"，并连续17年被评为亚洲首选会展举办城市，每年举办的展览会和会议等大型活动达3 200多个。

新加坡的新达城会展中心，是滨海湾地区最具代表性的建筑之一，也是亚洲首屈一指的国际会议与展览中心。4座45层和1座18层的大楼环立，象征人的五指，中间一座世界上最大的喷泉，有"财源滚滚"之意。所有建筑物的雨水都汇集起来用来灌溉花草和洗车，既环保又有"肥水不外流"之意。该中心总面积10万平方米，新加坡最大的无支柱会议大厅就建在这里，可容纳1.2万名会议代表，还配备先进的翻译、通信、传播系统。许多国际高峰会议都在这里举行。

## 二、我国会展业的发展现状

### （一）我国会展业发展的基本状况

20世纪90年代以来，我国会展业在各方面取得重大突破，表现为以下方面。

#### 1. 展馆建设发展迅速，展馆面积跃居世界前列

近年来，在发展城市会展经济热潮的带动下，各地大规模兴建展览场馆。前几年建设展馆多从发展会展经济着眼，现在许多城市已不完全为了发展会展经济，而是从城市举办各种会展活动的公益角度考虑，把展览场馆当作城市的必要基础设施，纷纷规划建设展览场馆。

微课：国内会展业发展现状

"十三五"时期，我国会展业发展迅速。按照中国会展经济研究会的统计数据，2019

年全国共有 187 个城市（其中有 24 个县级市）共举办展览会 11 033 场，面积 14 877 万平方米；进入"2019 年世界百强商展排行榜"的中国展览项目达到 21 个，仅次于德国，位居世界第二。全国现已建有展览场馆 292 座，可供室内展览面积 1 197 万平方米，其中"十三五"时期建设的场馆大多数是 10 万平方米以上的大馆。深圳国际会展中心是目前全世界面积最大的会展场馆，室内展览面积达到 50 万平方米。

### 头脑风暴

你所在的城市主要的会展场馆有哪些，从所有者、选址、面积、定位四个角度进行对比分析。

### 2. 会展项目重视高质量发展，国际影响力显著提升

中国会展业发展遵循"稳中求进、高质量发展"的基调，坚持稳中求进，全面推进高质量发展。通过"十三五"时期的持续努力，全国现已形成一系列承担主场外交使命、完成国家重大任务的会展大平台。其中最为著名的就是"一带一路"国际会展高峰论坛和中国国际进口博览会。2019 年我国获得国际展览业协会（UFI）认证的展览项目达 140 个，UFI 成员有 159 个，都居其中首位。获得 UFI 认证是品牌展会的象征。

"精耕细作"式的发展逐渐成为展览业发展的"新常态"。中国会展经济研究会 2011—2019 年度《中国展览数据统计报告》统计显示，中国展览总数由 2011 年的 7 330 场增至 2019 年的 11 033 场，展览总面积从 8 173 万平方米增至 2019 年的 14 877.38 万平方米；2011—2019 年，中国展览的数量和展览面积年均增长率分别为 5.61% 和 9.11%，基本显现了中国展览业发展趋向。

### 3. 展览主办多元发展，政府主导色彩浓烈

在我国，展览活动多年来一直是政府促进贸易、投资、技术、文化交流等事业发展的重要手段与载体。加上我国经济体制带有很强的政府主导性特征，因此，我国的展览活动大量由政府或半官方机构主导，我国的政府主导型展会项目数世界第一。许多大型活动特别是中央和省级以上政府机构或全国性商协会主办的展览，其主办方往往由数个不同机构共同组成，承办者往往是主办单位的下级政府机构。这也是我国的一个显著特色。

就展览主办机构而言，尽管目前参与者众多，多元化特征明显，但大体上有五大办展主体，即政府（包括政府及部门、政府临时机构等半官方贸易促进机构）、行业协会、会展企业、会展场馆、企业自身。从承办单位来看，会展企业承办的比重正呈越来越大的趋势。

### 4. 展览地区集中程度高，经济发达地区领先

会展业的发展水平与当地的经济发展水平紧密相关。UFI 发表的报告认为："一个城市或地区如果基础设施相对完备、人均收入在世界中等以上，服务业在 GDP 中的比重超过制造业且过半、外贸份额占 GDP 的比重接近或超过 10%、行业协会的力量相对较强，那么会展经济就会在该城市或该地区得以强势增长，并发挥积极作用。"

改革开放以来，我国会展业在各城市发展迅速，目前发展最快、规模最大的 4 个城市是北京、上海、广州、深圳。同时，形成了"环渤海、长三角、珠三角、东北、中西部" 5 个会展经济产业带。

（1）环渤海会展经济带——以北京为中心，以天津、廊坊等城市为重点，其会展业

发展早、规模大、数量多，专业化、国际化程度高，门类齐全，知名品牌展会集中。北京作为中国的首都，作为中国的政治、经济、文化中心，发展会展经济具有得天独厚的优势——拥有各类科研院所近千所，高等院校近百所，是全国知识最密集、科技实力最强的区域。天津作为北京的门户，也是国际性现代化港口城市。天津可以利用处于环渤海经济中心和与北京毗邻的区位优势，通过整合会展资源将自己培育成中国二级会展中心城市。

根据上述特点，"京津——华北会展经济产业带"应形成以北京举办大型国际会议、论坛和高技术含量、高附加价值的展览会为主，以天津的经贸交易会为补充的展会结构。

（2）长三角会展经济带——以上海为中心，以南京、杭州、宁波、苏州等城市为依托的会展产业带已经形成。该产业带起点高，政府支持力度大，规划布局合理，贸易色彩浓厚，受区位优势、产业结构影响大，发展潜力巨大。该产业带汇聚了中国6%的人口和近20%的国内生产总值，堪称中国经济、科技、文化最发达的地区之一。

"长江三角洲——华东会展经济产业带"，因其城市大部分都是沿海城市，经济国际化程度比较高，将适合发展各种形式的以经济为主题的会议和展览。该产业带应将会展业定为动力产业，提高科技含量，加强区域合作，实现区域经济向更高层次的整体推进。

（3）珠三角会展经济带——以广州为中心，以广交会为助推器，以深圳、珠海、厦门、东莞等为会展城市群，形成了国际化和现代化程度高、会展产业结构特色突出、会展地域及产业分布密集的会展经济带。

该产业带具有强大的产业支撑。目前，珠江三角洲地区一些新的中心城市，如深圳、东莞、顺德等因其经济的发展已率先形成了我国重要的电子信息、生物技术、光机电一体化、新材料等领域的高新技术产业群。各城市应依据自身特色开发各类展会，形成多层次、相互补充的会展市场结构。

（4）东北会展经济带——随着中俄经贸合作的稳步发展，形成了以大连、哈尔滨、长春、沈阳为中心的东北边贸会展经济产业带。东北地区与中国其他经济区域相比，最大的优势就是与俄罗斯、朝鲜、韩国相邻，边境贸易具有相当大的发展潜力。因此，东北地区这几大城市可以利用自身的特色产业开发对俄、对韩经贸类展会，培育地区特色的会展经济。

（5）中西部会展经济带——以武汉、郑州、成都、昆明等城市为龙头的会展经济带。中西部会展中心城市的发展与京津地区、长江三角洲和珠江三角洲不同，不是谁为龙头，形成集群效应会展经济产业带，而是要突出个性，培育地区特色展会。如中部的郑州，因其具有得天独厚的区位优势，能够使大批货物大进大出、快进快出，使广大客商节约时间，节约费用。因此郑州会展业的发展应主要依托这一优势，突出这一特色，多举办大型机械、建材、农产品等物流量大的会展。

## （二）我国会展业发展存在的不足

我国已发展成一个会展大国，但并不是一个会展强国。相对于会展项目数的地位，我国的展览直接收入比很多国家少得多，展览经济总量比不上美国、德国、日本、英国、法国、澳大利亚等国家。展览收入占GDP比重在发达国家一般为0.1%～0.2%，而我国目前这一比重还不足0.08%。这说明我国会展的产业化和市场化程度还很低，就会展收入而言，我国还不是一个展览强国。我国会

微课：国内会展业问题

展业发展现存的主要问题如下。

### 1. 会展场馆建设过热，供过于求

我国各地区域利益突出，全国缺乏统一的规划与整合，布局杂乱，与国际会展业发达的国家相比，虽然我国展馆个数多，但普遍单体面积小、层次低、国际化品牌少。根据调研，当展馆的利用率达到60%～70%时，才可能发挥出最佳的市场效益，但我国展馆目前整体的利用率仅在10%～30%。国内越来越多的展馆已面临生存危机。

展览场馆的过剩，不仅在它的建设期就造成了资金、土地等资源的浪费，而且在展馆的经营期也造成了市场的恶性竞争、产业总体收入的锐减。许多新型的现代化展馆由于物业管理、市场开拓等方面的费用过高，相继陷入惨淡经营、勉强维持的境地。只有按市场规律配置资源，才能最大限度地发挥资源的价值。

### 2. 产业化程度低

严格来说，过去我国的会展大都由政府出面策划并主办，而真正意义上的现代会展业则是近几年才发展起来的。由政府主办会展是会展业产业化、市场化进程不够的表现，不能适应我国市场经济发展的要求。

多年来会展业都未被当成一个独立的产业来规划发展，仅仅被人们当作发展经济贸易、科技文化的促进手段，因而，我国对会展业实行分类管理和分级管理的办法，国家对会展业的宏观管理涉及对外经济贸易、国内贸易、科技、文化等多个部门，以致会展业管理政出多门、多头审批、多头管理、交叉扯皮现象严重。会展业缺乏统一、协调和高效的管理机构。

"政府主导型展会"指的是"政府作为主办单位或者承办单位、由政府投资和组织举办的展览会"。政府主导型展会有其存在的必要性，我国的会展业是在政府主导型展会的基础上发展起来的，而且由于我国会展经济发展尚未成熟，因此，政府对会展经济的发展有着举足轻重的作用。在成熟的会展经济中，政府直接参与的程度相对较低，但支持必不可少，很多国家通过间接方式，为组织本国企业出国参展，以及在本国举办展览会提供相关服务和支持。因此由于更需要政府在一定程度上的主导和支持。深圳市政府通过举办文博会，促进全国的文化产业向深圳汇集，以此带动当地文化产业的发展。

## 头脑风暴

你认为政府主导型展会的优势和劣势分别有哪些？

### 3. 缺乏高素质的会展专业人才

现代会展业的发展需要一大批专业会展人才和会展公司的精心策划、共同努力。但目前，我国高素质的会展专业人才和会展公司奇缺，会展人员素质偏低，会展策划公司匮乏，致使我国的很多会展只注重形式、不注重内容，会展经济效益和质量大打折扣。在我国的会展中，大部分人既是会展组织者，又是会展管理者，还是会展实施者，专业化分工与协作十分落后，很多会展组织人员还亲自安排参展人员的食、住、行、游、购、娱，大大降低了会展工作的组织效率，影响了会展效益。

会展业进入门槛较低，有大量的基层从业者，真正缺乏的是核心人才，包括高级策划

人员、会展招商招展的骨干力量、真正能独立运作项目的人才。以项目经理为例，项目经理是行业内有多年从业经验的会展项目负责人，主要职责为承接会展项目，负责所承接项目的组织、实施，完成部门下达的创收指标等工作。一般要有5年以上工作经验，熟悉会展业务，能独立承接会展项目，英语熟练，并具有较强的语言、文字表达能力和公关、协调能力。

### 4. 会展市场秩序混乱，无序竞争严重

会展市场上重复办展和无序竞争严重，例如，同一举办城市两个"家居饰品展"在10天内相继举办，两个"酒类展会"开幕仅相差4天，诸如此类现象屡有发生。出现这些问题的根本原因是我国缺乏全国性的会展行业管理机构。

由于会展业涉及部门众多，在实际工作中，国家对展会实行分类管理和分级管理相结合的办法，由各级商务、科技、文化、教育等多部门及中国贸促会分别对经贸、科技、文化、教育等领域的展会进行审批，工商、公安、消防、城管等多个部门从各自职能角度参与事中监管。各部门间缺乏必要的沟通和协调机制，政策把握和审批标准也不尽一致，政出多门批、管脱节，以批代管；中央、地方会展业发展目标、重点和政策措施缺乏有效的宏观指导和协调。

2015年，国务院批复建立促进展览业改革发展部际联席会议制度。联席会议由商务部、发展改革委、教育部、科技部、公安部、财政部、海关总署、税务总局、工商总局、质检总局、新闻出版广电总局（版权局）、统计局、知识产权局、贸促会14个部门和单位组成，商务部为联席会议牵头单位。此举将进一步理顺各部门的工作内容，为中国展览业的发展奠定坚实的基础。

## （三）我国会展业发展的对策

### 1. 走市场化道路，加强宏观调控，为会展业健康发展创造良好的市场环境

会展业要走市场化、产业化的道路，要彻底改变过去很多主展单位，靠政府部门批任务、发补贴经营的状况，积极吸取国外会展业的发展经验，必须走向市场，在市场竞争中不断发展壮大。

政府要改革行政审批体制，要由过去的直接主办转为加强宏观调控，由经济管理职能转到主要为市场会展主体服务和创造良好发展环境上来。政府应当做好中长期规划、发展战略、产业政策等，促进会展市场的公平竞争和资源的合理配置，把主要精力放在市场规则的建立和市场监管上，切实为会展业的发展创造良好环境。

### 2. 建立健全会展法律法规，加强行业自律

根据会展业发展现状，制定相关法律、法规，用法律制度有效规范会展业，加强对非市场行为的控制与管理，为会展业创造公平竞争的市场环境。同时，全国和各地可以组建国际或地区性会展业协会，负责制定会展业的协会章程、行业规章，对会展业市场的不正当竞争、欺诈行为进行监督，以维护会展市场的公平竞争，保证会展市场的健康发展。

### 3. 加快会展特色建设，打造会展经济品牌，尽快与国际会展接轨

会展业需要形成自身特色，打造会展品牌，这是会展业健康发展、尽快与国际会展业

接轨的关键因素。例如,被誉为"亚洲会展之都"的我国香港,每年举办的近百个会展中,有很多是某行业亚洲最大甚至是世界最大的会展,特色鲜明、品牌效益明显。为此,会展业要树立品牌意识,多创造一些像广交会、科博会这样有规模效应和国际影响力的精品,加快与国际接轨的步伐。

会展业还要进行大规模的对外宣传促销,政府和企业应当联合起来,通过电视、电台、网络、报纸等多种渠道宣传会展目的地的特色形象,集中力量打造特色品牌的会展。宣传促销还应注重会展业与旅游业的联合促销,把会展目的地的宣传和当地自然生态风光、人文历史景观的宣传紧密结合起来,以旅游促进会展,以会展带动旅游,努力实现会展与旅游的双赢。

### 4. 展开会展理论研究,不断加强会展专业人才的培育

国内高等院校自2002年创办会展专业以来,至2021年,全国29个省(区、市)的65个城市累计有280所高等院校开设会展经济与管理(本科)或会展策划与管理专业(专科),为行业培养了大量的人才。

中国会展经济研究会,是由从事或热心会展经济研究和教学的专家、学者以及会展相关行业工作者和团体自愿组织的学术性、全国性的非营利性社团组织,它以会展的基础理论、应用理论和政策理论为研究方向,紧密联系中国会展经济的实际,聚集各方面的人才和力量,为促进中国会展经济的发展贡献力量。

## 项目训练

1. 选择一个国内外知名的会展城市,分析其会展业发达的原因。

2. 以小组为单位,选取一个知名的大型会展场馆,分析其特点。以小组为单位,选取一个城市,分析其会展业发展现状。

# 任务四 会展业的发展趋势

## 一、国际化趋势

微课:会展业发展趋势

### (一) 会展品牌的国际化

中国会展品牌向国际化迈进。专业展会争取国际博览会联盟(UFI)认证是我国展览业向品牌国际化迈进的重要标志。国外会展人士十分看好中国会展发展的前景,一些国际品牌的展会纷纷移向中国。如国际奢侈品展览会、德国的CeBITAsia、美国的ComdexChina等。2016年世界三大消费电子展之一的德国柏林国际消费电子展落户深圳。

 **头脑风暴**

德国柏林国际消费电子展为何落户深圳?

### （二）会展资本运作的国际化

对于众多国外展览公司来说，中国会展业是一个潜力巨大的市场，随着服务贸易准入壁垒的取消，他们进入中国会展市场的渠道更加畅通，并使国内会展市场竞争日趋国际化。外资进入中国市场主要有以下几种形式：成立独资分公司、成立合资子公司、开辟自办展、合作运作展会、合作开发运营会展场馆等。

国外会展公司加紧在我国设立分公司或办事处。譬如英国励展集团和德国法兰克福公司布局上海和北京分公司；国外会展公司与国内会展企业组建合资、合作会展企业，并在国内共同举办展会。除上海新国际博览中心是中外合资的典范外，还有很多其他合资、合作的运作方式，譬如去年年底法兰克福与广州光亚展览公司合作举办的光电类展览会，两家共同经营此类展览会，一个负责内展，一个负责外展，实现国际和国内参展企业的迅速对接。

上海新国际博览中心由多家国内及国外机构合作发展，包括上海浦东土地发展（控股）公司、德国汉诺威展览公司、杜塞尔多夫展览有限公司及慕尼黑展览有限公司。上海新国际博览中心是目前中国运作最成功的会展中心之一。

目前，德国会展业的五大巨头：科隆、汉诺威、杜塞尔多夫、慕尼黑、法兰克福已经全部来到了中国，外资企业大多布局在一线城市，但二线城市的展会市场极具潜力。在巩固一线城市业务发展的基础上，也将触角伸向二、三线城市。以科隆展览为例，2017年，科隆展览新增3个来华项目，打造了中国东北地区国际化程度最高的农业贸易平台——哈尔滨世界农业博览会和世界农业发展论坛，取得了很好的业绩。

相关案例：新之联展览公司和慕尼黑展览集团联合举办工业展

### 头脑风暴

分析哈尔滨世界农业博览会和世界农业发展论坛取得成功的原因。

### （三）会展活动的国际化

会展活动的国际化包括"引进来"和"走出去"，引进来主要是引进国外展会来中国办展以及吸引国外展商来中国参展。"走出去"则包括中国企业到国外参展以及中国会展企业到国外办展。

中国会展企业"走出去"是中国会展业发展的要求，也是中国经济社会发展到一定阶段的内在体现。中国会展业"走出去"一般有以下几种形式。

#### 1. 我国贸促会组织国内企业参加国外品牌展

通过展会接触到的潜在客户的平均成本仅为其他方式的40%，而且购买意向率比较高，所以出国参展是企业开拓市场和信息交流的一个重要方式。企业通过展会不仅可以了解该行业在国外的发展情况，而且可以扩大企业影响、融洽客户关系。每年各省份贸促会都会组织本省的企业出国参展，并给予优惠政策，大力支持企业出国参加国外品牌展。

#### 2. 与国外协会或办展机构合作办展

这一办展形式的展会主要集中在一些不发达的国家或地区，"走出去"办展对于主办方的办展能力具有较高的要求，需要协调多种资源和各种部门的共同努力。中国贸促会的统计数据显示，出国举办展会是中国会展业"走出去"的有效途径，以这种方式积极参与国际竞争，对加快转变外贸经济发展方式有一定的积极影响。

## 二、市场化趋势

会展市场化的关键在于把握好政府的角色定位。在商业性的会展活动中，政府不再作为市场经营主体，而是起到引导、监督、保障、协调的作用。按照政府引导、市场运作、各方参与的原则，积极推进会展业市场化，充分发挥市场在资源配置中的决定性作用。政府部门的主要任务是优化展会环境、培育市场主体、制定行业规划、做好市场监管、提供公共产品等。政府可以通过政策杠杆，加快会展业国际化、专业化、市场化和信息化进程。

如澳门特别行政区政府的支持工作主要包括三个方面：第一，在2010年已经成立了会展业发展委员会，全面推动会展业的工作；第二，澳门特别行政区政府不断提升会展活动的规模和层次，加入更多的元素，吸引更多的参展商来澳参展、参会；第三，当前澳门特别行政区政府正在推动会展走向市场化，一年900场活动，有89%不是政府举办的。

## 三、专业化趋势

"只有实现专业化才能突出个性，才能扩大规模，才能形成品牌"已成为国内会展界的共识。在过去相当长一段时期，我国会展业追求的都是综合化，强调小而全，并希望以此吸引更多层次、更多类型的参展商，结果造成展览会特色不鲜明、规模普遍小、吸引力不强的现象。而且，正是由于这个原因，我国的国际知名展会才比较匮乏。

专业化是中国会展业发展的必然选择。近几年来，国内会展界已在这方面做了大量有意义的探索，我国展览专业化程度不断提升。

一是展会内容的专题化。展会必须有明确的主题定位，否则就吸引不了特定的参展商和观众，国内绝大多数展会主办者都意识到了这一点，专业性展览会占比逐年走高。

二是展览分工专业化。计划经济体制下，展览从业人员没有明确分工，多种职能集于一身，同一批人既是展览组织者，又是展览管理者，还是展览项目的实施者，从展品征集到展品运输、展品布置直至为参展者提供吃住行服务等均由同一批人承担，展览业缺乏科学的社会专业化分工协作，必然效率低下。未来展览业必须形成专业化分工协作的局面，会展配套服务公司的经营范围将进一步扩大，展览评估、展览咨询、展览设计装潢都是非常有发展前景的行业。

三是展览从业人员专业化。我国未来会展从业人员必须接受正规的会展教育培训，提高整体素质，特别是管理人员、项目经理的业务素质，包括很高的工作热情、最好的服务精神、宽阔的思路、敏锐的洞察力、超前的预见性及熟练的外语能力，还要熟悉现代国际展览业务，更多地参与国际竞争与合作。从业人员的总体知识水平就是展览业管理水平的体现。

## 四、品牌化趋势

品牌是会展业发展的灵魂，也是中国会展业在21世纪实现可持续发展的关键。纵观世界上所有会展业发达的国家，几乎都拥有自己的品牌展会和会展名城。例如，在德国慕尼黑，高档展览会为慕尼黑赢得了大批参展商，也增强了对旅游者的吸引力。为增强中国会展业的国际竞争力，品牌化是必由之路。

值得欣慰的是，国内已初步涌现出一批具有知名品牌的会展企业或展会，如中国国家会展中心、上海新国际博览中心、上海国际家具展、北京国际汽车展等，这些品牌企业或展会为我国其他城市发展会展业积累了宝贵的经验。然而，这些民族化的会展品牌与德国、意大利等国家的国际性会展公司或展览会相比，无论在品牌的知名度上，还是在品牌的无形价值或扩张程度上，均存在着较大的差异。由此可见，品牌化将作为一项重要任务提上中国会展业发展的日程。中国会展业的品牌化应主要围绕 3 项内容来进行，即培育品牌展会、建设会展名城和扶持领导企业。

## 五、信息化趋势

人类社会已经迈入知识经济时代，作为第三产业成熟后迅速兴起的会展业更应该跟上时代的步伐。知识经济的主要标志就是信息化。在会展业中大量使用信息及网络技术，将会进一步完善会展的媒介功能，这种数字化、信息化建设最终将促进会展服务内涵拓展，为展览商和观众提供更多的方便。会展信息化管理的主要应用领域包括以下几方面。

（1）会展营销推广。会展组织者充分利用电子邮件、展览网站、搜索引擎、新媒体等互联网信息方式开展营销工作，利用展览信息管理软件有效完成营销过程中的批量处理业务。

（2）会展现场管理和服务。会展现场管理和服务的信息化主要依靠各种会展管理软件。这些软件的使用可以极大地提高现场效率，更方便地获得客户的数据，更好地维护现场的秩序和安全。

（3）客户关系管理系统。展览客户管理信息系统可以帮助展览企业最大限度地利用以客户为中心的资源，并将这些资源集中在现有客户和潜在客户身上。其目标是通过缩短销售周期，降低销售成本，寻求新的市场和渠道，提高客户价值、客户满意度。

（4）虚拟展览，也称为线上展览。是用图片、文字、声音、图像等丰富的多媒体表达形式，全面展示展览项目内容、展览要求、展览方式等信息的新型网络展览方式，特别是随着近两年 AR/VR 技术、云计算技术、人工智能技术的发展，虚拟展览已成为现实展览的再现，也是互联网上真实展览的无限延伸，在有限的空间内表达无限的内容，虚拟展览真正实现了不受内容、形式、规模、距离和参展商限制的永不结束展览。

## 六、生态化趋势

可持续发展是人类社会永恒的话题。任何一项经济产业要获得持续、健康的发展，都必须寻求经济效益、社会效益和生态效益的统一。可以预见，生态化将成为会展业发展的必然趋势。中国会展业的生态化主要体现在以下四个方面。

知识链接：展台设计与搭建的环保材料

### 1. 注重场馆的生态化设计

投资者在兴建会展场馆时将从会展场馆选址、建筑材料选择到内部功能分区，突出生态化的特色，有关管理部门也会对此制定相应的规范。目前，"绿色会展场馆"的概念在国内已经相当时兴。如深圳国际会展中心倡导"绿色"理念，使用52项绿建技术护航绿色展馆，打造最节能、最节水、最节材、最低碳的世界一流展馆。

### 2. 大力倡导绿色营销理念

会展城市在组织整体促销或展会主办者在对外宣传招展时，都将更加强调自身的生态特色和环保理念，以迎合参展商和大众的环保需求心理。

### 3. 强化环境保护意识

除积极建设绿色场馆外，展会组织者和场馆管理人员将比以前更加注重节能降耗和三废处理，展会期间用的制作材料也将更多选用环保材料（如可降解、可回收、可重复利用的材料）。

### 4. 以环保为主题的展览会将备受欢迎

随着中国会展业的日益成熟，国内会展产品中必将涌现大量与环保相关的专业会议或展览，并且这些展会具有极大的市场潜力。

## 七、规模化趋势

首先是展会的规模化。展会只有办到一定规模，才有可能突破盈亏平衡线，获取经济效益。规模意味着参展商的集聚度，体现了行业市场的内涵、水准和代表性。随着展会的高质量发展，规模也会日益提升。从我国2020年举办展会的面积上来看，由我国商务部与上海市人民政府联合举办的中国国际进口博览会的展会面积最大，达到了36万平方米。其次是德国慕尼黑展览（上海）有限公司举办的2020中国国际工程机械、建筑机械、工程车辆设备博览会，展会面积为32.4万平方米。

与展会规模化相对应的是展馆的规模化。不仅是展馆总面积在增加，单个展馆的面积也呈现规模化趋势。2020年全国展览馆场馆298座，同比2019年增加6座，增幅2.1%。全国在用的298座展馆的室内可供展览总面积为1 229万平方米，同比2019年新增46.4万平方米，涨幅为2.7%。从单个展馆来看，截至2021年末中国单个展览场馆室内可供展览面积1万平方米以上的展馆有258个，其中排名前三的展馆分别为深圳国际会展中心、上海国家会展中心、中国进出口商品交易会展馆。

## 八、竞争激烈化

我国展览市场目前竞争激烈，表现在展览城市间、展览企业间、展览项目间、展览人才间的全方位"白热化"。

### 1. 展览城市的竞争

我国已有几十个城市定位在"会展中心城市"或"会展名城"上，这些城市纷纷在城市基础设施、会展软环境建设、品牌展会培植方面加大投入，展览城市之间激烈的竞争不可避免，通过竞争将逐步形成合理的展览区域布局。

### 2. 展览企业的竞争

展览"蛋糕"毕竟有限，展览企业之间竞争日趋激烈。国内展馆总量过剩，布局失调。一方面北京、上海展馆供不应求，展馆租金不断上涨，令会展组织公司压力大增；另一方面一些中小城市展馆门可罗雀，产生巨额亏损，难以为继。近年来，外资展览公司进入中国设点，必然加剧国内展览业的竞争，进而提高我国展览业的整体发展水平。

### 3. 展览项目的竞争

"十三五"期间我国展览项目数量急剧增加，相同主题展览会的数量越来越多，这些展览会项目之间的竞争非常激烈，竞争参展商、采购商和观众等各种办展资源。今后多数展览项目将重新整合，总体上将朝向大型化、专业化发展。

2020年以来，中小型会展公司必将面临整合和大洗牌，一些实力弱的会展公司将面临生存压力，运营成本增加，广告宣传加倍，加上同质化展会竞争严重、大量展会延期或因招商不利取消势必会引发展商/观众双流失，相当多的展会方开始入不敷出，而一些有实力的主办方则开始进行收购、整合、合作抱团等动作，展览行业将迎来新的变革。

### 4. 展览人才的竞争

未来中国展览业的竞争，说到底是展览人才的竞争，未来会展高端人才的紧缺是常态。越来越多的地方政府将制定鼓励展览业发展的政策，各大主办方都在积极挖掘和吸引会展全能型人才，给予高薪或股权等；各地高校纷纷设立会展专业，培养本地会展人才；展览企业重视员工在职培训，提高员工专业素质。

## 项目训练

1. 要想成为一名优秀的会展人才需要具备哪些能力和素质？
2. 线上展会与线下展会各有哪些优点？
3. 以小组为单位，调研某地的会展业发展状况，包括展馆状况、展览数量、面积、会展企业发展状况、当地会展业发展政策和相关基础等。

## 复习思考题

1. 狭义的会展和广义的会展分别包含了什么？会展的内涵是什么？
2. 会展的特点有哪些？
3. 会展的作用有哪些，并举例说明。
4. 德国为什么能成为世界头号会展强国？
5. 城市发展会展业的必备条件。
6. 国内会展业发展的现状及存在的问题。
7. 国内会展业发展的趋势。

# 项目三

# 研学旅行理论基础

## 项目导读

研学旅行是近年来旅游领域与教育领域的焦点话题，作为旅游转型发展的新形式和素质教育改革的重要举措，研学旅行在全国各地得到了积极的响应和快速的发展。研学教育源远流长，在古今中外人类文明发展中具有重要地位。了解研学旅行相关理论对科学地认识和开展研学旅行具有重要意义。要求学生掌握研学旅行的概念、理解研学旅行的分类，能够分析研学旅行的性质和特征，践行研学旅行的原则，掌握研学旅行要素之间的联系。

## 学习目标

◎ 知识目标

1. 掌握国内研学旅行的起源和发展，并掌握研学旅行发展历史中的关键人物和事件。
2. 了解国外研学旅行的发展历程。
3. 掌握研学旅行的定义，辨识与研学旅行易混淆的概念。

4. 理解研学旅行的分类，掌握研学旅行的细分方法。
5. 掌握研学旅行的性质与特征。
6. 掌握研学旅行的原则和构成要素。

### ◎ 能力目标

1. 能够运用所学知识，分析研学旅行的特点。
2. 能够深刻理解研学旅行的性质和特点，提供相适应的研学旅行服务。
3. 能够践行研学旅行的原则，掌握研学旅行要素之间的联系。

### ◎ 素质目标

1. 建立致力于从事研学旅行行业的职业信心。
2. 能够收集研学旅行行业相关信息，了解行业最新发展动态。
3. 提升专业知识储备，加强与人沟通交流以及语言表达能力。

### ◎ 思政素养

1. 培养对研学旅行行业的认同感以及将来从事研学旅行行业的荣誉感和自豪感。
2. 以古今中外著名研学旅行家为榜样，培养知行合一的品格。
3. 运用专业知识，讲好研学旅行发展故事。

## 案例导入

### 研学旅行走俏：在行走的课堂中，如何读懂更大的世界[①]

在山间感受森林的演替恢复和生物多样性，在洞窟里领略灿烂的石刻艺术魅力，在科技馆探索科学的奥妙与神奇……当"读万卷书"与"行万里路"相遇融合，便碰撞出了一种旅行方式、一种学习方式——研学。

有人说，曾经，书本是孩子的世界，现在，世界是孩子的书本。观念的变化，让研学旅行近年来受到热捧。在行走的课堂里，一砖一瓦、一草一木都是生动而立体的书，孩子们从中见天地之大，一路收获、一路成长。

在阳关品边塞诗情、在鸣沙山月牙泉看神奇的沙泉共生自然景观、在莫高窟赏壁画艺术，如今，研学游成了甘肃敦煌的旅游新时尚。敦煌的研学热犹如一扇窗口，人们推窗远眺，看到的是一幅更大的风景——在全国，随着暑期的到来，研学旅行成为出游的热门选项。

众信旅游集团研学旅行指导师于会青指出"研学旅行最初没有这么明晰的名称和目标，主要是以夏令营、冬令营的方式开展，当时的思路基本是语言学习、名胜游览、国际交流。随着游学、研学理念不断深化，我们从直接选用别人的资源，到逐步加入更多自有课程，让学生把已有的知识和游学进行结合。"越来越多课程点的加入，让于会青逐渐意识到研学是个系统课题。"现在我们更多是进行自有研学课程设计开发与执行，了解孩子的需求，明

---

① 资料来源：陈晨. 研学旅行走俏：在行走的课堂中，如何读懂更大的世界 [EB/OL]. https://baijiahao.baidu.com/s?id=1747091337697226529&wfr=spider&for=pc.（2022-07-17）[2023-02-10].

确课程的中心思想，整合旅行目的地的资源，加上课程的铺垫、引导、体验、思考等，形成有意义、有意思的研学项目。"

话语间，研学旅行与一般观光游的差别业已显现。作为一种独特的旅游方式，研学旅行并非纯粹关注放松身心，而是讲究在万里路中读好万卷书，把课堂搬进壮美山河、搬进科研基地、搬进艺术圣地、搬进文化瑰宝，让孩子在旅行中见万物、见世界，学习掌握丰富的知识。

研学旅行和观光游的不同之处，主要在于关注点不同。"一般的旅游主要关注景观性、舒适度，而研学旅行主要关注知识性和体验度。以故宫为例，观光游可能主要是看建筑和展出，听导游讲故宫的历史、内部布局、一些趣味故事。但研学旅行可能会分不同的主题，如古建主题、历史主题、艺术主题等。围绕这些主题的讲解和一般观光游的泛泛而谈有很大区别，会更专业、更有深度。另外，研学旅行过程中一般还会加入相应的体验活动，如古建类的榫卯体验，艺术类的彩绘体验，历史类的穿越闯关活动等。"于会青表示。

从有目的、有意识的教育活动，有意义、有意思的项目体验等表述中可以看出，承载着传授知识的研学旅行注定不是一场说走就走的旅行，而是需要精心筹划的行走的课堂。

**思考**：你是否参加过研学旅行，你认为研学旅行和旅游的区别是什么？

# 任务一　研学旅行的起源与发展

## 一、我国研学旅行的起源

微课：我国研学旅行概览

我国古代就已经有了研学教育思想，研学教育源远流长，在人类文明发展中具有重要地位。2000多年前，孔子打破了"学在官府"的传统，杏坛设教，开启了体验式教学的新篇章；西汉时期，司马迁足迹遍布华夏大地，长期的游学经历为《太史公书》(即《史记》)的撰写打下了坚实的基础；豪情万丈的李白、忧国忧民的杜甫、含蓄恬淡的王维在爬山、涉水过程中，一边体会地方情怀与智慧，一边以学会友，共同探讨真理和智慧；徐霞客基于游学经历写就的《徐霞客游记》更是中国古代游学著作的集大成者。清代钱泳在《履园丛话》中写下："'读万卷书，行万里路，'二者不可偏废。"读万卷书是知识学问的博览；行万里路是实践经验的积累。正所谓"物有甘苦，尝之者识；道有夷险，履之者知。"实践才是检验真理的唯一标准，以"知行合一"为显著特征的游学造就了一代又一代文人志士，创造了辉煌灿烂的自然和社会文明。近代中国修学始于为"救国存亡"而发起的教育旅游活动。1915年，蔡元培等人在法国创立"勤工俭学会"，以勤工俭学的方式吸引有志青年赴法留学，探索救国之路；抗战期间，陶行知在"生活即教育"理论指导下，创立了中国首个少年儿童抗日团体——新安旅行团，该团体主张到"民族解放斗争的大课堂"里进行教、学、做，这些独特的修学旅行方式造就了大批人才，推动了社会制度的变革。

### （一）古代游学

#### 1. 春秋战国：游学起源

"游学"一词最早出自《史记·春申君列传》，曰"游学博闻"。在中国，游学活动起源很早，但史学记载则始自孔子。公元前497年，孔子率众门生周游列国，历时十余年，行程数千里，传道授业，在游历中体悟人生，并将种种体悟传递给弟子，开坛讲学。自此，游学成为中国古代教育的一个传统。像孔子这样在游学中论道讲学、传播知识的先贤，在春秋战国时期并不在少数。战国时期权臣养士，"士阶层"奔走列国，游说诸侯，游学以结党盛行一时。正是在周游列国的路上，孔子一边讲学，一边践行自己的施政理想，和弟子们一起广泛地接触了各国权贵文士，考察了各地的政风民情，丰富了自身的阅历和思想。虽然孔子与弟子们用14年时间来周游的这些列国，在今天看来，它们之间的距离其实并不算特别遥远。但就是这番"国际"游历，不但对孔子自己来说，是一次人生精华的提炼，同时也给他的学生和后人，留下了一笔非常宝贵的精神财富。尤其是孔子出游列国时，是带着众多弟子一起出行的，在周游途中践行理想，教导学生，这一带着浓厚教育色彩的独特出游方式，简直就是今天我们所提出的研学旅行的古代版。因此，我们可以说，孔子就是我国研学旅行的鼻祖。孔子周游列国在主观上是一次漫长的政治之旅，但在客观上却是带弟子在行旅中不断践行自己理想的过程。弟子们则在孔子的言传身教之下，一路也在实践中学习做人、求学问，乃至治国理政的方法和道理。可以说，周游列国这一践行过程，既成就了孔子的伟大，也一样成就了其弟子们的人生功业，对于今天我们的研学旅行的开展，有着深远的借鉴意义。

### 2. 汉代：游学之风盛行

两汉"游学增盛"之时，太学生多达3万余人，其游学者涉及地域之广，班固《两都赋》以"四海之内"加以形容。可以说，游学是汉代教育的一个重要组成部分，司马迁等名士大师大多有丰富的游学经历。

以游学成就史学的大家——司马迁，是我国伟大的史学家，他所撰写的我国第一部纪传体通史《史记》，以其"究天人之际，通古今之变，成一家之言"的史实，被公认是中国史书的典范。鲁迅则称《史记》是"史家之绝唱、无韵之离骚"。《史记》这部伟大史书的完成，其实与司马迁重视实地考察有着极重要的关系。由于受父亲的影响，司马迁在少年时代，就开始遍访河山，收集逸闻旧事，在实践中寻找历史真相。在他20岁那年，更是在父亲的鼓励下开始了他人生当中第一次有计划的游学考察。他从长安出发，经河南、湖北到湖南时，还特意去考察了屈原自沉的汨罗江。然后沿着长江，攀登了庐山，了解了大禹疏通九江的传说。再转到浙江绍兴，勘察大禹陵。接着北上苏州，过淮阴，到山东、江苏彭城等地，既探访了齐鲁大地上的孔学遗风，还探寻了楚汉相争的古战场，最后返回长安。这次考察历时两三年，行程达万余里，不但亲身感受到了各地不同的风土人情，更是收集到了大量的一手资料。奉使西征巴蜀以南，则是司马迁青年时代的第二次重要游历。司马迁特意将这次奉使之游，拿来与自己二十岁那年的壮游相比较，还很隆重地写进了《太史公自序》当中："于是迁仕为郎中。奉使西征巴、蜀以南，南略邛、笮、昆明，还报命。"此外，他还多次跟随汉武帝出游，这些经历极大地丰富了其历史知识。

正是在史学家父亲的影响和建议之下，司马迁积极游学于沉淀着中华文明史迹的现场，亲身感受历史跳动在中华大地上的脉搏，以此催生了《史记》这部巨著，并且经由《史记》的流传，司马迁自己也成为华夏后人在精神上的导师。他在两千多年前考察过的游学线路，至今都是研学课程设计的重要参考。

### 3. 南北朝：开创中国游记文学

南北朝时期，郦道元是北魏的一位官员，同时他还是一位遍游山水的地理学家。他从小就博览群书，还跟随父亲不时出游，因此激发了对大好河山的热爱。他的足迹先后遍及如今的河南、安徽、江苏、山东、山西、河北、内蒙古等地，每到一个地方，他都会细心勘察河道沟渠、水流地势，并仔细搜集各地的风土人情和传说故事。正是在不断的游历过程中，他一方面认识到了当时地理史籍的诸多不足，另一方面还发现了大量地理现象是随着时光变迁而经常变化的，古书的描述很多已经不符合实际情况。因此，他就以古书《水经》为基础，搜集数百种文献史料，结合自己多年亲身考察而积累的资料，写下了四十卷的《水经注》。《水经注》是中国古代最全面、最系统的综合性地理著作，记述了1 200多条河流的发源地点、流经地域、支渠分布以及古河道变迁等情况，同时还大量记载了农田水利建设工程资料，以及城郭、风俗、土产等情况，为我国地质勘探的发展和研究提供了宝贵的历史资料。而且，它不但是一部内容丰富多彩的地理著作，还是一部优美的山水散文游记。郦道元以其饱满的热情、优美的文笔，成为详细描述中华大地历史人文、地质风貌的第一人，也成为中国游记文学的开创者，对后世游记散文的发展影响深远。郦道元以现实社会和山川自然为生动有趣的课堂，在旅途中考察学习，在学习中发现问题，在解决问题中成就自己，这种在实践中探索的精神，正是研学旅行指导师所应继承的珍贵遗产。

### 4. 唐朝：游学备受青睐

唐朝时期，中国社会经济、文化空前繁荣，为游学的开展创造了良好的社会条件。游学备受当时学者的青睐，产生了求学之游、求士之游、体验之游。在科举制度的推动下，唐代士人们往往自发前往京城达官贵府穿梭游走，以结交名士为荣。李白年轻时游仙问道，漫游蜀中。为实现人生理想，他又"仗剑去国，辞亲远游"，游学给了他创作灵感。漫游途中，李白结识了孟浩然、杜甫、高适等人。玄奘，通称三藏法师，俗称唐僧，唐佛教学者、旅行家，唯识宗创始人之一，与鸠摩罗什、真谛并称为中国佛教三大翻译家。唐贞观三年，即公元629年秋，为探究佛教各派学说的分歧，找到真正的佛教经典，玄奘经凉州玉门关，一路上历经种种艰难险阻，西行五万里奔赴天竺。前后历经17年，他游学天竺各地，遍学了当时大小乘各种佛门学说，直到公元645年，才返回大唐。

回国以后，玄奘将他西游的亲身经历，以口述的方式，编写成12卷的《大唐西域记》。这本书里记载了唐代西北边境至印度的山川疆域、物产风俗、大量佛教故事和史迹等内容，成为后人研究西域和印度古代政治、经济、宗教、文化等课题的重要文献。他还把印度的天文、历算、医学等传入大唐，丰富了我国传统文化的宝库。《大唐西域记》就像是一把火炬，还照亮了尘封许久的印度历史。成书1300年之后，英国考古学者和印度学者一起，借助英译本的《大唐西域记》，印度才陆续发掘出了鹿野苑、菩提伽耶、拘尸那迦和蓝毗尼园等佛教圣地和古迹。以致连印度本土的历史学家都这样评价道："如果没有玄奘等人的著作，重建印度史是完全不可能的。"从19世纪开始，《大唐西域记》被译为英、法、德、日等多国文字，对世界文化的发展产生了深远影响，玄奘也因此成为世界文化名人队伍中的一员。而以他为原型创作的明代神话小说《西游记》，更是将他九死一生、舍身求法的精神，升华为华夏民族的一种集体记忆，激励着一代代人追求理想的脚步。正因如此，鲁迅先生盛赞玄奘为"中华民族的脊梁"，近代国学大师梁启超则称玄奘是"千古第一人"，在玄奘身上，我们看到的是他"不畏艰险、敢于求真"的精神。这种精神本身，就是我中华文明生生不息的真谛所在，也是研学旅行课程所要传承的教学目标。

### 5. 明朝：游学成为必要历练

明朝时期，游学成为一般士子成长的必要历练。"游圣"徐霞客更是游学的典型代表人物之一，其旅行生涯前后长达35年之久，足迹遍及今江苏、浙江、安徽、山东、河北、贵州、云南和江西等在内的共计21个省自治区、直辖市，可以说他走遍了明朝的大部分统治区域。他的旅行将陶冶性情、开阔视野、探险考察三者融合在一起，让旅行成为一项综合性活动，具有非常明显的教育性和求知性，其以旅行经历为基础所著的60万字的世界地理名著——《徐霞客游记》，具有地理学、文学等多方面的价值。

## （二）近代海外修学旅游

游学发展到近代，和古代游学已有一定区别。人们更多使用"海外修学旅游"这一词，也就是所谓的"留学"。自鸦片战争以来，中国的领土开始被割裂，逐步丧失独立自主的地位。对此，清王朝被迫实行对外开放政策，特别是海外修学旅游政策。这一举动造成一大波爱国知识分子和开明绅士开始放眼世界，学习西方科技文化，寻求救国之道的局面。近代的留学热潮主要经历了四个阶段：赴美留学、留学日本、庚款留学、留法勤工俭学。

最早将游学引申为近代意义上的出国学习的，是清代洋务运动代表人物张之洞。正是由于张之洞本人以及其《劝学篇》在朝廷上下的巨大影响，游学作为出国学习交流的一种方式开始得到朝廷与世人的广泛认可。晚清期间兴起的留日热潮是"到此时为止的世界史上最大规模的学生出洋运动"，这种热潮改变了千年来"游学"的地域局限。同时，赴美、法的学生中也涌现了一批优秀人才：著名铁路工程师詹天佑、著名思想家严复、著名海军将领邓世昌等。游学活动从"向内"到"向外"的转变，是教育向现代化迈进的关键性一步，它在一定程度上影响了中国近代化的进程。

## （三）现代修学旅行

在我国教育发展史上，陶行知是相当有影响力和国际声望的教育家之一。作为幼儿教育的开拓者，他毕生奉献于中国教育事业的发展，为探索符合中国国情的教育发展道路作出了不可磨灭的贡献。而由他所提倡的"生活即教育、社会即学校、教学做合一"这三大生活教育理论，至今对我们的教育实践仍具有重要的指导意义。1929年，陶行知在江苏淮安创办"私立新安学校"，成为该校的第一任校长。1933年10月，为践行陶行知的教育理论，在陶行知的学生、时任新安小学校长汪达之的组织下，该校7名学生前往镇江与上海，进行了为期两个月的修学旅行。陶行知亲自为该新安旅行团安排了行程，并给予密切的关注。这次活动取得了空前的成功，也因此激发了两年后更大规模的修学旅行团的诞生。1935年10月，在中华民族生死存亡的严重关头，14名新安小学的学生，在汪达之的带领下，开启了一次宣传抗日救亡的全国修学旅行。他们每人只有一身单衣、一双草鞋、一把雨伞及简单行李，全团仅50块钱和一台由陶行知捐资购买的电影放映设备、几部黑白无声抗日影片等。一路上他们通过放映爱国电影、进行抗日救国演讲、售卖进步书报等形式，自筹经费，足迹遍及全国十几个省市。学生们一边沿途考察风土人情，感受祖国河水之美，一边直接参与到抗日救国的运动中，增长了见识，学到了很多在教室里学不到的东西。"新安旅行团"被誉为"中国少年儿童的一面旗帜",事迹名扬海内外。

陶行知以他渊博的学识和先进的教育理念,在近现代的中国教育史上留下了光辉的形象,其人其识正是今天我们研学旅行指导师的学习楷模。而他当年所倡导的新安修学旅行团,更是初步具备了今天研学旅行概念的基本要素,对今天我们开展研学旅行教育,仍然有着相当重要的现实指导意义。也可以说,陶行知就是开创我国研学旅行的第一人。

## 二、我国当代研学旅行的发展

2013年2月2日国务院办公厅颁发《国民旅游休闲纲要(2013—2020年)》,首次正式提出"研学旅行"概念。此后教育部、文化和旅游部等部委不断出台研学相关政策,各省市、自治区也先后发文实施,积极推广落实。经过几年的发展,研学旅行的产品创新、基地营地建设、运营管理、人才培训等都有了长足发展。

### (一)研学旅行的发端

自从20世纪90年代以来,世界各国不断加强设计实施综合实践活动课程,美国各州中小学均设计和实施了"设计学习(projector design learning)""应用学习(applied learning)";法国中小学推广"动手做(hands-on)";日本1999年颁布的《小学、初中、高中学习活动纲要》规定中小学必须实施"综合学习时间",要求设计和实施"基于课题的探究学习活动"和"体验性学习活动"。

我国20世纪90年代初提出教育改革并全面推行素质教育,许多地方将"研学旅行"作为一项重要的教改方式来探索。如2003年上海成立了中国首个"修学旅行中心",该中心组织编写出版了《修学旅行手册》一书,倡议江苏、浙江、安徽等地区联合打造华东研学旅行文化游黄金线路。2006年,山东曲阜举办了"孔子修学旅行节",这是我国第一个修学旅行节庆活动,也是中国第一个以儒家文化为主题的修学节庆活动。2008年广东省把研学旅游列为中小学必修课,写进教学大纲。2010年7月29日发布的《国家中长期教育改革和发展规划纲要(2010—2020年)》明确提出,学校要把减负落实到教育教学的各个环节之中,要给学生留下了解社会、深入思考、动手实践、健身娱乐的时间。纲要还明确提出,要提高教师业务素质,改进教学方法,增强课堂教学效果,减少作业量和考试次数,培养学生的学习兴趣和爱好。纲要还特别提出高中教育阶段要积极开展研究性学习、社区服务和社会实践。正是在这种背景下,国家于2001年又颁布《基础教育课程改革纲要(试行)》,启动重大课程改革,俗称"新课改"。

"新课改"的一个重要内容就是在九年义务教育阶段和高中阶段增设综合实践活动为必修课,与学科课程并列设置,从小学到高中,各年级全面实施,所有学生都要参加学习。到2017年,教育部又颁布《中小学综合实践活动课程指导纲要》,从课程理念、课程目标、课程内容和活动方式、课程规划与实施、课程管理与保障等方面,对该课程进行了全面而详尽的规定。同时明确了研学旅行是综合实践活动的重要活动形式,是"通过探究、服务、制作、体验等方式培养学生综合素质的跨学科实践性课程",至此,我国中小学研学旅行以完整的课程化方式嵌入了义务教育阶段和高中阶段的学校课程体系中。

### （二）研学旅行的试点启动

研学旅行的政策出台源起于 2012 年时任教育部部长袁贵仁访问日本的一次经历，他回国后曾指示："我这次访问日本，对日本成群结队修学旅行印象极为深刻。对比之下，也深感我们的教育方式确有应改进的地方，否则孩子的身心健康、集体主义、爱国主义情感的养成都将留下不足。如全面推进做不到，个别地方、一些学校是可以试行的。如有计划地推进，不断加以倡导，逐步扩大范围，是会有效果的，我觉得这是一件很大的事，问题在于经费，特别是安全。"之后，我们以日本的修学旅行为起点，又逐步研究英国、俄罗斯、美国等国家有关研学旅行、营地教育等方面的政策。

2012 年，教育部刘利民副部长指示："修学旅行作为中小学成长过程不可或缺的教育形式十分重要，日本已经有多年的经验和成功的做法。请你们认真领会袁部长指示，结合我国实际，逐渐引进这种教育理念。可否先找一两个省试点，摸索经验，结合地方实际，因地制宜做起来。"

2012 年 11 月，教育部启动中小学研学旅行工作研究项目，指定合肥、上海、西安、杭州四个城市为全国首批研学旅行试点城市。

2013 年 2 月，国务院办公厅出台了《国民旅游休闲纲要（2013—2020 年）》，该纲要指出要逐步推行中小学研学旅行。这是为迎合教育的发展需要，第一次从国家层面上提出研学旅行的教育规划。

2014 年 3 月 4 日，教育部基础教育一司发布《关于进一步做好中小学生研学旅行试点工作的通知》，在前期试点基础上进一步扩大了试点范围，决定在河北省、上海市、江苏省、安徽省、江西省、广东省、重庆市、陕西省、新疆维吾尔自治区进行试点。

2014 年 12 月，教育部在京召开全国研学旅行试点工作推进会议，扩大试点范围至河北省、上海市、江苏省、安徽省、江西省、广东省、重庆市、陕西省、新疆维吾尔自治区。西安市及合肥市的相关做法与经验获得教育部的高度肯定并向全国试点城市推广。

### （三）研学旅行的全面推广

2016 年被称为研学旅行的元年，为了全面开展素质教育，促进教育的转型和发展，教育部在启动中小学研学旅行试点工作取得一定成果和经验的基础上，于 2016 年 11 月 30 日，教育部等 11 部门出台了《关于推进中小学生研学旅行的意见》，要求把研学旅行纳入中小学教育教学计划。2016 年 12 月 23 日，教育部在江苏镇江召开"全国校外教育经验交流暨研学旅行工作部署会"，指定西安市教育局和安徽省教育厅介绍研学旅行经验。2017 年被称为研学旅行的推广年，各地研学旅行政策密集出台，研学旅行成为新的行业热点。2018 年是研学旅行的实践年，政策也从各省逐步推行向市县，同期诞生了多家研学旅行企业。2019 年研学旅行开始向专业化发展，2019 年 2 月中国旅行社协会与高校毕业生就业协会联合发布了《研学旅行指导师（中小学）专业标准》（T/CATS 001—2019）和《研学旅行基地（营地）设施与服务规范》（T/CATS 002—2019）。2019 年 10 月 18 日教育部增补"研学旅行管理与服务"专业，归属旅游大类中的旅游类，修业年限 3 年，于 2020 年 9 月在全国 33 个职业院校开启首届研学旅行管理与服务的专业招生，将研学旅行推向专业化发展的方向。

## 三、国外研学旅行概览

微课：国外研学旅行概览

从世界范围来看，欧洲在 15 世纪就有"大陆游学"活动；日本的研学旅行活动始于 19 世纪，当前，全球范围内研学旅行快速发展，构成了以明确的教育目标、丰富的主题内容、完善的制度保障、多元的评价机制为核心的研学旅行产业体系。

### （一）古希腊时期：研学旅行的溯源

希罗多德是古希腊时期著名的历史学家及作家，他把自己旅行中的所见所闻，结合第一波斯帝国的历史记录，写成了一本书，取名叫《历史》。这本书由此成为西方文学史上第一部完整流传下来的散文作品，希罗多德也因此被后世尊称为"历史之父"。三百多年后，在东方的汉朝，也诞生了一位中国的"历史之父"兼散文家，他的名字叫司马迁。冥冥之中，这两位生活在不同时代、不同地域的历史人物却有着不少神似之处。大约在 30 岁时，希罗多德开始了地域广泛的一次旅游。他向北走到黑海北岸，向南到达埃及最南端，向东至两河流域下游一带，向西抵达意大利半岛和西西里岛。为维持旅途生计，他还长途行商贩卖物品。就这样，希罗多德每到一地，就到各处历史古迹游览凭吊，同时考察地理环境，了解风土人情，把当地人讲述的民间传说和历史故事都记录下来，最后写成了《历史》这部书。书里生动地叙述了西亚、北非以及希腊等地区的地理环境、民族分布、经济生活、政治制度、历史轶闻、风土人情、宗教信仰和名胜古迹等，展示了古代近 20 个国家和地区的民族生活图景，简直就是一部古代社会的小型"百科全书"。希罗多德一方面从官府档案文献、石刻碑铭和当时多种著作中，大量获取写作资料；另一方面利用自己亲身游历和实地调查采访所获得的大量资料来编纂书籍。最终，《历史》被认为是西方史学上的第一座丰碑，为西方历史编纂学"开辟了一个新时代"。

### （二）古希腊时期：背包旅行

柏拉图出生于公元前 427 年，他被认为是古希腊最伟大的哲学家和思想家之一，与他的老师苏格拉底，学生亚里士多德一起，并称为"希腊三贤"。在柏拉图的一本批判性自传中，他至少提到了自己的五次单独出行，可以说他是一位典型的古代背包客。现在已很难得知柏拉图独自出游的准确目的，不过据记载，他 27 岁时的一次早期出行，目的是去意大利的阿格丽琴托，尝试研究毕达哥拉斯学派的奥秘所在。这次探索显然对柏拉图产生了很大的影响，在其日后的思想中，就有很多内容是与毕达哥拉斯学派如出一辙的，如视数学为万物的本质、宇宙二元论等。

公元前 399 年，由于他的老师苏格拉底受审并被判处死刑，理由是"藐视传统宗教"等罪行。受到影响的柏拉图和同伴纷纷离开雅典，去往意大利、埃及等地躲避，由此开始了为时 12 年的游学。公元前 387 年，40 岁的柏拉图回到雅典，建立起柏拉图学院，开始了个人讲学著述的生涯。同为后来古希腊伟大学者的亚里士多德，就在柏拉图学院度过了长达 20 年的学习时光，并深受柏拉图的影响。作为一名伟大的思想家，他就跟孔子一样，曾经离开故土，周游列国。对当时希腊政治完全失望的柏拉图，周游了意大利、埃及等地方，开阔了眼界，积累了丰富的知识，也正因为他有这样丰富的个人经历，才能在后来培养出亚里士多德这样的伟大人物。要想给学生一滴水，自己就要先有一桶水，这是作为一名优秀老师的先决条件，作为一名研学旅行指导师更是如此。

## （三）12世纪：掀起东方热潮

12世纪意大利旅行家马可·波罗（Marco Polo），在元朝时到过中国，随后以自己的中国之行而整理出来的《马可·波罗游记》，不但对中国人来说，是一个谜一样的存在，在中世纪时期的欧洲，更被认为是一种传奇。1254年，马可·波罗出生于意大利威尼斯一个商人家庭。在他17岁时，跟随父亲和叔叔出发前往中国，历经4年才抵达元上都，见到了元世祖忽必烈。大汗很赏识年轻聪明的马可·波罗，携他们同返大都，此后还留他们在元朝当官任职。马可·波罗就利用奉大汗之命巡视各地的机会，走遍了中国的大江南北，先后到过新疆、甘肃、内蒙古、山西、陕西、四川、云南、山东、江苏、浙江、福建以及北京等地。他每到一处，都要详细地考察当地的风俗、地理、人情，回到大都后，再详细汇报给忽必烈大汗。

在中国待了整整17年之后，1292年春天，马可·波罗借护送一位元朝公主到波斯成婚的机会，于1295年终于回到了阔别24年的家乡。三年后，马可·波罗在一场战争中被俘，在狱中他遇到了一位名叫鲁斯蒂谦（Rustichelloda Pisa）的作家，于是，由马可·波罗口述，鲁斯蒂谦执笔的《马可·波罗游记》就此诞生。它第一次比较全面地向欧洲人介绍了发达的中国物质文明和精神文明，将地大物博、繁荣富强的中国形象生动地展示在欧洲人面前。《马可·波罗游记》不是单纯的游记，而是一部启蒙式作品，为欧洲人展示了全新的知识领域和视野，从而掀起了一股中国热，激发了欧洲人此后几个世纪的东方情结。

研学旅行就是离开课堂，去陌生的场所亲历各种体验的过程，这种在异地实践的经历，很可能会改变一个人的一生，甚至影响社会历史的进程。就像从意大利来到中国的马可·波罗，东方神奇的世界不但开阔了他的视野，进而因为他的介绍和宣传，还让中国成了当时西方世界的热门话题。这隐含在其中的历史韵味，似乎也在提醒我们，游学对一个人或一个社会的影响是多么之大啊！

## （四）17世纪：欧洲大陆游经典线路形成

根据相关记载，17世纪30年代，英国诗人弥尔顿和哲学家霍布斯就游览过意大利，其中霍布斯是以贵族导师的身份伴游的。在那时的英国上流社会，基本已达成共识，认为16~25岁的贵族子弟，应到国外游学1~3年。到欧洲学习语言和多种功课，掌握舞技、剑术、骑术，了解各地风土人情，增长见闻。英国游学者首先垂青法国，一是两国之间距离相对比较近；二是法国作为当时欧洲启蒙运动的中心，像伏尔泰、孟德斯鸠和卢梭这样伟大的思想家辈出；三是作为法国首都的巴黎，是欧洲著名的都会，景观荟萃，文化厚重。其次就是意大利，这是因为几乎英国所有的宗教、法律、艺术等内容，都与这个地中海边的国家有着密切的关系。意大利厚重的文化遗产和亮丽的自然风光所形成的独特魅力，是其他多数欧洲国家所无法比拟的。

在这样的背景之下，1643年11月，英国学者约翰·艾维伦离开牛津，经多佛海峡到加莱，至巴黎，再越过阿尔卑斯山，抵达罗马和威尼斯，把意大利作为最后的目的地。此后的许多贵族和乡绅子弟，就将他的这条旅途视作典型路线。英格兰的桑德兰伯爵罗伯特·斯宾塞，也创造了一条复杂的路线，且一样被后人奉为游学经典。他的线路是这样的：

先渡过海峡去巴黎,再前往日内瓦,接着翻越阿尔卑斯山,在意大利的佛罗伦萨、比萨、博洛尼亚、威尼斯和罗马各停留一至数月,学习游览。顺道赴维苏威火山览胜。然后乘船至希腊,前往西西里文化遗址怀古。折回那不勒斯后,游历柏林、德累斯顿、维也纳和波茨坦等地,最后在慕尼黑大学和海德堡大学学习。

游学线路的形成,为"大旅行时代"的到来,指明了行动目标。欧洲大陆游已不仅仅是一般的观光旅行,而是具备了明确的教育目的以及具体的学习内容和行动线路,有了鲜明的教育特征。

### (五)18世纪:"大旅行"时代到来

早在15世纪中叶,受旅居英国的意大利人文主义者影响,英国贵族中出现了前往意大利学习人文主义新文化的群体。到了17世纪,旅行指南书的流行、导游行业的产生和旅游业的发展,为欧陆旅行提供了一条成熟完备的服务链,于是,青年学子们的欧陆之行得以形成一套相对固定的规范和形式,这就是我们今天所知的"大旅行"。

"大旅行(grand tour)"一词,最早见于理查德·拉塞尔斯所著的《意大利游记》(1670年)。这是一本欧洲文化史和旅行史上的重要著作,作者拉塞尔斯是一位天主教神父,出生于英格兰约克郡,在法国接受教育,之后就长期在欧洲大陆各国游历,还曾经为多名英国贵族担当家庭教师。根据拉塞尔斯《意大利游记》记载,在他大半都在国外生活和游历的生涯中,进行过3次长期旅行,6次游览法国,5次探访意大利,分别到过荷兰和德国各一次。在这些出游当中,他大多数的身份是英国贵族游历欧洲大陆的伴游向导。

这部集旅行指南和旅行教育学于一身的著作,结合了拉塞尔斯自己的教育经验和游历体验。在书中,他一方面描述了自己在意大利的旅行经历和见闻,另一方面从思想文化、社会认知、伦理道德和政治修养这四方面的修习出发,大力宣扬"大旅行"的好处。此书令人信服的论述和强大的实用性,使它在英国风靡一时,"大旅行"观念在英国社会可谓人尽皆知。到了18世纪,随着越来越多的英国人前往欧洲大陆游历和学习,具备鲜明游学特征的"大旅行时代"也就随之到来。

对于放眼世界的英国青年而言,"大旅行"带给他们的影响是非常深远的。他们脱离自己熟悉的生活环境游历欧洲大陆,培养了独立的人格、稳重的阅世经验和维护家庭名誉的责任心。同时,自然世界和艺术海洋开拓了他们的心智,提升了他们感受美的能力,强化了他们的处事能力。这些对我们今天设计研学课程,培养中小学生的世界观、人生观和价值观,有不少可以借鉴的地方。

### 头脑风暴

国外研学旅行对我国开展研学旅行有何启示?

### 项目训练

1. 绘制研学旅行发展脉络图。
2. 请做一次研学旅行行业发展现状的主题报告,调查研学旅行市场需求现状,并分析研学旅行行业发展面临的困境及相应对策等。

# 任务二  研学旅行相关概念

## 一、研学旅行的内涵

### （一）研学旅行的定义

目前研学旅行的概念还没有完全统一的定义。2013年国务院办公厅发布了《国民旅游休闲纲要（2013—2020年）》，在纲要中正式提出了研学旅行这一概念。2014年，教育部在第十二届全国基础教育学校论坛上对"研学旅行"进行了解释：研学旅行是集体活动，可以以年级为单位，以班为单位，乃至以学校为单位进行，学生在教师或者辅导员的带领下一起活动，一起动手，共同体验，相互研讨。

微课：研学旅行的定义与分类

2016年，教育部等11部门出台的《关于推进中小学生研学旅行的意见》中明确定义："中小学研学旅行是由教育部门和学校有计划地组织安排，通过集体旅行、集中食宿的方式开展的研究性学习和旅行体验相结合的校外教育活动，是学校教育和校外教育衔接的创新形式，是教育教学的重要内容，是综合实践育人的有效途径。"并指出，研学旅行"一般安排在小学四到六年级、初中一到二年级、高中一到二年级"，研学旅行内容为"小学阶段以乡土乡情为主，初中阶段以县情市情为主，高中阶段以省情国情为主"。同年国家旅游局（现文化和旅游部）发布的《研学旅行服务规范》（LB/T 054—2016）将研学旅行定义为以中小学生为主体，以集体旅行生活为载体，以提升学生素质为教学目的，依托旅游吸引物等社会资源，进行体验式教育和研究性学习的一种教育旅游活动。

此后，关于研学旅行的论述进一步充实和完善。2017年8月教育部在《中小学德育工作指南》中指出研学旅行是实践育人的优先途径，要把研学旅行纳入学校的教育教学计划，要促进研学旅行与学校课程、德育体验、实践锻炼有机融合。同年9月教育部发布《中小学综合实践活动课程指导纲要》明确研学旅行作为综合实践活动课程的具体实施方向和细则，规范了实践育人的课程设置和教学行为，更加提升了综合实践活动课程在学校的地位。至此，研学旅行完全实现了以课程化方式嵌入学校教育。

随着中小学研学旅行的推广实施，学者对研学旅行概念进行了进一步研究界定，如朱立新教授提出研学旅行的定义有广义和狭义两种界定方式：广义的研学旅行指以研究性、探究性学习为目的的专项旅行，是旅游者出于文化求知的需要，暂时离开常住地，到异地开展的文化性质的旅游活动；狭义的研学旅行特指由学校组织、学生参与的，以学习知识、了解社会、培养人格为主要目的的校外考察活动。杨崇君教授在其《研学旅行概论》一书中定义教育视野下的研学旅行内涵至少包含以下五个方面：一是研学旅行的主体部门是教育部门和学校；二是研学旅行的组织形式是集体旅行、集中食宿；三是研学旅行的性质是校外教育活动；四是研学旅行是一种研究性学习和旅行体验相结合的学习；五是研学旅行是一种教育创新。

知识链接：研学旅行的国家政策及相关文件

综上所述，目前研学旅行在全国推进的应用过程中，各地普遍采用的还是教育部等11部门出台的《关于推进中小学生研学旅行的意见》中对研学旅行的定义，这个定义应用最普遍，也最权威。本教材也基于此从教育的视角做了内涵界定，认为研学旅行应满足如下五个要素：第一，参与对象为中小学生；第二，主管部门是教育部门，组织方主要是教育部门和学校；第三，有明确的综合实践，育人的教育目标和内容；第四，实施方式是服务机构通过集体旅行和集中食宿方式来组织，参与对象以研究性学习和实践体验相结合来进行；第五，研学实施地点为学校以外的场所。

### （二）研学旅行的分类

关于研学旅行的分类可以根据教学、研究、运营等实际需要，采用不同的分类方法。为便于研究和匹配行业，我们借鉴教育部门和文旅部门重要文件中的一般做法，根据研学资源的类型和研学主题内容的不同，对研学旅行进行分类。

#### 1. 依据研学资源的分类

文旅部门发布的《研学旅行服务规范》中，将研学旅行产品按照资源类型分为知识科普型、自然观赏型、体验考察型、励志拓展型、文化康乐型五种，研学旅行也可照此进行划分。

（1）知识科普型研学，主要包括依托各种类型的博物馆、科技馆、主题展览、动物园、植物园、历史文化遗产、工业项目、科研场所等资源开展的研学旅行活动。

（2）自然观赏型研学，主要包括依托山川、江、湖、海、草原、沙漠等资源开展的研学旅行活动。

（3）体验考察型研学，主要包括依托农庄、实践基地、夏令营营地或团队拓展基地等资源开展的研学旅行活动。

（4）励志拓展型研学，主要包括依托红色教育基地、大学校园、国防教育基地、军营等资源开展的研学旅行活动。

（5）文化康乐型研学，主要包括依托各类主题公园、演艺影视城等资源开展的研学旅行活动。

#### 2. 根据研学主题的分类

学校和教师组织研学旅行时要根据教学课程目标，并基于学生发展的实际需求，设计活动主题和具体内容，教育部也把具有主题课程作为遴选命名国家级研学实践教育基地营地的重要条件。据此，我们根据主题内容的不同，将研学旅行活动分为六种类型，简要分述如下。

（1）优秀传统文化主题研学：主要依托旅游服务功能完善的文物保护单位、古籍保护单位、博物馆、非遗场所、优秀传统文化教育基地等单位开展的研学旅行，目的是引导学生传承中华优秀传统文化核心思想理念、中华传统美德、中华人文精神，坚定学生的文化自觉和文化自信。

（2）革命传统教育主题研学：主要依托爱国主义教育基地、革命历史类纪念设施遗址等单位开展的研学旅行，目的是引导学生了解革命历史，增长革命斗争知识，学习革命斗争精神，培育新的时代精神。

（3）国情教育主题研学：主要依托体现基本国情和改革开放成就的美丽乡村、传统村落、特色小镇、大型知名企业、大型公共设施、重大工程等单位开展的研学旅行，目的是引导学生了解基本国情及中国特色社会主义建设成就，激发学生爱党爱国之情。

（4）国防科工主题研学：主要依托国家安全教育基地、国防教育基地、海洋意识教育基地、科技馆、科普教育基地、科技创新基地、高等学校、科研院所等单位开展的研学旅行，目的是引导学生学习科学知识、培养科学兴趣、掌握科学方法、增强科学精神，树立总体国家安全观，树立国家安全意识和国防意识。

（5）自然生态主题研学：主要依托自然景区、城镇公园、植物园、动物园、风景名胜区、世界自然遗产地、世界文化遗产地、国家海洋公园、示范性农业基地、生态保护区、野生动物保护基地等单位开展的研学旅行，目的是引导学生感受祖国大好河山，树立爱护自然、保护生态的意识。

（6）劳动实践主题研学：主要依托工业、农业、商业或服务业的生产基地或产业园等资源单位开展的研学旅行，目的是教育引导学生树立正确的劳动观，培养尊重劳动的情感，形成热爱劳动的习惯，学习基本的劳动技能。

此外，我们还可以借鉴旅游产品按时间分类的方法，将研学旅行分为研学一日游、研学三日游、研学五日游等。

在应用上述标准对研学旅行进行分类时，所划分出来的类型有交叉或重叠现象。这种情况表明，对研学旅行进行类型划分本身不是目的，而是出于教学、研究或运营的实际需要，不存在绝对的排他性划分。

## 二、研学旅行的性质

研学旅行作为中小学阶段学校教育与校外教育相结合的重要组成部分，既是对课堂教育的一种有效补充，也是全面推进中小学素质教育的重要途径，它不同于一般的"旅游"，也不同于一般的校内课堂教学，有其自身特性。

微课：研学旅行的
性质与特征

### （一）课程性

研学旅行与一般"旅游"的最大区别在于它是学校的一门课程，是国家规定必须纳入学校教学计划而开设的必修课程，本质上属于综合实践活动课程的范畴。研学旅行课程与学校传统学科课程形态相比，有独特的教育功能和课程形态，并与传统学科课程形成互补，是学校基础教育课程体系中的有机组成部分。作为一门课程，研学旅行要根据学生年龄段特点、不同学段素质教育的需求，制定具体的研学旅行课程大纲，明确课程目标、课程计划以及课程评价等课程内容，做到课程教学的系统性、科学性、标准化。

### （二）综合性

研学旅行是中小学学校教学计划中的综合实践必修课程。与学校常规开设的专业学科课程如语文、数学、物理、化学、生物、历史等相比，研学旅行课程是一门多学科交叉的综合实践活动课程，它没有明确的学科之分，可以涵盖历史、地理、科学技术、艺术文化等各学科领域的内容，强调多种主题、多种任务模式、多种研究方法的综合运用，体现个人与社会、自然的内在整合，培养学生认识、分析和解决现实问题的综合实践能力，全面发展学生的综合思维、创新精神，提升学生核心素养，以适应未来社会生活和个人发展的现实需要。

### （三）体验性

"纸上得来终觉浅，绝知此事要躬行。"研学旅行与传统课堂教学相比，更大的魅力是其体验性，整个研学旅行就是学生体验的过程，学生通过一路的吃住行和课程项目的开展来亲身体验。通过研学旅行，结合感官刺激，可以更深刻体验到认识提高、道德向上、探索创造、参与合作等带来的快乐和充实，实现认知过程和情感体验过程的有机结合，从形象的感知达到抽象的理性思考。因此研学旅行课程设计应注重营造良好的体验氛围，设定多主题场景组成的研学体验场，并贯穿整个研学旅行过程，努力提高学生的体验感，从而提高整个研学旅行课程的品质。

### （四）研究性

研究性学习是综合实践课程的一项基本内容，也是研学旅行活动开展的基本要求。研学旅行的研究性学习是一种深层次的学习形式，要求老师研究性"教"与学生研究性"学"相结合，具体指学生在研学导师指导下，根据研学课程要求确定研究主题，在研学活动中通过主动学习和创造性学习来获取知识和实践经验，提高发现问题、分析问题和解决问题的能力。研学旅行的研究性学习重点是除了让学生书面学习理解外，更强调身体力行，通过实践活动来体悟、搜寻和探究，其本质在于让学生亲历知识产生与形成的过程，真正实现知行合一，培育创新精神和实践能力，这也是研究性学习所要达到和追求的教育目标。

### （五）公益性

研学旅行作为全面推进中小学素质教育的重要途径，《关于推进中小学生研学旅行的意见》明确规定研学旅行要遵循公益性原则，不得开展以营利为目的的经营性创收，对贫困家庭学生要减免费用。要求政府行政部门划拨研学旅行专项款目，减少学生的经济负担；各旅游景区、旅游交通、文博等相关部门拟定措施为研学旅行保驾护航、予以方便；交通部门对中小学生研学旅行的公路和水路出行严格执行儿童票价优惠政策；文化、旅游等部门要对中小学生研学旅行实施减免场馆、景区、景点门票政策；鼓励保险企业开发有针对性的产品，对投保费用实施优惠措施；鼓励通过社会捐赠、公益性活动等形式支持开展研学旅行。

#### 头脑风暴

如何理解研学旅行的本质？

## 三、研学旅行的特征

研学旅行强调"读万卷书，行万里路""游中学、学中游"。研学旅行活动中，学习是目的,旅行是手段,实施者通过旅行中开展的各种教育活动和学生的亲身体验,来实现综合实践育人的目标。它具有如下基本特征。

### (一)校外活动

研学旅行强调的是学生走出校门,走进自然和社会去学习,接受一种完全不同于学校教育的学习方式。学生在校内开展的一些兴趣小组实验、俱乐部活动、体育活动、校园文化活动等都不属于研学旅行的范畴。

### (二)主体固定

研学旅行的主体是青少年学生,青少年学生是开展研学旅行的核心要素。在进行研学旅行前期设计、课程开发、服务机构与研学营地基地选择时,都要结合青少年学生的兴趣爱好和身心特点,对研学内容、时间安排、活动距离、线路规划等进行充分考虑。

### (三)目的明确

研学旅行围绕特色鲜明的主题来开发课程和组织研学旅行线路,具有明确的主题特征和目的性,是学校教育与校外教育衔接的创新形式,要根据中小学生群体的年龄和受教育程度的不同,分别设计不同层次的研学旅行产品和课程,小学生研学旅行活动主要以乡土乡情与城市文化为主,初、高中生研学旅行活动以省情国情为主,从而达到综合实践育人的效果和目的。

### (四)学校组织

研学旅行主要是由学校组织的集体研学活动,不同于家长自发组织或其他社会团体组织的群体活动,研学旅行是以年级为单位或以班级为单位,乃至以学校为单位进行的集体活动,是学生在研学旅行导师的带领下一起"游中学、学中游",从而实现共同体验、相互研讨的一种教学方式。

### (五)产品多样

随着研学旅行不断完善和深入,研学产品越来越多元化,除了以知识科普、自然观赏、体验考察、励志拓展、文化康乐为主的研学旅行产品频频出现外,以现代动漫、影视、体育、科技、文学、历史、生物、探秘等为特色的研学旅行正成为热点。

### (六)互动体验

研学旅行在学习过程中强调学生必须要有体验和互动,不能停留在看一看、玩一玩的"走马观花"形式上,而是要有动手制作、动脑思考、动口表达互动的机会。由此,研学旅行活动的开展应该让学生全程真正参与其中,寓教于乐,寓乐于教。

### (七)多方支持

开展研学旅行是一项系统教育工程,需要国家宏观层面的政策支持、中观层面的学校与行业的支持、微观层面的专业服务机构与企业的支持,形成政府统筹协调、社会多方支持、各行各业联动的良性机制,这样才能整体推进中小学生研学旅行的全面实施。

## 四、研学旅行的原则

教育部等11部门发布的《关于推进中小学生研学旅行的意见》中指出，研学旅行要坚持教育性原则、实践性原则、安全性原则、公益性原则。

### （一）教育性原则

研学旅行要结合学生身心特点、接受能力和实际需要，通过学习研究和旅行体验的有机结合，寓教育性、知识性、科学性、趣味性于研学旅行活动中，以生动直观、形象有趣、现场操作、亲身体验的方式实现教育目标。在活动内容上，要注重联系社会发展，联系学生生活实际，联系各学科教学内容，推动中小学生自主、多样、可持续发展。

### （二）实践性原则

研学旅行要纳入学生综合实践课的重要内容，因地制宜，呈现地域特色，引导学生走出校园，在与日常生活不同的环境中开阔视野、丰富知识、了解社会、亲近自然、参与体验。北京市教委印发的《关于北京初中开放性科学实践活动管理办法（试行）》中提到，每次活动时长不少于2/3的时间用于学生动手实践和科学探究。活动要重体验，重实践，少说教。

### （三）安全性原则

研学旅行要坚持安全第一，建立安全保障机制，明确安全保障责任，落实安全保障措施，完善预案制度，确保学生安全。安全是1，其他是0，没有1，再多0也没有意义。无论哪个国家、哪个民族，只要关系到学生的相关活动，安全永远是第一位的。在教育部等11部门发布的《关于推进中小学研学旅行的意见》里，"安全"一词出现次数最多，达23次，这是教育主管部门关心、校长担心、家长揪心的核心。在研学旅行中要做到"活动有方案，行前有备案，应急有预案"，确保安全是开展研学旅行活动的基本前提。

### （四）公益性原则

知识链接：研学旅行与其常混淆概念的对比

研学旅行不得开展以营利为目的的经营性创收，对贫困家庭学生要减免费用。在研学旅行中，要关照那些家庭贫困的学生，鼓励免费接待贫困家庭和建档立卡学生。内蒙古自治区要求各研学基地免费项目的数量不少于总项目数量的50%；山东还将建立研学旅行经费保障机制，采取多种形式、多种渠道筹措中小学生研学旅行经费，探索建立政府、学校、社会、家庭共同承担的多元化经费筹措机制。实现公益性的办法是：政府拨一点、学校贴一点、承办机构减免一点、社会赞助一点、家庭支付一点。

## 五、研学旅行的构成要素

从研学旅行的目的、特点和内容等因素考量，研学旅行活动的构成包括九大要素：教育行政管理部门、中小学校、中小学生、研学导师、研学课程、研学基地（营地）、服务机构、研学线路、安全保障。

## （一）教育行政管理部门

教育行政管理部门既是研学旅行的保障方，又是研学旅行的决策者和指导者。教育行政部门和学校必须为学生的研学旅行活动保驾护航，提供各类保障措施，要建立工作领导机构，制定有关制度，不断总结推动，为学校开展研学旅行活动提供政策支持。学校要制订具体工作方案，建立研学旅行长效管理体系。

## （二）中小学校

学校是研学旅行的主要组织者。学校要制定科学严密的研学旅行工作手册，研学前要制订研学旅行行动计划。精心策划，确定主题，与有关服务机构和研学基（营）地一起科学制订研学旅行实施方案，通过多种方式宣传，告知家长。根据学生数量和活动需要，成立专门的工作小组，明确分工，细化方案和责任，周密做好有关准备工作。在研学中要严格执行行动计划，做好应急预案，对各类可能出现的问题科学研判，未雨绸缪，防患未然。研学后要加强后续管理，及时做好研学旅行的总结工作，转化研学成果。总结交流经验，不断完善学校研学旅行课程设计和方案制订，提升研学旅行的品质。

## （三）中小学生

中小学生是研学旅行的主体。据统计2018年全国义务教育阶段在校生1.5亿人，高中阶段在校学生3 934.67万人，如果研学旅行全面展开，那么中小学生将是中国最大的游客群体。中小学生通过集体旅行、集中食宿的方式开展研究性学习和旅行体验相结合的校外教育活动，达到学校教育和校外教育创新和综合实践育人的目标。

## （四）研学导师

不管研学旅行组织实施形式如何，研学导师始终是教学质量好坏的直接影响因素。《研学旅行服务规范》中规定应至少为每个研学旅行团队配置一名研学导师，研学导师负责制订研学旅行教育工作计划。研学导师不仅需要创新的教育思维、广博的旅游知识和强大的掌控能力，还要有深厚的教学素养和能力，要在研学过程中结合活动内容设置教学内容，在内容上超越教材、课堂和学校的局限，设计出具有探究性、实践性的综合实践活动课程。

## （五）研学课程

研学课程（study travel course）是专门为研学旅行设计的课程体系。作为集体体验性的教育实践活动，课程体系设计包含课程目标、课程内容、课程安排、课程评价四大要素。研学课程设计应满足以下要求：①课程设计应针对不同学段；②课程设计包含课程名称、课程目标、课程简介、实施流程、研究问题、分享展示、总结评价等要素；③课程内容与实施要遵循开放、体验、实践、互动、安全等原则；④基（营）地可根据自身资源特点编排研学路线，也可研发推荐与周边资源相结合的组合课程。不同类型的课程也对应着不同的资源需求，围绕一次研学旅行的核心主题，要设计线路、行程，每一个流程的学习目标与计划应该归属于综合实践活动课程的大分类里，可以看成是一个系列主题的基地课程。

如湖北省十堰市郧阳区青少年活动中心研学旅行基地对接中小学德育、综合实践活动课程、劳动课、优秀传统文化教育、爱国主义教育等教育目标要求，结合郧阳区实际情况，挖掘本土的自然、历史、人文课程资源优势，充分发挥其教育功能，开发满足小学、初中、高中不同学段需求的"拜水源、寻恐龙、访人类"研学课程体系。

### （六）研学基地（营地）

研学基地（study base）是为中小学生研学旅行提供研学实践教育活动的场所。包括各类青少年校外活动场所、现有的爱国主义教育基地、国防教育基地、革命历史类纪念设施或遗址、优秀传统文化教育基地、文物保护单位、科技馆、博物馆、生态保护区、自然景区、公园、美丽乡村、特色小镇、科普教育基地、科技创新基地、示范性产业基地、高等学校、科研院所、知名企业以及大型公共设施、重大工程基地等优质资源单位。

研学营地（study camp）是为中小学生研学旅行提供研学实践教育活动和集中食宿的场所。研学营地应有可供学生教学、活动、体验、休整、食宿的场所，且布局科学合理、功用齐全，还应有与研学实践教育活动相匹配的教学设施和器材，且各项教学用具、器材性能完好，能够满足开展研学实践教育活动和集中食宿的需求。优质的基地和营地能够提供给学生独特的学习体验与真实的学习环境，能让学习与旅行游玩达到平衡。

### （七）服务机构

研学旅行服务机构是联系参加研学旅行的学校学生与研学目的地基地或营地教学资源的中介。因为研学旅行服务对象是中小学生，必须强调研学旅行服务机构的专业性和安全性。根据专业性要求，研学旅行服务机构可由专业旅行社和专业教育机构组成，要有专门服务于研学旅行的部门和专职的研学旅行导游队伍。服务机构要有研学旅行系列产品且不断完善，并具有根据学校的教学内容定制研学旅行线路的能力。基于安全性要求，旅行社作为研学旅行服务机构要在近三年内无重大质量投诉记录及安全责任事故发生，旅行社要对旅行车辆、驾驶员、行车线路、住宿、餐饮严格把关，杜绝安全隐患。

### （八）研学线路

从教学设计上看，研学线路要围绕主题，设计沿途较为合适的活动地点，可以是景点基地、博物馆等。所选地点要在格调上与主题具有一致性，不能偏离主题太远。一条好的研学旅行线路可以看出设计者的用心与对教学的理解，如何通过旅行的深入来循序渐进地达成教学目的是线路设计者要考虑的。研学线路包括计划的活动地点、交通、住宿等。从合理、安全的角度对研学线路的设计进行规定，距离合适，旅程连贯、紧凑，从而保证学生的安全、学习的良好体验。

### （九）安全保障

研学旅行行政主管部门、学校、服务机构、基（营）地等组织主体要制定详细的安全应急预案，力求做到防患于未然：①制定研学旅行活动安全预警机制和应急预案，建立科学有效的安全保障体系，落实安全主体责任。②有针对性地对参与研学旅行的师生进行安全教育与培训，帮助其了解有关安全的规章制度，掌握自护、自救和互救方面的知识和技能。③设立安全责任机制，与参与研学旅行的学生家长和开展研学旅行的相关企业或机构签订安全责任书，明确各方的安全责任。④设置安全管理机构，建立安全管理制度和安全事故上报机制，配备安全管理人员和巡查人员，有常态化安全检查机制和安全知识辅导培训。⑤为研学旅行学生购买在基地活动的公共责任险，并可根据特色活动需求建议或者协助学生购买相应特色保险。⑥建立健全服务质量监督保障体系，明确服务质量标准和岗位责任制度。⑦建立健全投诉与处理制度，保证投诉处理及时、公开、妥善，档案记录完整。⑧对基础设施进行定期管理，建立检查、维护、保养、修缮、更换等制度。⑨建立结构合理的专职、兼职、志愿者等相结合的基地安全管理队伍。⑩培养高素质、爱岗敬业的研学旅行医疗救护人员，特别是青少年医疗人员，加强医疗人员的业务能力培训。

## 项目训练

请走访调研一所学校开展了哪些校外教育活动，并完成一份调研报告，要求描述清楚每种校外教育活动的名称、课时、时间安排，以及活动目的、活动内容、活动形式、活动方案、实施情况等。

## 复习思考题

1. 我国研学旅行的历史渊源是什么？
2. 我国当代研学旅行发展历程是怎样的？
3. 国外研学旅行的历史渊源是什么？
4. 什么是研学旅行？研学旅行可以划分为哪些类型？
5. 如何理解研学旅行的本质？
6. 研学旅行的构成要素有哪些？

# 项目四

# 文化创意与策划理论基础

## 项目导读

21世纪是创意经济的时代,在这样的时代,创意是一个国家经济增长的主要动力,正如米切尔·J.沃尔夫所说:"文化、娱乐而不是汽车制造、钢铁、金融服务业,正在迅速成为新的全球经济增长的驱动轮。"

随着文化产业尤其是文化创意产业的迅速发展,文化创意与策划被提到了一个新的高度。目前,世界各国都高度重视文化创意产业的发展,把它作为国民经济的重点和支柱产业。文化创意产业已成为一国国际竞争优势的重要标志之一。发展文化创意产业离不开创意与策划,只有将文化创意和文化策划完美结合,才能带动文化创意产业的崛起。

本项目将主要学习文化创意与策划的含义、文化创意与策划的关系、文化创意与策划的历史、文化创意与策划的原则与规律、文化创意与策划的理论与实践等。

# 项目四 | 文化创意与策划理论基础

## ◎ 知识目标

1. 了解文化的起源和定义。
2. 掌握创意的定义和策划的定义。
3. 掌握文化创意和文化策划的概念，并了解两者之间的关系。
4. 理解创意思维和策划思维。
5. 掌握文化创意的必备素养和文化策划的原则。
6. 掌握文化策划书的写作。

## ◎ 能力目标

1. 能够运用所学知识，分析文创行业的特点。
2. 能够在掌握文创相关理论的基础上，进行文创项目的策划。
3. 能够撰写文化策划书。

## ◎ 素质目标

1. 热爱文化创意与策划，有致力于从事文创产业的职业信心。
2. 能够收集文创行业相关信息，富有冒险精神，具备好奇心和觉察力。
3. 掌握文案策划与写作，提升逻辑思维、与人沟通交流以及语言表达能力。

## ◎ 思政素养

1. 坚定文化自信，积极进行优秀文创项目的策划，传播中华优秀传统文化。
2. 学习优秀文创专家的事迹，培养热爱祖国、提升国家文化竞争优势的情怀。
3. 运用专业知识，策划好中国故事，做中华优秀传统文化的传承人。

### 挖掘中华优秀传统文化的宝藏①

中华优秀传统文化是一座无价的宝藏，蕴含着丰富的思想观念、人文精神、道德规范等优秀内容。新时代要传承弘扬这些优秀内容，激活中华优秀传统文化生命力，必须深耕中华优秀传统文化资源沃土，精准对接人民文化需求，结合时代发展要求，推动中华优秀传统文化创造性转化、创新性发展，让中华优秀传统文化"活起来"。

中华民族五千多年的文明史孕育创造了辉煌灿烂的中华文化，这些文化包罗万象，以文物遗迹、传说故事、民间风俗、建筑工艺、民间技术、文学艺术等形式留存于广袤大地，构成中华文化资源宝藏。加强对这些文化宝藏的认定建档、挂牌保护，构建传承保护法规

---

① 资料来源：张凤莲.挖掘中华优秀传统文化的宝藏[EB/OL]. https://baijiahao.baidu.com/s?id=1743461088907518301&wfr=spider&for=pc.（2022-09-09）[2023-02-10].

体系，做好"藏"的工作，非常有必要、有意义。但仅仅做好"藏"还不够，还需要进一步做好"传"的工作，使文化资源宝藏为更多的人所欣赏和传承，实现文化资源的价值外溢和增值。否则，文化宝藏就只能束之高阁、深藏堂馆，仅止于少数人的赞赏。

挖掘文化资源的丰富内涵和当代价值，寻找文化资源融入现代生产生活的契合点，是推动中华优秀传统文化"活起来"的关键。要深挖文化资源蕴含的当代价值和丰富内涵，并对其进行现代转化，在合适的时间、地点、场景、氛围，以自然、生动、亲近的方式进行展陈，让人们从内心深处予以认同接纳。北京冬奥会、冬残奥会开幕式上传统文化元素展示获得成功，一个重要原因就是抓住了立春、二月二这两个时间节点，用老百姓认可的话语体系、时尚的高科技展陈形式，较好地契合了人们对优秀传统文化的喜爱和对欢乐祥和氛围的追求，深深激发起人们内心深处的民族自信和文化认同。

推动中华优秀传统文化融入现代生产生活，要用蕴藏在传统文化中的优秀思想观念、人文精神、道德规范等，凝聚人心、教化群众、淳化民风，提升社会文明程度、服务经济社会发展，最大限度地发挥中华优秀传统文化对生产生活的积极作用。例如，中华优秀传统文化中的"天人合一"等生态观念，对于加强生态文明建设、推动经济社会高质量发展具有重要意义；弘扬厚德载物、舍生取义、爱国奉献等道德品质和精神追求，能够为培育高素质的现代生产生活主体、养成崇德向善的社会风尚提供强大精神动力。

**思考**：文化创意与策划对于传播中华优秀传统文化有什么积极的作用？

# 任务一 文化、创意、策划的概念

## 一、文化的起源和定义

文化（culture）是一个复杂的概念，其内涵和外延都非常丰富。要想深刻理解文化的概念，首先必须对文化的起源进行梳理分析。

古文字中"文"是指纹理。《易·系辞下》记载："物相杂，故曰文。"《礼志·乐记》曰："五色成文而不乱。""化"是指转化、生发。如《易·系辞下》中有"男女构精，万物化生"。《易·贲卦》之《象传》中有"观乎天文，以察时变；观乎人文，以化成天下"，这里"化"指用礼仪、风俗、典籍救化天下苍生。《礼记·中庸》："可以赞天地之化育。"这些"化"已有当今"文化"之意。

西汉以后，"文"与"化"合成一个词，即"文化"。例如《说苑·指武》："凡武之兴，为不服也。文化不改，然后加诛。"《清史稿》中"文化"一词出现频率明显增加。如《清史稿·曾国藩传》："礼聘名儒为书院山长，其幕府亦极一时之选，江南文化遂比隆盛时。"《清史稿·饶应祺传》："又规复丰登书院，创修府志，文化蔚兴，士民为立生祠。"其中的"文化"一词，与今天的文化含义相同。

梁漱溟先生对中国文化的起源与形成有独到见解。他认为，所谓文化不过是一个民族生活的种种方面，总括起来不过三个方面：一是精神生活方面，如宗教、哲学、科学、艺术等。宗教、文艺是偏于情感的，哲学、科学是偏于理智的。二是社会生活方面，即我们周围的人、家族、朋友、社会、国家、世界的生活方法，如社会组织、伦理习惯、政治制度及经济关系。三是物质生活方面，如饮食、起居等种种享用，以及人类在自然界中求生存的各种方式。

杨宪邦对"文化"的定义是："文化是一个社会历史范畴，是指人类创造社会历史的发展水平、程度和质量的状态。文化的主体是社会的人，客体是整个客观世界。所谓文化不是受人的影响而自然形成的自然物，是人在社会实践过程中认识、掌握和改造客观世界的一切物质活动和精神活动及其创造和保存的一切物质精神财富和社会制度的发展水平、程度和质量的总和整体，它是一个有机的系统。"

陈华文在《文化学概论》中认为："所谓文化，就是人类在存在过程中为了维护人类有序生存和持续发展所创造出来的，关于人与自然、人与社会、人与人之间各种关系的有形无形的成果。"

《辞海》对文化的释义是：从广义的角度来说，文化指人类社会历史实践过程中所创造的物质财富和精神财富的总和；而狭义的作为意识形态的文化是一定社会政治和经济的反映，同时又反作用于社会、政治和经济。

在西方，"culture"一词来源于拉丁文cultura，最初是指农耕以及对植物的栽培。15世纪后，对人的品德和能力的培养也被称为文化。随着社会发展和文明进步，西方人对文化的研究越来越深入，其定义也不断发展，比较有代表性的观点主要有下面几种。

英国人类学家爱德华·泰勒在《原始文化》中认为："文化或者文明就是作为社会成员的人所获得的，包括知识、信念、艺术、道德法则、法律、风俗以及其他能力和习惯的复杂整体。就对其可以作一般原理的研究的意义上说，在不同社会中的文化条件是一个适于对人类思想和活动法则进行研究的主题。"

英国人类学家马林诺夫斯基认为文化是指传统的器物、货品、技术、思想、习惯、价值及社会组织等，这一概念包容及调节着一切社会科学。

马克思和恩格斯在《德意志意识形态》中提出文化起源于人类物质生产活动的思想。恩格斯在《劳动在从猿到人转变过程中的作用》中指出文化是人类特有的现象和符号系统，文化借助于意识和语言而存在，文化起源于人类劳动。

英国人类学家R. 弗思认为文化就是社会。英国人类学家A. R. 拉德克利夫布朗认为，文化是一定的社会群体或社会阶级在与他人的接触交往中习得的思想、感觉和活动的方式。

法国人类学家列维·施特劳斯提出："文化是一组行为模式，在一定时期流行于一群人之中，并易于与其他人群之行为模式相区别，且显示出清楚的不连续性。"

以上定义为我们提供了对文化概念不同角度的思考。综合以上各种观点，我们给文化一个尽可能宽泛的定义：文化是人类在社会变迁和自身发展过程中长期积累形成的具有民族特色的、能够促进社会整合与前进的一种社会现象。

相关案例：108道工序只为做好一支笔

## 二、创意的定义

21世纪，"创意"成为一个时尚的词汇，也成为新的财富之源。下面我们来看一下国内外专家对"创意"的阐释。

"创意"顾名思义就是"创造意识"，它是人类认识活动中一种神奇的精神现象。"创意"的英文是"Creativity",中文也翻译成"创造"。在古希腊,"创造"关乎人的精神与思维,是人类独有的能力。柏拉图曾说:"创作的意义是极广泛的。无论什么东西从无到有中间所经过的手续都是创作。所以,一切技艺的创造都是创作,一切手艺人都是创作家。"

创意经济研究权威约翰·霍金斯对"创意"的阐释是:"创意可以被简单地定义为'有新点子'。有四个标准来衡量一个新创意:它必须是个人的、独创的、有意义和有用的。"他指出"信息社会"已经不再能够满足当今社会的需要了,"如果我仅仅是一种数据,我也许会为生活在信息社会而感到自豪。但是作为有思想、有情感、有创造力的人至少在状态不错的时候我们需要更好的东西。我们需要信息,但是我们更需要活跃的思想、智慧和对这个信息的不断的挑战。我们需要创新、质疑和好辩精神,我们常常执着并偶尔也会碰壁。"因此约翰·霍金斯认为创意"现在成为竞争优势的决定性来源",成为社会和经济变革的驱动器。

美国广告大师詹姆斯·韦伯·杨在20世纪60年代提出"旧元素,新组合"这个理念,指出创意不是发明创造,创造是无中生有,而创意是将司空见惯的元素以常人意想不到的方式展现给消费者,从而令消费者与品牌之间建立某种关系:一条创意其实就是常规要素的一个新的组合。

他认为创意的生产过程和福特轿车的生产过程颇为相像:创意的生产也是在一条流水线上进行的。在这一生产过程中,思维适用一套可以被学习与掌握的操作技巧,它的有效应用与其他任何工具的有效应用一样,只不过是件技巧训练的事情。创意必须符合具体条件或者实际要求,才可发挥作用;为了让大多数创意能够符合具体条件或者实际要求,需要十分耐心地琢磨它,否则许多很好的创意就会夭折。

爱因斯坦谈到他自己的思维过程时写道:"写下来的词句或说出来的语言在我的思维机制里似乎不起任何作用。那些似乎可用来作为思维元素的心理实体,是一些能够'随意地'使之再现并且结合起来的符号和多少有点清晰的印象。创造性思维同语词或其他可以与别人交往的符号的逻辑构造之间有任何联系之前,这种结合的活动似乎就是创造性思维的基本特征。"

中国学者陈放在《创意学》中指出:"创意起源于人类的创造力、技能和才华,创意来源于社会又指导着社会发展。人类是在创意、创新中诞生的,也要在创意、创新中发展。"

《现代汉语词典》对"创意"赋予了两层含义:一是有创造性的想法、构思等,二是提出创造性想法、构思等。概而言之,创意是人的一种创造性的、突破传统的神奇的思维活动,它将带来巨大经济价值,它源于社会生活又促进社会发展。

## 三、策划的定义

相关案例:瓷器加入贝壳粉、地瓜变成伴手礼

我国古代就有"策划"思想。"策"在古代指编好的记录文字的竹简,后来成为一种考试形式,称为"策问""对策"。现代"策"的含义延伸为计划、计谋、策略。"划"主要是指设计。"划"同"画",是出谋划策的意思。《礼记·中庸》中"凡事(预)则立,不(预)则废。言前定则不跲,事前定则不困;行前定则不疚,道前定则不穷"说的就是策划的重要作用。《孙子·虚实》中"故策之而知得失之计"里的"策"就是谋划、策划。

现代意义上的"策划"指策略规划、预先计划安排。国内外学术界对"策划"概念不乏研究。国外如美国学者威廉·H.纽曼认为策划就是在事前决定做什么事情；马修·E·迪莫克认为策划使将来的问题与预期的结果联系起来，是为有效地掌握将来的问题而展望未来、寻找合理对策；韩国权宁费认为策划是为达到目标而寻找最适当的手段、对未来采取的行动做决定的准备过程；哈罗德·D.史密斯认为策划与管理属于一体，合则两实，分则两虚；哈罗德·库恩兹和塞瑞尔·O.多恩德认为策划是管理者从各种方案中选择目标、政策、程序及事业计划的过程；赫伯特·A.史密斯认为策划是对将来的一种构想，是对此种构想方案予以评价并达成最终方案的各种有关活动；约翰·D.米勒特从行政管理的角度指出，策划是提示行政运营方向的手段，重点是为明确的活动和行政路线设计具体的提案。《哈佛管理通书》认为：策划是一种程序，在本质上是一种运用脑力的理性行为。

在国内，杨仕辉在《企业整体策划理论与实施》中认为，策划是一种运用脑力的理性行为程序，是当前针对未来发生的事情所做的决策，换句话说就是要找出事物的因果关系，衡量可取途径，作为当前决策的依据；赵承宗等编著的《策划学》认为，策划是人们对自己所要进行的活动，事先在观念中作出打算，也就是预先作出计划、安排，对要达到什么目的、依靠什么来进行、具体步骤怎样安排等一系列问题，进行具体的设计、计划、筹划；舒咏平在《实用策划学》中提出，策划就是为实现特定目标，提出新颖的思路对策，并制订出具体的实施方案的思维活动；吴聚在《策划学精要》一书中认为："策划是对市场信息进行管理、运行、技巧处理或操作的过程以及对市场进行计划、酝酿、决策并运用谋略的过程。"他还认为策划是一个系统的整合过程，策划学作为一门学科有独立完整的理论体系，不是能让企业很快发展的"点子"，不是能让企业立竿见影的谋略，也不是自作聪明的小手段，更不是能让企业起死回生的灵丹妙药，而是对新闻、广告、营销、公关、谋略等手段的综合实施运行。策划应该立足现实、着眼长远，而不应该为了眼前利益只追求所谓的轰动效果，那样结果只能是昙花一现或者得不偿失。因此，策划是指运用人的智能对未来所做的事情进行预测、分析、设计、规划，保证有效地完成任务的一个过程。策划的重点是从市场的角度对产品进行设计，通过周密有效的宣传，对事件的发生、发展进行操纵，并提出项目运作的一整套解决方案。策划是关于整体性和未来的策略规划，它是为实现某一目标而制定的一套程序或是一张蓝图。

知识链接：成功的品牌策划会怎么做

综上所述，策划是根据现有资源信息，判断事物变化的趋势，确定可能实现的目标和预期结果，再由此来设计、选择能产生最佳效果的资源配置与细致周密的行动方式，进而形成决策计划的复杂思维过程。一个成功的策划，必须有准确的预测、有效的实施方案、周密详细的运作计划和脚踏实地的执行能力。

## 项目训练

1. 根据所学知识，用思维导图总结分析文化的定义。
2. 根据所学知识，用思维导图总结分析创意的定义。

# 任务二　文化创意与文化策划

认识了"文化""创意"和"策划"的概念，我们再来了解一下"文化创意"和"文化策划"这两个概念。

## 一、文化创意

文化创意，顾名思义就是与文化有关的创意。其核心是创意，也就是"创造力"：内容是文化，即文化领域；文化创意就是在文化领域发挥人的创造力。具体来讲，文化创意就是以文化为基本元素和核心内涵，整合文化资源，运用多学科、多种载体创新再造文化理念和文化产品。文化创意是人类创造性劳动的结果。任何一种文化创意活动，都要在一定的文化背景下进行，但创意不是对传统文化的简单复制，而是依靠人的灵感和想象力推陈出新。文化是时代的思想和社会发展的灵魂，而文化创意是文化超常规、超传统的创新和发展。

文化创意的实现不仅需要个人的思想创造、技术技巧、智慧才华，还是观念、市场、资本、机制、组织、生产、产品、品牌、推广、博弈等内容综合作用的结果，其最终目标在于在更高程度上满足人类的精神追求和物质体验。

美国"艺术、文化与国家对策"项目研究报告认为，文化是智慧和创造精神积聚而成的资本，也是人类创造力和创新精神的源泉。作为资本的文化可以产业化，文化创意也可以产业化，文化创意的产业化形成了文化创意产业。文化创意产业由英国首倡。创意产业的概念最早出现在 1998 年出台的《英国创意产业路径文件》中，该文件明确指出，所谓创意产业，就是指那些从个人的创造力、技能和天分中获取发展动力的企业，以及那些通过对知识产权的开发而创造潜在财富和就业机会的活动。其后许多国家和地区也纷纷提出相关概念。文化创意产业是指在经济全球化背景下产生的以创造力为核心的新兴产业，也是文化主体或文化因素依靠个人或团队经过技术、创意和产业化的方式开发、营销知识产权的行业。我国《国家"十一五"时期文化发展规划纲要》明确提出了国家发展文化创意产业的主要任务，全国各大城市也都推出相关政策支持和推动文化创意产业的发展。

## 二、文化策划

相关案例：2021 十大文化创意事件

文化产业意义下的文化创意势必要实现经济价值最大化，其创造的价值越多，意义也就越大。所以文化创意离不开策划，只有独特的创意加上成功的策划才能实现文化创意的经济价值最大化，产生最大的经济效益和社会效益。而且任何一个文化项目的运营都需要一套完整的策划方案以规定路线、范围，控制风险，这就需要进行文化策划。

陈放认为，文化策划是指策划人通过对文化环境的市场调查和系统分析，利用已经掌握的有关文化资料及手段，科学、合理、有效地推动文化活动的进程，并提前判断文化活动开展是否顺利、预测其效果，具有一定功利性质的活动。

李锡东在《文化产业策划实务》中认为，文化策划者要先对文化环境做市场调查，然后进行系统分析，利用已掌握的有关文化数据和方法，合理化、系统化、科学化实施文化活动，并且要预测文化活动开展后的效果，通过这些活动，为现代商业社会的经济发展创造商机和价值。

我们认为，所谓文化策划，就是策划者在对策划对象进行充分调查研究分析的基础上，通过新颖的创意、先进的技术、专业的视角，运用相关的文化背景资料科学、合理、有效地推动文化活动的进程。

文化策划在操作过程中有明显的目的性和功利性，获得经济效益和社会效益的双赢是其最终目标。它主要由策划者、策划商品、策划目标、策划方案四要素组成。

文化策划涵盖的领域非常广泛，主要有报刊策划、图书策划、电视频道与栏目策划、演出策划、文化品牌策划、大型活动策划、家居装修策划、国学项目策划、企业文化策划、旅游策划等，现在已发展成为一门新兴的实践性很强的学科。

## 三、文化创意和文化策划的关系

文化创意和文化策划在文化产业的发展过程中息息相关，密不可分。唐代李翱在《答朱载言书》中说："六经之词也，创意造言，皆不相师。"李翱所谓的"创意"与我们现在所说的创意在精神上是一致的，而"造言"则属于我们所说的策划。创意强调思维、构思的创新与突破，是充分发挥认识的能动作用、突破固定的逻辑通道、不断以新的方式和多角度的思维转化来寻求新成果的思维活动；策划则更强调实施程序的科学与严谨，精彩的创意不一定能得到成功的策划，但成功的策划背后必然有绝妙的创意，在文化产业中，文化创意是内容和核心，文化策划是方法和手段，两者的有机结合能更好地实现文化创意的经济价值和社会价值。如果一个文化产品没有新颖的创意，再好的计划谋略也难以赢得市场；同样，如果文化产品没有专业的策划方案设计和制作，再独特的创意也难以发挥作用。

所以，文化创意是文化策划的前提，文化策划是文化创意的保障；文化创意是文化策划的灵魂，文化策划则是提出创意—明确创意—制作创意方案—实施创意方案的过程。一方面，创意的高度决定了策划活动的广度和深度，一个有高度的创意通常能衍生出许多子创意，使文化策划沿着主线可持续地进行下去；另一方面，在文化策划的过程中不断增强认识和整合资源的本领，也会激发出文化创意的火花。只有将创意思维方法与科学的策划手段相结合，才能创造出富有文化内涵的系列文化产业群，打造出更多富有特色的文化产品和文化服务，最终形成文化产业链模式和规模化效应，实现经济利益和社会利益的双丰收。

文化创意和文化策划居于文化产业中的核心地位。国内外文化产业发展的实践表明，文化创意和文化策划已经成为文化产业发展的先导，成为保持文化产业发展活力的保证。文化创意不仅体现在文化产品设计方面的灵感和创造力，更重要的是民族文化资源开发利用方面的巧思新意，以文化创意来激发全民族的文化创造力。而文化策划是文化产业市场化运作中极为重要的前期工作，策划的好坏直接关系到文化企业能否把握市场机会、规避投资风险、取得理想的经济效益和文化传播效果。因此，文化的创意与策划要贯穿于文化产业发展的全过程，包括文化项目的开发、文化活动的构想、文化产品的设计，也包括文化内容、文化服务、文化产业经营方式的创新等。在今天的文化产业领域，成功的创意和策划异彩纷呈、各具特色，但总体来看又具有一些共同特点，把握这些特点和规律是保障文化产业顺利运作的基础，也是对文化产业从业者的基本素质要求。

总之，文化创意与文化策划是不可分割的，它们之间既有区别又有联系。创意只是一个点子，而策划是一个系列；创意是脑海中的一个概念，而策划是将创意具体化并付诸实践，是实的。策划建立在好的创意的基础上，没有好的创意就不会有好的策划，每个精彩的策划都是围绕一个经典的创意展开的。所以说，创意是策划的灵魂，策划是创意的实现蓝图。

### 项目训练

通过网络等途径，搜集文化创意与策划的案例，并进行分析。

## 任务三　文化创意与策划的思维及原则

### 一、创意思维与策划思维

《现代汉语词典》对"思维"的解释是："在表象、概念的基础上进行分析、综合、判断、推理等认识活动的过程。思维是人类特有的一种精神活动，是从社会实践中产生的。"

创意思维是指人在强烈的动机意识驱使下，综合运用各种共有和独有的思维方式，对感觉素材和已有知识进行新的思维加工组合，形成独特的新思想、新观点、新方法的思维过程。现代权威心理学家吉尔福特（J.P.Guilford）教授提出创造性思维应该包括四个要素：流畅性、灵活性、独创性和描述性。流畅性是指在一定的时间内表达出观点和设想的数量；灵活性是指多方向、多角度思考问题的灵活程度；独创性是指产生与众不同的新奇思想的能力；描述性是指对自我的观点和思想描述的细致、准确程度。

策划思维是人类先进的思维形式，也是包含多种思维形式的复合思维系统，包含逻辑思维、辩证思维、发散思维、形象思维、直觉思维和横纵思维等。发散思维主要解决思维目标指向即思维的方向性问题；辩证思维和横纵思维为高难度复杂问题的解决提供有效的指导思想与加工策略；形象思维、直觉思维和逻辑思维是人类的三种基本思维形式，也是实现创造性思维的主要过程即主体。

目前学术界普遍认为策划思维的基本过程包括四个阶段：准备阶段，即发现问题、提出问题、分析问题和为解决问题搜集资料；酝酿阶段，即提出解决问题的各种方案；顿悟阶段，即产生新方法、新理论、新模式，形成新的解决问题的思想和方案；检验阶段，即验证、鉴定、评价阶段。

### 二、文化创意的必备素养和文化策划的原则

#### （一）文化创意的必备素养

（1）快速接受新事物的能力。文化创意的最基本素养便是能快速接受新观点、新事物、

新做法，不能固守旧的观念、无所突破。

（2）敢于冒险的精神。敢于冒险是能产生创意的人的一项极为重要的素养。只有敢于冒险，才能给予创意释放的出口。

（3）富有好奇心。好奇心是创意人产生灵感的思维途径，也是产生创意的动力。

（4）敏锐的觉察力。敏锐的觉察力是创意产生的基石，只有拥有敏锐的觉察力才能保持独特的眼光，找到创意的突破口。

## （二）文化策划的原则

### 1. 求新原则

文化策划活动的关键是求新、求异，也就是要有创意，有创新，要出奇制胜、独辟蹊径，不可拾人牙慧，拘泥于陈规陋习。著名策划专家王志刚把这原则称为策划的"三性"，即唯一性、排他性、权威性。任何一个项目只有展示出它的独特性，然后强化它的与众不同之处，并赋予它一个权威的说法，才能在市场中处于引导地位

### 2. 求实原则

文化策划活动要遵循实事求是的原则，从实际出发，遵循客观规律，不能臆测、凭空捏造。比如新闻节目要在遵循实事求是原则的前提下进行策划，如果偏离事实真相，制造虚假新闻，再好的策划也是徒劳的。

### 3. 可行性原则

文化策划必须遵循可行性原则。因为策划是思维的产物，任何一项策划即使经过严密的论证，也还是纸上谈兵，如果不能从纸上走向现实并保证最终实现，那么策划就等于空谈。所以文化策划必须与客观环境条件相契合，以现实条件为依托，为道德、民情所认可，为市场和消费者所接受。

可行性原则的具体要求如下。

（1）进行可行性分析，选出最优方案。可行性分析包括利害分析、经济性分析、科学性分析和合法性分析四个方面。

（2）进行可行性试验，以证明策划的可行性。可行性试验一般以局部试点方式进行，目标是检查策划方案的重心是否落实在最关键的现实问题上，方案的整体结构和运作机制是否合理，实施结果是否有效。

（3）具有运行性和有效性。运行性和有效性是可行性原则的根本要求。运行性要求策划应该是可以运行的，具有一般的行为特点；有效性即收益和成功率，是指策划方案在实施过程中，能合理有效地配置企业的资源要素，达到策划的效果。一个具备可行性的策划必然具有运行性和有效性。

### 4. 目标性原则

文化策划必须有明确的策划目标、策划意义，做到目的明确、心中有数，才能有的放矢。

### 5. 灵活性原则

在制订、实施策划方案的过程中，要根据情况的变化及时调整、及时变通，要因时制宜、因地制宜。既要善于掌握规律、利用规律、巧用规律，又要顺应规律，抓住机遇。坚持灵活性原则，需要正确把握机变的限度，可以从以下三个方面来把握：根据信息变化的

可靠程度，决定是否对策划进行调整和修正；根据变化的范围和幅度，决定调整和修正的幅度；根据预期效益，决定调整和修正的力度。

### 6. 长期性原则

文化策划的长期性原则是指在进行文化策划的过程中要兼顾眼前利益和长期利益、整体利益和局部利益，注重策划的战略性和长效性。所以在策划时要抓住重点，统筹规划，集中优势力量，不被眼前利益所迷惑。

### 7. 合法性原则

文化策划不仅要遵循社会的伦理道德、价值观念、宗教信仰、风俗习惯等，还要遵守国家法律。不能仅仅为了追求新奇制胜、吸引眼球、轰动效果、经济利益而无视国家法律法规和政策。

## 三、文化策划书的写作

相关案例：人人都可以打造价值千万的个人知识产权

策划书又称策划案，或策划文案，是对策划创意与策划行动方案的书面表达。策划创意之后的每一个行动都要根据策划书来开展。策划书的写作是策划人的基本功之一。再好的创意和策划，如果没有生动、准确、严谨的书面表达，也无法真正打动消费者。

### （一）完整的策划案的结构要素

一个完整的策划案在结构上必须包括 5W3H 基本要素：What（什么）——策划的目的、主题、方式；Who（谁）——策划的主体、客体、相关人员；Where（何处）——策划的实施场所；When（何时）——策划的实施时间；Why（为什么）——策划的假设、原因、可行性；How（怎样）——策划的精彩性、独特性、新颖性；How（如何）——策划的原理、方法和系统流程；How much（多少）——策划方案实施的预算。

### （二）优秀策划案的特点

知识链接：品质中国综艺节目组策划的那些惊艳文案

优秀策划案的特点是：策划案的观点、论点必须具有创新性；策划案的论证必须有理有据，具有说服力；策划案必须有充实的论证过程；策划案必须有严谨的分工与执行计划。

### （三）策划书的结构

（1）封面。策划书的封面应该力求做到一目了然、图文并茂，以增强吸引力；应该写明策划书的名称、策划的主体（策划人或策划机构）、日期、编号等。

（2）内容提要。这一部分简要说明策划的目的、价值、必要性和可行性，主要的策划方法和步骤等，文字不要过长，力求简洁、明了。

（3）目录。这一部分是策划书的整体结构，让人了解策划书的全貌和策划人的思路，所以十分重要。

（4）主要内容。这一部分是策划书的核心，也是最重要的部分，必须对策划的全部过程做细致而有条理的叙述。

（5）进度表。把策划活动的全部过程做成一个进度表，标明何时做什么，以及工作要求、工作方式、注意事项等，这样既便于操作和管理，又便于检查和反馈。

（6）分配表。这一部分注明何人担任什么职务，负责什么工作，这样分工明确、职责分明，既便于管理又可保证策划案的正常实施。

（7）预算。策划是一项复杂的系统工作，对策划的实施所需要的人力、物力和财力要进行周密的预算，力求做到计划性强、开支项目明晰，以最小的支出获得最多的经济效益。

（8）物品和场地。文化策划书中应注明何时何地以何种方式举行何种活动，需要什么样的物品设施等，以便策划方案能顺利实施。

（9）预测与评估。这一部分对策划实施后的经济效益和可能产生的社会效果进行评估。

## （四）策划书的写作技巧

策划书的好坏直接关系策划书能否被决策者采纳，关系策划的实施效果，所以策划书的写作技巧非常重要。

首先，调查研究策划的对象以及竞争对手，分析双方的优势和劣势，抓住关键点，找寻突破口，围绕着策划的核心展开写作。

其次，语言应该流畅通俗、言简意赅，不宜过度文饰，以免造成浮夸之感。可适当使用短句，并配以图表或列举说明，以增强条理性和逻辑性。

知识链接：创意文案策划撰写技巧

最后，策划书表现形式的多样化可以增强其冲击力，如策划书的文字内容搭配照片、插图、素描、速写、漫画等可以为策划书增加亮点，还可以利用录音、录像、Flash 等增强策划书的直观性。

## 项目训练

选择某一旅游目的地，撰写该旅游目的地的营销文化创意与策划的文案。

## 复习思考题

1. 文化的概念是什么？
2. 创意的概念是什么？
3. 策划的概念是什么？
4. 文化创意与文化策划的关系是什么？
5. 文化创意的必备素养有哪些？
6. 文化策划案的结构包括哪些内容？

# 第二篇
# 产 业 篇

项目五　旅游业

项目六　会展业

项目七　研学旅行业

项目八　文化创意业

# 项目五

# 旅游业

## 项目导读

旅游业是综合性的产业门类,为旅游者提供服务是旅游业的主要职能。旅游产业包含的行业内容丰富、类型多样。旅行社、旅游景区、酒店、旅游交通、旅游娱乐等是传统的旅游产业业态。

本项目将着重对传统旅游业态进行阐述和介绍。重点知识包括旅行社的定义、性质和作用、旅行社的主要类型、旅行社的设立、旅游景区的基本设施、旅游景区的分级、酒店的概念和类型、酒店的组织部门构成、酒店的分级、旅游交通的作用、旅游交通方式、旅游娱乐的类型等知识点。

## 学习目标

◎ 知识目标

1. 理解旅行社的定义、性质和作用。
2. 掌握旅行社的主要类型、旅行社的设立及主要业务。
3. 了解旅游景区的基本设施、旅游景区的分级。
4. 了解酒店的概念和类型、酒店的组织部门构成、酒店的分级。

5. 了解旅游交通的作用和主要的旅游交通方式。
6. 理解旅游娱乐的概念和类型。

◎ 能力目标

1. 能够运用所学知识，分析旅游产业的特点。
2. 能够调研某旅行社，并深入分析该旅行社的组织架构、产品特色、经营现状。
3. 能够调研某旅游景区，并深入分析该景区的资源、设施和管理现状。
4. 能够调研某酒店，并深入分析该酒店的产品、特色和管理现状。

◎ 素质目标

1. 热爱旅游，培养致力于从事旅游行业的职业信心。
2. 能够收集旅游行业相关信息，提升融入社会、与人交往的能力。
3. 提升与人沟通交流以及语言表达的能力。
4. 培养发现问题、分析问题、解决问题的思维方式。

◎ 思政素养

1. 培养学生社会主义核心价值观，强化旅游从业人员的使命感。
2. 培养对旅游行业的认同感以及将来从事旅游行业的荣誉感和自豪感。
3. 了解我国知名旅游企业民族品牌的崛起，培养学生认真负责、踏实敬业的工作态度。

## 案例导入

### 稳定复苏后，旅游市场发生何种变化[①]

2023年春天，旅游业强劲反弹。文旅部的数据显示，2023年春节假期，全国国内旅游出游3.08亿人次，同比增长23.1%，达到2019年同期88.6%的人流量。尽管假期结束，但错峰游市场依然强劲，而且随着2月6日出境团队游按下"重启键"，旅游市场料将进入稳定复苏通道。

2023年，人们的旅游意愿和旅游业的发展信心都将得到进一步的恢复和释放，但不容忽视的是，旅游市场已经生变，并且这种改变将长期存在。而且，旅游市场复苏得越充分，这种改变显现得越明显。若要说最大的改变，就是旅游需求不复从前，人们对游憩空间的需求更高了，更多从"看美景、享美食、赏民俗"等感官刺激转变为寻找精神层面的愉悦体验。

具体说来，这种需求改变背后的心态主要表现在两个层面：一方面，人们在行程中更希望和陌生人保持一定距离，不愿意和不认识的人成团旅游，并且遇到景区拥堵会主动回避，而不是一拥而上、生怕错过。这将进一步推动旅游景区景点泛化，除了约1.4万多家A级景区外，更多非传统旅游资源，特别是现代生活类旅游资源，比如有文化调性的图书

---

① 资料来源：中国产业经济信息网.稳定复苏后，旅游市场发生何种变化[EB/OL]. http://www.cinic.org.cn/whys/tourism/1404065.html.（2023-02-10）[2023-02-10].

馆、网红餐厅、风光不错还能露营的河谷、景观大桥、影片取景地等，都将成为"旅游吸引物"。随着游客越来越多地去往上述这些地点，分散在更多的游憩空间，传统旅游景区的增量客流压力将不断加大。

另一方面，随着人们旅游经验日趋丰富，特别是年轻人从小随着父母四处旅游，想领略的风景和风土人情，不少都已体验过了，于是人们将关注重点由身外的风景转向内心的感受。人们更加认同，"上车睡觉、下车拍照"的走马观花式旅游，不如在一个地方"走透透"。这使各地"圈山圈水收门票"的"卖参观权"式发展模式受到了挑战。近年来各地国有和民营景区门票降价，与政策上引导降低重点国有景区门票价格有关，更与当前旅游景区逐渐变为流量入口，景区的比较优势由参观权变为游憩空间的内在逻辑有直接关系。

当前，旅游市场最典型的趋势是，"旅"的尺度越来越大——游客可以旅行至更加广泛的地区，比如极地甚至太空，而"游"的尺度则越来越小——不"赶场"，在少数的地方"待"着。由此说，旅游目的地和旅游企业当作好"游"的文章，通过丰富体验和游憩场景，丰富游客精神层面的愉悦感、获得感，从而让游客"待得下来"，这才是竞争的关键。旅游是一个几乎没有护城河的产业，项目和产品容易被复制，但项目和产品背后的文化内涵、价值主张和精细服务是模仿不了的。如何从以往的资源开发主导向今后的品质运营主导转变，是旅游企业面临的核心课题。

**思考：** 文旅行业应采取哪些举措积极转型谋发展？

# 任务一　旅　行　社

## 一、旅行社的定义、性质和作用

### （一）旅行社的定义

微课：旅行社的定义、性质、作用及分类

关于旅行社的定义在不同国家或地区的旅行社行业中有着不同的说法。

在日本，人们习惯上把旅行社称为旅行业，《日本旅行业法》规定，所谓的旅行业，是指收取报酬，经营为旅客提供运输或住宿服务、代理签证等内容的事业。

国际旅游组织把旅行社定义为：零售代理机构向公众提供的关于可能的旅行、居住和相关服务包括服务酬金和条件的信息。旅行组织者、制造商或批发商在旅游需求提出前，组织交通运输、预订不同方式的住宿和提供所有其他服务，为旅行和旅居做准备。

欧洲普遍接受的旅行社的定义为：旅行社是一个以持久盈利为目标，为旅游者提供有关旅行及居留服务的企业。旅行社提供的服务包括：出售或发放运输票证；租用公共车辆；办理行李托运和车辆托运；提供旅馆服务，预订房间，发放旅馆凭证或牌证；组织参观游览，提供导游、翻译和陪同服务以及邮递服务；提供租用剧场、影剧院服务；出售体育盛会、商业集会、艺术表演等活动的入场券；提供旅客在旅行逗留期间的保险服务；代表其他驻国外旅行社或旅游组织者提供服务。这个定义是较完整、具有法律依据的定义之一。

我国2009年修订的《旅行社条例》定义：旅行社是指从事招徕、组织、接待旅游者活动，为旅游者提供相关的旅游业务，开展国内旅游业务、入境旅游业务和出境旅游业务的企业法人。

在介绍旅行社定义时，我们必须注意，随着信息技术的使用和旅游市场的发展，出现了一些新型旅游代理商，这对传统的、狭义的旅行社定义提出了挑战。他们涉足旅行社的业务往往只有订票、订房等单项旅游服务，既不符合《旅行社管理条例》对旅行社的界定，也无旅行社之名，可不遵守行业内的法规和惯例。他们以不同的方式为不同细分市场的旅游者顺利实现空间移动提供着服务，对传统旅行社直接构成了威胁。

因此，广义的旅行社可定义为：购买、开发旅游供应商的产品，借此为旅游者实现安全、舒适和便利的空间移动提供服务的企业，包括传统旅行社、利用互联网和呼叫中心销售客房和机票等产品的在线旅游服务商。

### （二）旅行社的性质

作为旅游企业中的一类，旅行社既有与其他旅游企业的类似之处，也有自身的特性。在其业务范围及日常运作过程中，有以下三个基本性质。

#### 1. 盈利性

旅行社是以盈利为目的的企业。旅行社首先是一种企业形态，而盈利性是所有企业具有的共性，也是其根本性质。企业的最终目的是追求利润的最大化，旅行社是一个独立核算、自负盈亏的经营性组织，具备盈利性的根本属性。

#### 2. 服务性

服务性是旅游业中所有企业都具有的，是旅游企业与工业企业相区别之处，旅行社的经营过程自始至终都离不开服务这一核心内容。我们应该认识到，旅行社不仅是一个独立的、具有经济属性的组织，其发展还涉及许多社会问题，而服务性则是旅行社发展过程中，经济效益和社会收益的双重体现，是一个国家地区的形象代表之一，所以旅行社也被称为"窗口行业"。

#### 3. 中介性

旅行社是中介服务机构。作为旅游服务企业，旅行社是旅游客源地与目的地、旅游消费者与旅游服务供应商之间的纽带，在促进旅游产品的销售和活跃旅游市场方面起到了积极的作用。旅行社的运作主要依托于各类旅游吸引物和旅游供给设施，根据旅游需求的全部内容来组织和创新产品，从而完成从资源到效益的转化。

### （三）旅行社的作用

旅行社是旅游活动的产物，它在旅游活动中扮演着双重角色，既是旅游产品的采购者，又是旅游产品的销售者，它把分散于各地的旅游者和提供服务的旅游经营者连接起来，在旅游活动主体（旅游者）和客体（旅游对象）之间起媒介作用。旅行社的具体作用可以概括为以下三个方面。

#### 1. 旅游活动的组织者

从旅游者需求角度来看，旅游者在旅游活动中需要各种旅游服务，如交通、住宿、餐饮、游览、购物、娱乐等，而提供这些服务的部门和企业分属不同的行业，它们相互之间的联系比较松散。旅行社从相关的各类供应商处采购并进行合理的组织加工，融入旅行社的服务特色和专业个性，进而形成各具特色的旅游产品，并向旅游者进行销售。由此看来，旅行社是旅游者和各类旅游供应商之间的中介，在确保各方利益的前提下，协同旅游业各个有关部门和其他相关行业，保障旅游者在旅游活动过程中各环节的衔接和落实。因此，旅行社不仅为旅游者组织旅游活动，而且客观上在旅游业各组成部门之间起着组织和协调的作用。

#### 2. 旅游供应商的产品销售渠道

人类的进步使社会分工不断地细化和深化，生产的社会化分工决定了需要有旅行社这样一种组织来专门从事旅游产品的组合和加工，并通过提供各种及时有效的旅游信息，满足旅游者对旅游产品的广泛需求。旅行社承担着沟通供求双方的责任，使旅游产品借此可以更顺利地进入消费领域。例如，旅游交通业住宿业等部门，虽然他们也直接向旅游者出售自己的产品，但他们的产品大多数还是通过旅行社销售给旅游者的。因此，旅行社是旅游产品供应商最重要的销售渠道。

#### 3. 促进旅游业发展的中坚力量

一方面，在旅游业的各个组成部门中，旅行社最接近客源市场并且首先直接同消费者接触，因此，旅行社对旅游市场的信息了解得最快；另一方面，旅行社同旅游业其他部门都有密切关系，这些相关部门或企业的产品信息往往也通过旅行社传递给客源市场。因此，旅行社在了解需求和指导供给方面起着非常重要的作用，堪称是促进旅游业发展的前锋。

 **头脑风暴**

请结合自身旅游经历，谈谈你对旅行社的认知和理解。

## 二、旅行社的主要类型

由于各国旅游业发展目标和水平不同，旅行社的划分标准和类别存在着一定的差异。

### （一）欧美国家旅行社的分类

欧美国家旅行社的分类以生产经营的主要业务类型（批发业务和零售业务）为依据，共分为两大类。

#### 1. 旅游批发经营商

旅游批发经营商，即主要经营批发业务的旅行社或旅游公司。具体来说，就是旅行社根据自己对客源市场的了解，成批量地定购各类不同的旅游产品，如交通运输公司、饭店、旅游景点等产品，然后将其设计组合成不同的包价旅游线路产品，并通过一定的渠道销售给旅游者。

旅游批发经营商可以分为旅游批发商和旅游经营商两个小类，两者的主要差别体现在销售渠道上。旅游批发商一般没有自己的零售网络，其设计开发的旅游线路通过独立的零售商销售给广大消费者。旅游经营商不仅开发设计旅游线路，从事旅游产品批发业务，还拥有专门的零售网络，可将自己的旅游产品直接销售给旅游者。

### 2. 旅游零售商

旅游零售商，即主要经营零售业务的旅行社，它直接面对旅游者并向其推销旅游产品或为其购买旅游产品提供便利。典型代表是旅游代理商，既代理消费者从旅游批发经营商或各旅游企业购买的旅游产品，也代理各旅游企业直接向旅游大众销售的产品。旅游代理商的经营收入主要来自被代理企业的佣金。这类企业的规模一般比较小，但是数量多、分布广，也有一些旅游零售代理商，拥有自己庞大的零售网点，占有了大部分的市场销售份额。

## （二）我国旅行社的分类

我国旅行社分类大致经历了三个阶段。

### 1. 第一阶段：1996 年之前

1996 年之前分为一类、二类和三类旅行社，一类旅行社从事对外招徕和接待海外游客来大陆旅游，二类旅行社从事接待由一类旅行社和其他涉外部门组织来华的海外游客，三类旅行社只经营国内业务。

### 2. 第二阶段：1996—2009 年

1996 年，我国颁布了《旅行社管理条例》，对我国旅行社分类进行重新调整，按照经营范围将其划分为国际旅行社和国内旅行社。

国际旅行社的经营范围包括入境旅游、出境旅游和国内旅游。具体业务内容包括：

第一，招徕外国旅游者、华侨及港澳台同胞到中国大陆旅游，为其安排交通、游览、住宿、饮食、购物、娱乐及导游等相关服务；

第二，招徕我国旅游者在国内旅游，为其安排交通、游览、住宿、饮食、购物、娱乐及导游等相关服务；

第三，经国家旅游局（原）批准，招徕、组织我国内地居民到外国和我国港澳台地区旅游，为其安排领队及委托接待服务；

第四，经国家旅游局（原）批准，招徕、组织我内居民到规定的与我国接壤国家的边境地区旅游，为其安排领队及委托接待服务；

第五，经国家旅游局（原）批准，接受旅游者委托，为旅游者代办入境、出境及签证手续服务；

第六，为旅游者代购、代订国内外交通客票，提供行李服务；

第七，经国家旅游局（原）批准的其他旅游业务。

国内旅行社的经营范围仅限于国内旅游。具体业务内容包括：

第一，招徕我国旅游者在国内旅游，为其安排交通、游览、住宿、饮食、购物、娱乐以及导游等相关服务；

第二，为我国旅游者代购、代订国内交通客票，提供行李服务；

第三，经国家旅游局（原）批准的与国内旅游有关的其他业务。

我国旅行社分类不是根据旅行社业务的自然分工进行的，而是出于国家对旅游业进行宏观控制、确保旅游接待质量的目的而做出的。除了业务内容是否涉外方面有所不同外，各类旅行社的业务职能并无根本区别。同欧美国家的旅行社相比，我国的旅行社既经营"批发"业务，也经营"零售"业务。

### 3. 第三阶段：2009 年之后

2009 年 5 月 1 日，经过重新修订的《旅行社条例》正式实施，明确规定旅行社必须具有固定的经营场所、必要的营业设施、不少于 30 万元的注册资本，方可经营国内旅游业务和入境旅游业务。新成立的旅行社取得经营许可满两年，且未因侵害旅游者合法权益受到行政机关罚款以上处罚的，就可以申请经营出境旅游业务。总之，当前旅行社分为拥有出境资质的旅行社和不具备出境资质的旅行社。

另外，目前国内各地的旅行社从业务上又分为：组团社、地接社、办事处（也可以称为批发商、分销商、代理商、同行）。

（1）组团社：在出发地并与客人签订旅游合同的旅行社。

（2）地接社：旅游目的地接待出发地组团社游客的旅行社。

（3）办事处：地接社设在出发地城市的办事机构或者代理，此类办事机构并没有经营权，不合法。

## 三、旅行社的设立

微课：旅行社的设立及主要业务

旅行社的设立是开展旅行社经营活动的开始。和其他企业一样，我国旅行社的设立受到我国的有关政策和法规的约束。根据《旅行社条例》和《旅行社条例实施细则》的规定，申请设立旅行社应当具备下列条件：有固定的经营场所；有必要的营业设施；有不少于 30 万元的注册资本。

为了保证经营活动的正常开展和方便相关部门进行管理监督，旅行社必须拥有固定的经营场所，该场所可以是旅行社自身拥有产权的营业用房，也可以是旅行社租用的、租期不少于 1 年的营业用房。经营场所的面积大小、具体地点等则由旅行社自行选择，但要满足其业务经营的需要。营业设施包括两部以上的固定电话、传真机、复印机，具备与旅游行政管理部门及其他旅游经营者联网条件的计算机。注册资本是指旅行社用于正常经营活动的流动资金和固定资金的总和。为了保证旅行社的正常经营运作和保护旅游消费者的合法权益，旅行社的注册资本要求不得少于 30 万元人民币。

此外，旅行社自取得旅行社业务经营许可证之日起 3 个工作日内，须在旅游行政主管部门指定的银行开设专门的质量保证金账户，存入一定的质量保证金，或者向作出许可的旅游行政管理部门提交依法取得的担保额度不低于相应质量保证金数额的银行担保。经营国内旅游业务和入境旅游业务的旅行社，应当存入质量保证金 20 万元；经营出境旅游业务的旅行社，应当增存质量保证金 120 万元。旅行社每设立一个经营国内旅游业务和入境旅游业务的分社,应当向其质量保证金账户增存 5 万元,每设立一个经营出境旅游业务的分社,应当向其质量保证金账户增存 30 万元。

## 四、旅行社的基本业务

在不同的国家和地区,旅行社无论是在经营规模、经营方式、经营职能、业务范围方面,还是在具体运作方面均存在较大的差异,但是,不同的旅行社在业务内容上却有不少的共性。在旅游者由旅游客源地出发到旅游目的地,再由旅游目的地回到客源地的过程中,我们可以看出旅行社是如何作用和服务于旅游者的,旅行社的基本业务范围也可由此作出合理的总结。在表 5-1 中,我们将旅游者的行为与旅游企业的活动有机地联系起来,从中可以看出旅行社的主要业务是如何开展和进行的。

表 5-1　旅游决策过程与旅行社的基本业务

| 旅游者的决策 | 旅行社的业务 |
| --- | --- |
| 搜集旅游信息 | 市场调研与产品设计 |
| 意向性咨询 | 旅行咨询服务 |
| 购买 | 采购与销售 |
| 旅游活动 | 接待服务 |
| 旅游结束,回到客源地 | 售后服务 |

在旅游者旅游动机的形成阶段,旅行社主要通过市场调研及时了解旅游者的旅游动机,并根据旅游者的旅游动机有针对性地设计旅游产品。在旅游者根据自己的旅游动机搜集相关的旅游信息时,旅行社会适时地以多种方式进行旅游促销活动,并能使旅游者方便地获取最新、最全的旅游信息。旅游者经过对大量信息的评价与判断后,会有选择地向相关旅行社进行咨询,此时,旅行社可以通过网络、人员等多种渠道向旅游者提供真实有效的优质咨询服务。旅游者通过对其咨询结果的比较而作出最终的决策,向其满意的旅行社付费购买旅游产品,这对旅行社而言意味着旅游产品的销售,这一环节是与旅行社的采购服务密切相关的。同时,旅游者实际旅游活动的开始,也就意味着旅行社业务的开始,而当旅游者旅游活动结束后,旅行社则应提供相应的售后服务,以解决各种可能出现的问题,并保持与旅游者的联系,为下一步旅行社业务的开展奠定良好的基础。

在市场经济条件下,所有旅游产品与服务的供给都是为了满足特定的旅游消费需求。与旅游者的消费流程相对应,旅行社将会依次开展市场调研、旅游产品开发、促销、咨询服务、销售、采购、接团或发团以及售后服务等业务流程。我们可以将其归纳为旅行社的三项基本业务:第一,旅游产品开发业务(包括市场调研、产品开发与采购等业务);第二,旅游产品的市场营销业务(包括产品促销与销售等业务);第三,旅游接待业务(包括咨询、接团或发团及售后服务等业务)。

## 项目训练

1. 以小组为单位，模拟成立一旅行社，并设计旅行社的组织框架。
2. 以小组为单位，到某旅行社进行实地调研，并深入分析该旅行社的组织架构、产品特色、经营现状等。

# 任务二 旅游景区

## 一、景区的概念

### （一）国内现有景区的定义

微课：旅游景区的概念及基础设施

定义1：一个可供人们前来休闲、游乐、游览、观光、度假的专业场所。该场所具有明确的范围界线和专业化的组织管理。

定义2：具有美学、科学和历史价值的各类自然景观的地域空间载体，它能够激发人们的旅游兴趣和需求，为人们提供参观、游览、度假、康体、科研等产品和服务。

定义3：以旅游及其相关活动为主要功能或主要功能之一的空间或地域，指具有参观游览、休闲度假、康乐健身等功能，具备相应旅游服务设施并提供相应旅游服务的独立管理区。该管理区应有统一的经营管理机构和明确的地域范围，包括风景区、文博院馆、寺庙观堂、旅游度假区、自然保护区、主题公园、森林公园、地质公园、游乐园、动物园、植物园及工业、农业、经贸、科教、军事、体育、文化艺术等各类旅游区（点）。

定义4：凡是符合以下要求的具有较为明确范围边界和一定空间尺度的场所、设施或活动项目者，称为旅游景区。①以吸引游客为目的，包括本地的一日游游客和旅游者，根据游客接待情况进行管理；②为游客提供一种消磨时间或度假的方式，为他们提供一种快乐、愉悦和审美的体验；③开发游客对这种体验的追求并满足这种潜在的市场需求；④以满足游客的需要为管理宗旨，并提供相应的设施和服务。

定义5：旅游景区景点是指具有某种或多种价值，能够吸引游客前来观光、游览、休闲、度假的自然景物，人文景观以及能够满足游客需要的旅游设施构成的，具有明确的空间界线的多元环境空间和经营全体，这一全体可以通过对游客进出的管理和提供相关服务达到盈利或保护该环境空间的目的。

定义6：由一系列相对独立景点组成，从事商业性经营，满足旅游者观光、休闲、娱乐、科考、探险等多层次精神需求，具有明确的地域边界，相对独立的小尺度空间旅游地。

### （二）国外现有景区的定义

定义1：旅游景区（点）必须是一个长期存在的出游目的地，其存在的首要目的是向公众开放并满足进入者的游乐、兴趣和教育的需求，而不是仅用于购物、体育运动、观看电影和表演。旅游景区（点）无须提前预订，可以吸引一日游游客和旅游者。

定义2：一个指定的、长久性的、由专人经营管理的，为出游者提供享受、消遣、游乐、受教育机会的地方。

定义3：景区应该是一个独立的单位、一个专门的场所，或者是一个有明确界线的、范围不可太大的区域，交通便利，可以吸引大批的游客短期休闲和游览；景区应该是能够界定能够经营的实体。

定义4：景区是因天气、风景、文化或活动而满足一个特定顾客群和市场的欲望和喜爱的区域。

定义5：旅游景区可以是地球上任何一个独具特色的地方，这些地方的形成既可能是自然力量使然，也可能是人类活动的结果。

定义6：旅游景区是具备以下特征的地点或举办活动的场所：吸引当地居民的游客、一日游游客和旅游者，并对其进行相应的管理；提供一种娱乐或愉悦的体验或打发休闲时间的方式；满足这种潜在的需求的开发；其管理侧重为游客提供满意的服务；提供相关设施和服务以满足游客各方面的需求、需要和兴趣；可以是收费或免费的。

### （三）本书的景区定义

通过上述对现有景区定义的深入分析，在前人认识的基础上，结合现在旅游业发展的现状，在此提出本书的景区定义，并对景区定义的内涵、核心、外延进行归纳。

我们认为，旅游景区是指以特有的旅游特色和价值吸引旅游者前来，通过提供相应的旅游设施和服务，满足其观光游览、休闲娱乐、度假康体、科考探险、教育和特殊旅游需求，有专门的旅游经营管理的旅游管理地域综合体。

## 二、景区的特点

### （一）专用性

旅游景点是指定的用来供游客参观游览或开展某类消遣活动的场所。这种专用性的指定要么是出于商业性决策，要么是出于政府有关部门的公益性政策。但无论是出于哪种情况，旅游景点的上述根本职能是不会改变的，如果发生改变，则不再是旅游经营行业意义上的旅游景点。例如，工厂、学校、乡村和部队营区虽然也都有可能接待旅游者参观或访问，但却都不属于规范意义上的旅游景点，因为它们的职能并不是专供游客或公众参观。换言之，只有那些职能是专供游客参观、游览或开展其他消遣活动的场所，才属于旅游业研究中规范意义上的旅游景点。

### （二）长久性

这里所称的长久性，是指作为一个旅游景点，必须有长期固定的场址，并利用这一场址发挥其固有职能。这里对长久性的强调，主要是将旅游景点同那些没有固定场址的旅游吸引物区别开来，例如某时在某处临时举办的展览、娱乐活动、流动演出及民间盛会等。由于这类暂时性的旅游吸引物有其不同的组织和营销方式，特别是由于其没有长期固定的专用场址，因而它们不属于规范意义上的旅游景点，尤其是在讨论旅游景点的经营管理时更是如此。

## （三）可控性

旅游景点必须有人进行管理，必须能够对游客的出入进行有效的控制，否则，从旅游业经营的意义上讲，该地点便不属于真正的旅游景点，而只能算作是一般的公众活动区域。需要特别注意的是，这一定义中的旅游景点并非仅限于对来访游客收费的旅游景点，同时也包括那些有人行使管理但对游客实行免费参观的旅游景点。后者多见于政府部门和社会团体出于社会公益目的而兴办和管理的参观和游览场所。

目前世界各国的绝大多数旅游景点都实行购票准入的做法。纯商业性的游景点旨在通过门票收费去补偿其全部运营成本并获取利润。对于由政府部门和社会团体兴办的公益性旅游景点，传统上一直都实行免费参观。但近些年来，即使是在西方国家中，有些这类旅游景点也开始收费。基于这一观察，有人认为今后这类旅游景点管理的发展趋势将是实行收费准入。确实，由于政府对这类公益性旅游景点的财政拨款不足以支付其维护工作所需，所以包括某些西方国家在内，有些这类公益性的旅游景点近年来也开始实行收费。但与此同时人们也应看到，这类公益性景点实行收费的根本目的并非营利，而是旨在补充景点管理的流动费用。

另外，不少这类公益性景点（如国家公园）在收费方式上所采取的做法并非强制购票准入，而是提倡游客基于帮助维护这类场所的公益之心而自觉认捐。事实上，在发达国家中，绝大多数公益性景点仍实行免费参观。所以，这类公益性旅游景点因政府财政拨款不足而实行收费的做法究竟是权宜之计，还是长远的发展趋势，最终将取决于各国的国情发展。

## 三、景区的基本设施

### （一）交通设施

#### 1. 外部交通工具

对旅游者来说，要进入景区进行游览活动，必须要借助一定的外部交通工具。包括飞机、轮船、火车、旅游大巴，当然现在很多游客会选择自驾游。总体来说，景区要求外部交通设施完善，进出便捷。

游客达到景区之后，需要把车停下，这就需要有停车场。当然停车场也有不同类型和级别。例如生态停车场，这种停车场高绿化、高承载、透水性能好、草（植草砖）的成活率高、绿地面积大。还有一些水泥或者沥青铺设的停车场，当然还有比较简易的沙砾或者泥土地面的停车场。

#### 2. 内部交通设施

游客在景区内部游览，需要借助一定的游步道。游步道是游客观赏的通道，是景观观赏的驱动者。游步道从形式来说一般是无轨迹可循、曲径通幽的自由曲线和宽窄不定的变形路；色彩一般选择邻近色，与周围环境相协调；选材一般是石子、木板、石板、嵌草路面。

另外，有些景区面积较大，为了方便游客游览，景区内会使用清洁能源的交通工具，常见的有电瓶车、缆车、自行车以及畜类交通工具。

### （二）游览设施

景区一般会设置游客中心，游客中心是在旅游区（点）设立的为游客提供信息咨询、游程安排、讲解、教育、休息等旅游设施和服务功能的专门场所。游客中心一般位于景区门口，人流量大；建筑外观具备醒目标识，与周围环境相协调；服务具有多样化与人性化等特点。咨询服务人员配备齐全，业务熟练，服务热情。游客中心内公众信息资料（如研究论著、科普读物、综合画册、音像制品、导游图和导游材料等）要求特色突出，品种齐全，内容丰富，文字优美，制作精美，适时更新。

景区售票处是销售景区门票的地方，从位置上来说，有的景区的售票处位于游客中心内，而有的景区的售票处独立于游客中心之外。

景区内的各种引导标识（包括导游全景图、导览图、标识牌、景物介绍牌等）是景区解说系统的重要组成部分，也是传递景区信息的服务系统，还是景区使用功能、服务功能及游览信息的载体，更是旅游景区设施完善不可或缺的一部分。引导标识要求造型特色突出，艺术感和文化气息浓厚，能烘托总体环境。标识牌和景物介绍牌设置合理。

为了方便游客休息，景区会设置公共休息设施，要求布局合理，数量充足，设计精美，特色突出，有艺术感和文化气息。

### （三）安全设施

为了保证游客的人身安全以及景区正常的运营秩序，景区要认真执行公安、交通、劳动、质量监督、旅游等有关部门制定和颁布的安全法规，建立完善的安全保卫制度，将安全工作全面落实。

各种消防、防盗、救护等设备应齐全、完好、有效，交通、机电、游览、娱乐等设备应完好，运行正常，无安全隐患。危险地段标识明显，防护设施齐备、有效，特殊地段有专人看守。

另外还应建立紧急救援机制，设立医务室，并配备专职医务人员。应设有突发事件处理预案，应急处理能力强，事故处理及时、妥当，档案记录准确、齐全。

### （四）卫生设施

卫生环境也是衡量景区的一项重要指标，景区一般要求环境整洁，无污水、污物，无乱建、乱堆、乱放现象，建筑物及各种设施设备无剥落、无污垢，空气清新、无异味。

公共厕所布局合理，数量能满足需要，标识醒目美观，建筑造型景观化。所有厕所具备水冲、盥洗、通风设备，并保持完好或使用免水冲生态厕所。厕所设专人服务，洁具洁净、无污垢、无堵塞。室内整洁，有文化气息。

垃圾箱布局合理，标识明显，造型美观独特，与环境相协调。垃圾箱分类设置，垃圾清扫及时，日产日清。

食品卫生符合国家规定，餐饮服务配备消毒设施，不应使用对环境造成污染的一次性餐具。

### （五）邮电设施

景区一般提供邮政及邮政纪念服务。通信设施布局合理。出入口及游客集中场所设有公用电话，具备国际、国内直拨功能。公用电话亭与环境相协调，标识美观醒目。通信方便，线路畅通，服务亲切，收费合理。

### （六）购物设施

购物场所布局合理，建筑造型、色彩、材质有特色，与环境协调。对购物场所进行集中管理，环境整洁，秩序良好，无围追兜售、强买强卖现象。对商品从业人员有统一管理措施和手段。旅游商品种类丰富，本地区及本旅游区特色突出。

## 四、景区的分类

微课：旅游景区的分级

旅游景区类型很多，不同的划分标准有不同的分类。下面介绍三种常见的分类。

### （一）按照景区设立的性质

按照景区设立的性质分类，可划分为商业性的旅游景区和公益性的旅游景区。前者指投资者完全出于营利目的建造或设立的旅游景区，纯属企业性质；后者指政府部门或社会团体出于社会公益目的而建造和设立的旅游景区，虽然这类旅游景区也多采用收费准入的管理办法，但实行收费不是为了收回其建设投资，更不是为了盈利。

### （二）按照景区所依赖的吸引因素的属性分类

按照景区所依赖的吸引因素的属性分类，可划分为自然旅游景区和人文旅游景区。前者的旅游资源主要为自然旅游资源，是天然存在的；后者的旅游资源不论是人类历史遗迹还是现代人造产物，都属于人为的结果。例如，自然保护区、森林公园、地质公园、野生动物保护区等都属于前者；而历史建筑、古代遗迹主题公园等则属于后者。

### （三）按照旅游景区的内容和管理主体分类

#### 1. 风景名胜区

风景名胜区是指具有观赏、文化或者科学价值，自然景观、人文景观比较集中，环境优美，可供人们游览或者进行科学、文化活动的区域。风景名胜包括具有观赏、文化或科学价值的山河、湖海、地貌、森林、动植物、化石、特殊地质、天文气象等自然景物和文物古迹，革命纪念地、历史遗址、园林、建筑、工程设施等人文景物和它们所处的环境以及风土人情等。

按照风景名胜区主体景观的属性又可将其分为：山岳型风景名胜区、湖泊型风景名胜区、河川型风景名胜区、瀑布型风景名胜区、海岛海滨型风景名胜区、森林型风景名胜区。

风景名胜区划分为国家级风景名胜区和省级风景名胜区。自然景观和人文景观能够反映重要自然变化过程和重大历史文化发展过程，基本处于自然状态或保持历史原貌，具有国家代表性的，可以申请设立国家级风景名胜区。国家级风景名胜区由国务院批准公布，具有区域代表性的，可以申请设立省级风景名胜区。省级风景名胜区由省、自治区、直辖市人民政府批准公布。

2006年9月国务院公布的《风景名胜区条例》规定："国家对风景名胜区实行科学规划、统一管理、严格保护、永续利用的原则。""风景名胜区所在地县级以上地方人民政府设置的风景名胜区管理机构，负责风景名胜区的保护、利用和统一管理工作。""国务院建设主管部门负责全国风景名胜区的监督管理工作。国务院其他有关部门按照国务院规定的职责分工，负责风景名胜区的有关监督管理工作。省、自治区人民政府建设主管部门和直辖市人民政府风景名胜区主管部门，负责本行政区域内风景名胜区的监督管理工作。省、自治区、直辖市人民政府其他有关部门按照规定的职责分工，负责风景名胜区的有关监督管理工作。""任何单位和个人都有保护风景名胜资源的义务，并有权制止、检举破坏风景名胜资源的行为。"

### 2. 自然保护区

自然保护区是指自然环境优美，动植物资源丰富，自然生态保存良好，为保护自然生态、物种和资源环境而划定的保护范围。按照我国的有关规定，自然保护区的任务是：保护赖以生存和发展的生态过程和生命系统（森林生态系统、草原及草地生态系统、沿海和淡水生态系统、农业生态系统），使其免遭破坏和污染；保护生物资源（水体、陆地野生动植物资源），使其能被永续利用；保护生物物种基因的多样性；保护自然历史遗迹等。

根据国家标准《自然保护区类型与级别划分原则》(GB/T 14529—1993)，我国自然保护区分为3大类别，9个类型。第一类是自然生态系统类，包括森林生态系统类型、草原与草甸生态系统类型、荒漠生态系统类型、内陆湿地和水域系统类型、海洋和海岸生态系统类型自然保护区；第二类是野生生物类，包括野生动物类型和野生植物类型自然保护区；第三类是自然遗迹类，包括地质遗迹类型和古生物遗迹类型自然保护区。

《中华人民共和国自然保护区条例》规定"国家对自然保护区实行综合管理与分部门管理相结合的管理体制。国务院环境保护行政主管部门负责全国自然保护区的综合管理。国务院林业、农业、地质矿产、水利、海洋等有关行政主管部门在各自的职责范围内，主管有关的自然保护区。县级以上地方人民政府负责自然保护区管理的部门的设置和职责，由省、自治区、直辖市人民政府根据当地具体情况确定"。"自然保护区分为国家级自然保护区和地方级自然保护区。在国内外有典型意义、在科学上有重大国际影响或者有特殊科学研究价值的自然保护区，列为国家级自然保护区。除列为国家级自然保护区的外，其他具有典型意义或者重要科学研究价值的自然保护区列为地方级自然保护区。地方级自然保护区可以分级管理，具体办法由国务院有关自然保护区行政主管部门或者省、自治区、直辖市人民政府根据实际情况规定，报国务院环境保护行政主管部门备案。"

自然保护区的主要目的是保护，旅游开发只是副业。自然保护区通常划分为核心保护区、一般保护区和游览区。核心保护区，除特别批准的人员（主要是科研工作者）外，其他旅游者不得进入；一般保护区，须严格限制旅游者数量，旅游者只能在规定的路线上活动，并且不得进行任何有碍自然保护区的活动；游览区的要求则相对宽松，但应特别注意防火，禁止采伐。

### 3. 森林公园

森林公园是以大面积人工林或天然林为主体而建设的公园。天然公园保管有自然景观，而森林公园除保护森林景色自然特征外，还要根据造园要求适当加以整顿布置。公园内的森林，只能采用抚育采伐和林分改造等措施，不进行主伐，可以开展森林旅游与休闲，并按法定程序申报批准的森林地域。森林公园是经过修整可供短期自由休假的森林，或是经过逐渐改造形成一定的景观系统的森林。森林公园是一个综合体，它具有建筑、疗养、林木经营等多种功能，同时，也是一种以保护为前提利用森林的多种功能为人们提供各种形式的旅游服务的可进行科学文化活动的经营管理区域。在森林公园里可以自由休息，也可以进行森林浴等。

国家森林公园（National Forest Park）是中国大陆地区最高级的森林公园，是指森林景观特别优美，人文景物比较集中，观赏、科学、文化价值高，地理位置特殊，具有一定的区域代表性，旅游服务设施齐全，有较高的知名度，可供人们游览、休息或进行科学、文化、教育活动的场所，由国家林业和草原局作出准予设立的行政许可决定。

2006年2月28日，国家林业局发出通知，决定自即日起启用"中国国家森林公园专用标志"，同时印发了《中国国家森林公园专用标志使用暂行办法》。至2019年，中国国家级森林公园达897处。

### 4. 地质公园

地质公园是以具有特殊地质科学意义、较高的美学观赏价值的地质遗迹为主体，融合其他自然景观和人文景观而构成的一种独特的、经国家审定批准挂牌的自然区域。

世界地质公园是以其地质科学意义、珍奇秀丽和独特的地质景观为主，融合自然景观与人文景观的自然公园。公园由联合国教科文组织选出，此计划在2000年之后开始推行，目标是选出超过500个值得保存的地质景观加强保护。

世界地质公园作为一种资源利用方式，在地质遗迹与生态环境保护、地方经济发展与解决群众就业、科学研究与知识普及、提升原有景区品位和基础设施改造、国际交流和提高全民素质等方面显现出综合效益，为生态文明建设和地方文化传承作出了贡献，是展示国家形象的名片、促进国际合作的引擎。

截至2020年7月，联合国教科文组织世界地质公园总数为161个，分布在全球41个国家和地区。其中，中国拥有41个世界地质公园。

知识链接：中国拥有41个世界地质公园，这个省就占了4个

### 5. 旅游度假区

旅游度假区是指旅游资源集中、环境优美，具有一定规模和游览条件，旅游功能相对完整独立，为游玩、休闲、修学、健身、康体等目的而设计经营的，能够提供旅游度假设施和服务的旅游目的地整体。

旅游度假区在环境选择、设施配备、结构布局、功能分区等方面都有较高的要求。旅游度假区的基本设施一般包括：交通设施、住宿设施、餐饮设施、康体娱乐设施、购物设施等；此外，还应有一些必要设施，如医疗、通信、银行等。

根据其所处的位置和自然环境状况及与之相关的康体娱乐设施条件，可将度假区分为山地森林度假区、滨海旅游度假区、高山滑雪度假区、内湖（河）度假区、温泉度假区五种。

知识链接：国家级旅游度假区名录

国家级旅游度假区是指符合国家标准《旅游度假区等级划分》（GB/T 26358—2022）相关要求，经文化和旅游部认定的旅游度假区。国家级旅游度假区是为了适应我国居民休闲度假旅游需求快速发展需要，为人民群众积极营造有效的休闲度假空间，提供多样化、高质量的休闲度假旅游产品，为落实职工带薪休假制度创造更为有利的条件而设立的综合性旅游载体品牌。2019年12月20日,《国家级旅游度假区管理办法》发布。截至2020年12月,中国国家级旅游度假区总数达到45家。

### 6. 文博院馆

文博院馆包括博物馆、美术馆等。美术馆多数以收藏和展览历史或传统美术作品为主。博物馆可分为两大类,一类是以特定收藏品为展示内容的博物馆,例如科学博物馆、历史博物馆、军事博物馆、交通运输博物馆等;另一类是以特定场址为展示内容的博物馆,例如我国的故宫博物院、英国的铁桥谷博物馆等。另外,博物馆还可按其收藏品的来源范围划分为国家博物馆、地区博物馆、地方博物馆等。

相关案例:新疆文博院馆让文物"活"起来

### 7. 主题公园

主题公园是以某一种中心主题为基调而兴建的大型人造游览娱乐园区,现代主题公园的主题多种多样,主要有以下几种:以本民族文化为主题的、以地方历史文化为主题的、以异国文化为主题的、以异地自然景观为主题的、以童话幻想为主题的、以科学技术和宇宙为主题的、以历史人物为主题的、以文学名著和电影场景为主题的等。

除了以上类型,还包括一些诸如古代遗迹、早期产业旧址、城市公园等类型的旅游景区。因为大部分旅游景区的旅游资源都具有综合性,以上提供的分类方法只是一个基本的划分方法,具体到某一景区,上述所列的不同类别可能会出现重叠,但是完全重叠的可能性很小。

相关案例:上海迪士尼乐园

## 五、景区的等级评定

### (一)旅游景区的分级

根据《旅游区(点)质量等级的划分与评定》(GB/T 17775—2003)国家标准,旅游景区(点)质量等级分为五级,从高到低依次为AAAAA、AAAA、AAA、AA、A级。旅游区(点)质量等级的标志、标牌、证书由国家旅游行政主管部门统一规定,由全国旅游景区质量等级评定委员会负责办理。

### (二)旅游景区质量分级标准的内容

《旅游区(点)质量等级的划分与评定》国家标准适用于接待海内外旅游者的各种类型的旅游景区。凡在中华人民共和国境内正式开始开业从事旅游经营业务一年以上的旅游景区都可申请参加质量等级评定。评定标准主要包括以下内容。

#### 1. 旅游交通、景区游览及旅游服务方面

旅游交通要有较好的可进入性、车站码头等,布局合理规范,与景观环境旁识性交通设施如高级公路、高级航道、车站码头相协调。旅游景区内有功能齐全的游客服务中心,有美观便利的引导标识,有优秀的导游人员,旅游购物场所布局规范合理。旅游景区内邮电通信设施一应俱全,通信方便。区内的游览配套设施齐全,设计精美。

### 2. 旅游景区安全、环境方面

旅游景区的安全要保证严格执行公安、交通、劳动、质量监督及旅游等有关部门制定和颁布的安全法规，消防和救护等方面设备齐全、安全有效，突发事件处理能力较强，旅游景区环境整洁、卫生，娱乐场所达到《文化娱乐场所卫生标准》规定的要求，餐饮场所达到《饭馆（餐厅）卫生标准》规定的要求，游泳场所达到《游泳场所卫生标准》规定的要求，公共厕所布局合理，设计规范方便。旅游资源环境保护合理，空气质量、噪声质量、地面环境质量、自然景观保护均达到国家有关标准和规定，景区环境氛围优良，各项设施设备符合国家有关环境保护的要求。

### 3. 旅游景区经营管理方面

旅游景区管理体制健全，经营机制有效，旅游质量、旅游安全、旅游统计等各项经营管理制度规范，贯彻措施得力，并定期检查监督，管理人员配备合理。旅游景区拥有正式批准的总体规划，开发建设符合规划要求。同时，景区要拥有自己独特的产品形象、良好的质量形象、鲜明的视觉形象和文明的员工形象等。

### 4. 旅游景区资源质量方面

旅游景区要有观赏游憩价值或历史价值、文化价值、科学价值等；景区要有市场吸引力，有一定的知名度和美誉度，市场辐射力强，旅游景区年接待国际、国内旅游者数量要达到一定的标准，游客抽样调查也应有一定的满意度。

## （三）旅游景区评定的总体情况

国家旅游局负责旅游景区质量等级评定标准、评定细则的制定工作，负责对质量等级评定标准的执行实施情况进行监督检查。国家旅游局组织设立了全国旅游景区质量等级评定委员会，负责全国旅游景区质量等级评定工作的组织和管理。各省级旅游行政管理部门组织设立本地区旅游景区质量等级评定委员会，并报全国旅游景区质量等级评定委员会备案。受全国旅游景区质量等级评定委员会的委托，省级旅游景区质量等级评定委员会进行相应的旅游景区质量等级评定工作的组织和管理。

相关案例：中国最"慷慨"的 5A 级景区，免费开放 18 年

2A 级、1A 级旅游景区由县区旅游景区质量等级评定小组推荐，市级旅游景区质量等级评定委员会组织评定；3A 级旅游景区由市旅游景区质量等级评定委员会推荐，省级旅游景区质量等级评定委员会组织评定；4A 级旅游景区由省级旅游景区质量等级评定委员会推荐，国家级旅游景区质量等级评定委员会组织评定；5A 级旅游景区从 4A 级旅游景区中产生。被公告为 4A 级旅游景区一年以上的方可申报 5A 级旅游景区。5A 级旅游景区由省级旅游景区质量等级评定委员会推荐，国家级旅游景区质量等级评定委员会组织评定。

## 项目训练

以小组为单位，到某一旅游景区进行实地调研，并深入分析该景区的资源、设施和经营管理现状等。

# 任务三　酒　　店

## 一、酒店的概念

酒店的发展历史悠久，源远流长，有关酒店的理论知识已形成一定的体系，但在酒店的具体概念上却众说纷纭，始终未形成一个统一的概念。随着社会经济的发展，现代化的酒店已经成为"城中之城""世界中的世界"，宾客的"家外之家"。

微课：酒店的概念及组织部门构成

在英文中，表示酒店意思的词也有很多，其中最主要的有两个：一是 Hotel，二是 Inn。Hotel 指那些开设在现代城市中，设施豪华、设备齐全、服务优质，并能向客人提供一系列综合服务的住宿设施，使用最为广泛，欧美的酒店业一直沿用这一名词。Inn 原来多指传统的小客店、小旅店，特别是那些家庭住宿设施，例如美国大酒店业主威尔逊先生最初为其创建的住宿设施起名叫 Holiday Inn。但现代已经赋予其新的含义，它已从较简单的服务功能设施发展成为多样化的综合性的现代化服务系统，譬如，Days Inn、Holiday Inn。特别是 Holiday Inn 已发展成为世界上非常有名的酒店集团，所以将 Inn 译为中文时，也常译为酒店或宾馆。随着社会的发展，酒店的内涵与外延都发生了巨大的变化。

国外一些权威词典对"酒店"一词的解释如下：酒店是在商业性的基础上，向公众提供住宿也往往提供膳食的建筑物（《大不列颠百科全书》）；酒店是装备完好的公共住宿设施，它一般都提供膳食、酒类以及其他服务（《美利坚百科全书》）；酒店是提供住宿、膳食等收费的住所（《牛津插图英语辞典》）。

国内有关学者对酒店的概念界定也有很多，例如，酒店是指功能要素和企业要素达到规定标准的，能够接待旅居宾客及其他宾客，并为他们提供住宿、饮食、购物、娱乐以及其他服务的综合性服务型企业；酒店是以大厦或其他建筑物为凭借，通过出售服务——客房、饮食和综合性服务项目，使旅行者的旅居成为可能的一种投宿设施和综合性的经济组织；酒店实际上是以一定的建筑物及其相应设施为凭借，通过为顾客提供住宿、饮食和其他各种综合性服务而获取经济效益的企业组织；酒店是以接待型住宿设施为依托，为公众提供食宿及其他服务的商业性服务企业。

结合国际性权威解释和中国具体国情，我们把现代酒店的概念界定为：酒店是经政府批准的，利用服务设施完善的建筑，除向宾客提供住宿和餐饮服务外，还提供购物、健身、娱乐、邮电、通信、交通等多方面服务的经营性企业。

另外，在中文中对住宿设施的翻译和称谓不统一，包括饭店、酒店、宾馆、旅馆等。特别是在不同地区，其称谓和使用习惯不同。在中国南方的一些省和东南亚地区，一般习惯称为"酒店"。而随着国外知名品牌的引入，国内也开始把那些新建的餐饮住宿设施称为"酒店"。中国北方地区则大多称为"饭店"；而在中华人民共和国成立以来到改革开放以前，也有部分饭店是政府作招待用，是一种非营利的机构，称为"宾馆"。1988 年，我国制定并开始执行《中华人民共和国评定旅游涉外饭店星级的规定和标准》，由于该标准使用的是"饭店"这一名词，所以目前饭店这一名称也极为常用。

在中文里，其他表示"住宿设施"的名词很多，如旅社、旅馆、旅店、招待所、客栈、别墅、宾馆、酒店、饭店等。由此可以看出，目前酒店业及住宿设施的名称五花八门。

## 二、酒店组织部门的构成

酒店企业的组织部门通常分为两大类：业务部门和职能部门。不同的酒店根据自身经营的需要对组织部门的设计会略有不同，但一般来说，酒店的业务部门主要包括前厅部、客房部、餐饮部、康乐部、商品部等；职能部门则主要包括人力资源部、财务部、营销部、采购部、工程部和安全部等。图5-1是某酒店的组织结构图。

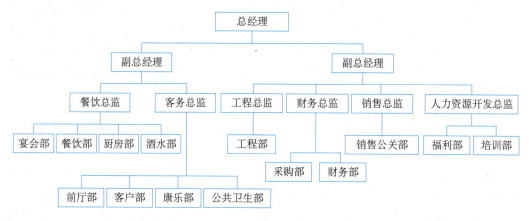

图5-1　某酒店组织结构图

### （一）前厅部

前厅部是整个酒店业务活动的中心，是酒店的首席业务部门，在酒店中占有举足轻重的地位。前厅部一般位于酒店最前部的大厅，是顾客跨入酒店第一眼所看到的地方。前厅部是酒店业务运转的中心，主要任务是客房预订、前厅接待、信息咨询、委托代办、客人行李运送、转接电话和商务中心服务，使客人顺利抵、离酒店，并在住店过程中享受高效优质服务。在酒店业务活动过程中，前厅部是酒店和宾客之间的桥梁，也是酒店运作的中枢，还是为酒店的经营决策提供依据的参谋部门。前厅部及其员工服务对树立酒店形象和声誉产生重要影响。前厅部要加强与有关部门的联系与合作，并为酒店经营和各部门传递信息提供服务。其工作贯穿于酒店业务的全过程，从旅客预订和入住酒店到最后离开酒店的整个过程都离不开前厅部的工作。因此，酒店前厅部的工作具有全局性，被称为酒店的神经中枢。

### （二）客房部

客房部是酒店的主要业务部门，主要为客人提供安静、舒适、干净、整洁和安全的住房服务。除此以外，客房部还负责酒店客房、楼层以及公共区域内的基础设施的保养和报修。根据酒店客房的产品和服务，酒店客房部机构设置包括客房服务中心、公共区域卫生和洗衣房以及布草房等主要部门。大多数酒店将其前厅部和客房部合二为一，称为房务部或客务部。

### （三）餐饮部

酒店餐饮部是为顾客提供饮食服务的部门，它不仅为住店旅客提供饮食服务，同时也为酒店外的消费者提供餐饮服务。餐饮部是酒店营业收入的另一大主要来源。餐饮服务也是酒店的主要产品之一，是酒店市场竞争力体现的另一大主题。不同规模的酒店对酒店餐饮部机构的设置也略有不同，一般来说，酒店的餐饮部门包括厨房、餐厅和酒吧等消费场所以及原材料采购部三大主体机构。

### （四）康乐部

康乐部是客人休闲娱乐的场所，它通过向客人提供正常的康乐活动而获得相应的营业收入。康乐部的机构设置因酒店规模的大小和档次的高低而不同，高星级的酒店为客人提供的休闲娱乐设施也相应高档而丰富，一般包括游泳池、网球场、保龄球馆、健身房、歌舞表演等。为向酒店旅客提供更多更丰富多彩的娱乐活动，康乐部会调配专人进行娱乐活动策划，开展一些别开生面的娱乐活动，以满足客人的娱乐需求。随着酒店行业的不断发展，康乐部在酒店组织中的重要作用也越来越明显，康乐部的收入也逐渐成为酒店营业收入的重要组成部分。

### （五）商品部

商品部已逐渐成为酒店组织结构中不可缺少的一部分，当前几乎所有的酒店都设置有商品部。商品部主要向客人提供各种日常生活所需的商品，但一般会以旅游商品为主。由于商品部的设施和装修都很豪华，环境优雅，服务周到，因此，所出售商品的附加价值也较大，导致商品的价格往往高于市场上零售商场同样商品的价格。随着酒店的不断发展，商品部的产品以及经营的业务将会不断地发展扩大，其营业收入也将会在酒店总收入中占据越来越大的比重。

### （六）人力资源部

人力资源部又称人事部，是一个非常重要的部门。人力资源管理是酒店经营管理的重要组成部分，它涵盖了酒店人力资源调配管理、人力资源开发利用、员工培训管理、行政人事管理、劳动工资奖金管理和医疗福利管理等方面。在酒店经营管理中，人力资源管理的主要任务是：坚持以人为本，对人力资源进行科学有效的调配、开发和利用；协调酒店内部的人事关系；计划并实施酒店的培训工作；加强预算管理和成本核算，降低人工成本；为酒店员工创造良好的工作环境。人力资源管理的基本任务是为酒店经营管理和业务发展提供人力资源保证，确保酒店经营管理的正常运行和持续发展。人力资源部一般由总经理直接领导和指挥，酒店组织工作效率的高低与人力资源部的工作有着直接的关系，因为组织的运作离不开人的操作和管理，只有将合适的人才安排在合适的岗位上，才能保证酒店组织工作的高绩效，不断实现组织的目标。

### （七）营销部

营销部的主要职责是推广酒店的主要产品和服务，保证酒店在任何季节都能有充足的客源，维护酒店的声誉，扩大酒店的市场知名度，打造酒店的品牌。营销部的规模大小也与酒店的规模大小相关，大型酒店的营销部由经理、主管、市场营销的专兼职人员组成。

为保证酒店客源，酒店营销部还会不定期地组织专门人员进行市场调研，了解市场行情和游客的需求，从而指导酒店组织提供尽可能满足顾客需求的产品。营销部通过确定营销战略，制订长、中、短期公关与销售计划，开展各种行之有效的促销活动，力争获得较高的市场占有率，完成总经理下达的年、季、月度经济指标。营销部在酒店管理中起着龙头作用，其工作业绩的好坏关系着酒店的经济效益和社会效益。

### （八）财务部

财务部的主要职责是协助酒店经营者做好酒店的财务管理和会计核算工作，同时控制酒店的经营管理费用，在保证酒店服务质量的情况下，使酒店获得最佳的经济效益。财务部一般也是由酒店总经理直接指挥和监管。财务部人员的数量通常由酒店规模的大小来决定，酒店规模越大，对财务人员的需求会越大，专业性也会更强。财务部门内部通常设置经理、经理助理、主管会计、会计员和出纳员等职位。

### （九）采购部

采购部也是酒店经营运作不可缺少的重要部门，它的工作主要是努力满足酒店各业务部门的物资需求，保障酒店正常运行中的物资供应不间断。除此以外，酒店采购部门的另一重要职能就是尽可能地降低酒店物资采购的成本，节约酒店资本消耗，在保证酒店服务和产品质量的同时，尽可能多地增加酒店的经济效益。

### （十）工程部

工程部是保证酒店设备设施正常运行的职能部门。工程部的主要任务是负责组织酒店的各项基建工作；负责酒店所属各建筑物、构筑物、道路及各类管线的维修和养护；负责酒店机电设备的日常管理工作；对酒店的设施设备进行综合管理，做到设备设施装配合理、择优选购、正确使用，或指导其他部门正确使用，精心维护、科学检修并适时更新，保持设备完好，不断挖掘酒店的技术装备潜力，充分发挥设备效能。工程部对保证酒店服务质量，为顾客提供舒适环境，提高酒店的经济效益，保持酒店硬件档次和维护企业形象起着重要的作用。节能降耗也是工程部的重要工作之一，工程部必须在保证酒店舒适度的前提下，努力做好节能降耗工作，为提高酒店经济效益打下基础。

### （十一）安全部

安全部也称保安部，是负责酒店日常安全保卫和消防工作的职能部门，其主要任务是：对全体员工进行安全法制教育，提高安全意识；健全安全防范管理体制，强化酒店内部治安管理，维护治安秩序；预防犯罪和其他一切可能发生的事故；协助公安机关查处治安案件、破坏事故，侦破一般刑事案件；配合消防机关进行防火检查，做到"预防为主，防消结合"。安全部起着维护酒店、宾客、员工的生命和财产安全，为酒店经营活动创造良好治安秩序和安全环境的重要作用。酒店安全工作具有多样性、时间性、服务性和政策性的特点，必须执行"谁主管，谁负责"的原则，实行层级管理，分片管理，"事事有人管，处处有人管"，做到"群防群治"。它也是酒店正常经营管理活动中不可或缺的部门之一。

以上部门是依据一般酒店正常运作的需要来设立的，在实际组织结构设计中各酒店应充分考虑自身的情况进行调整，名称可有所不同，部门多少也可灵活处理。

# 三、酒店的分类

## （一）根据酒店市场及客人特点分类

### 1. 商务型酒店

商务型酒店也称暂住型酒店，一般位于城市的中心或商业区，以接待从事商业贸易活动的客人为主，也接待旅游客人及由于各种原因作短暂逗留的其他客人。商务型酒店适应性广，在酒店业中占有较大的比例，并根据细分市场的需求，分为各种等级。由于商务客人一般文化层次和消费水平较高，因此商务酒店的设施设备也就比较豪华。商务型酒店的特征之一是具备商务功能，即提供多功能的服务（如办公、上网等）。

微课：酒店的分类及分级

### 2. 长住型酒店

长住型酒店主要接待住宿时间较长，在当地短期工作或度假的客人或家庭，而酒店一般采取与宾客之间签订租约的形式。长住型酒店的建筑布局多采用家庭型，以套房为主，提供厨房设施，宾客自理饮食，服务亲切、周到、针对性强，而酒店的组织、设施、管理等相对较为简单。

长住型酒店也称为公寓型酒店。此类酒店一般采用公寓式建筑的造型，适合住宿期较长、在当地短期工作或休假的客人或家庭居住。长住型酒店的设施及管理较其他类型的酒店简单，酒店一般只提供住宿服务，并根据客人的需要提供餐饮及其他辅助性服务。从发展趋势看，长住型酒店一是向豪华型发展，服务设施和服务项目日趋完备，如我国不少大城市中出现的高档酒店式公寓；二是分单元向客人出售产权，成为提供酒店服务的共管式公寓，不少酒店还实行定时分享制，与其他地方的相同类型设施的所有者交换使用。

### 3. 度假型酒店

度假型酒店（resort hotels）一般以接待游乐、度假的宾客为主，地理位置多在海滨、山区、温泉、海岛、森林等旅游风景区。度假型酒店对区域内环境设计要求高，娱乐设施配套要求较为齐全，并设有各种娱乐、体育项目，如滑雪、骑马、狩猎、垂钓、划船、潜水、冲浪、高尔夫球、网球等，以吸引游客。此外，要求突出个性化特点，包括在自然环境、装潢设计、建筑风格、酒店服务功能及人员服务技能等方面。度假型酒店一般具有较强的季节性特征。

度假型酒店因易受淡旺季节的影响而采取较为灵活的经营方式，如实行淡季、旺季价，拉大价格差距。不少度假型酒店增设了会议设施来吸引各种会议客人。近年来，不少旅游胜地也出现了分时度假型酒店。

### 4. 会议型酒店

会议型酒店主要接待各种会议团体，通常设在大都市和政治、文化中心，或交通方便的游览胜地。酒店设置多种规格的会议厅或大的多功能厅，具备各种规格的会议设备并提供高效率的接待服务。

### 5. 汽车酒店

汽车酒店的英文是 motel，是 motor 和 hotel 的缩称，一般建于公路干线上，设施、设备较为简单，规模较小，以接待驾车旅行者为主，是欧美国家常见的一种酒店类型。汽车酒店最早起源于美国。1952年凯蒙·威尔逊在孟菲斯建起了第一家有120个单元房间的现代汽车酒店——假日酒店，规范了汽车酒店业。

经过几十年的发展，汽车酒店已经迅速成为世界上最大的酒店系统，大致可以分成过路型汽车酒店、终点站型汽车酒店、度假型汽车酒店和野营地汽车酒店四种。随着私人汽车拥有量的增加，公路交通网的不断完善，我国的汽车酒店时代即将到来。

相关案例：上海浦东香格里拉大酒店

相关案例：西安万豪行政公寓

相关案例：亚龙湾红树林度假酒店

### （二）根据酒店计价方式分类

根据酒店计价方式的不同，可将酒店大致分为以下五类。

（1）欧式计价酒店。欧式计价酒店的客房价格仅包括房租，不含食品、饮料等其他费用。目前世界各地绝大多数的饭店均属此类。我国也采用此类计价方式。

（2）美式计价酒店。美式计价酒店的客房价格包括房租及一日三餐的费用。大多度假型酒店采用这种计价方式。

（3）修正美式计价酒店。修正美式计价酒店的客房价包括房租、早餐及一顿正餐的费用，以便宾客有较大的自由安排白天活动。

（4）欧陆式计价酒店。欧陆式计价酒店的房价包括房租及一份简单的欧陆式早餐，即咖啡、面包、果汁。此类酒店一般不设餐厅。

（5）百慕大计价酒店。百慕大计价酒店的房价包括房租及美式早餐的费用。

### （三）根据酒店规模划分

根据酒店的规模划分，酒店可分为以下三类。

（1）大型酒店：客房600间以上的酒店。

（2）中型酒店：客房300～600间的酒店。

（3）小型酒店：客房300间以下的酒店。

## 四、酒店的等级评定

酒店等级是指一家酒店的豪华程度、设施设备等级、服务范围和服务水平等方面所反映出的级别与水准。不少国家和地区，通常根据酒店的位置、环境、设施和服务等情况，按照一定的标准和要求对酒店进行分级，并用某种标志表示出来，在酒店显著的地方公之于众。

### （一）酒店分级的目的

#### 1. 保护顾客的利益

酒店的等级标志本身是对酒店设施与服务质量的一种鉴定与保证。对酒店进行分级，可使顾客在预订或使用之前，对酒店有一定的了解，并根据自己的要求和消费能力进行选择。对酒店进行定级可以有效地指导顾客选择酒店，为其提供物有所值的服务，保障他们的利益。

### 2. 便于行业的管理和监督

酒店企业的服务水平和管理水平，对消费者及所在国家和地区的形象与利益，均有重要的影响。许多国家的政府机构或其他行业组织，都将颁布和实施酒店等级制度作为行业管理与行业规范的一种手段。利用酒店的定级，对酒店的经营和管理进行监督，使酒店将公众利益和自身利益结合在一起。

### 3. 有利于促进酒店业的发展

从经营的角度来看，酒店的等级也是一种促销手段，有利于明确酒店的市场定位，并针对目标市场更好地展示酒店的产品和形象。同时，有利于同行之间平等、公平竞争，可促进不同等级的酒店不断升级设施和服务质量，提高管理水平，维护酒店的信誉。对接待国际旅游者的酒店来说，也便于进行国际的比较，促进酒店业的不断发展。

## （二）酒店的分级方法

分级制度目前在世界上已较为广泛，尤其在欧洲更是普遍采用。但是不同的国家和地区采用的分级制度各不相同，用以表示级别的标志与名称也不一样。据不完全统计，世界上有80多种酒店分级制度。目前国际上采用的酒店等级制度与表示方法大致有以下三种。

### 1. 星级制

星级制是把酒店根据一定的标准分成的等级分别用星号（★）来表示，以区别其等级的制度。比较流行的是五星级别，星越多，等级越高。这种星级制在世界上，尤其是欧洲，采用得最为广泛。我国酒店的等级划分也采用这种分级方法。

### 2. 字母表示方法

许多国家将酒店的等级用英文字母表示，即A、B、C、D、E五级，A为最高级，E为最低级，有的虽是五级却用A、B、C、D四个字母表示，最高级用A1或特别豪华级来表示。

### 3. 数字表示法

用数字表示酒店的等级一般是最高级用豪华表示，继豪华之后由高到低依次为1、2、3、4，数字越大，档次越低。

还有一些等级分类方法，如价格表示法或以类代等，即用酒店的类别代替等级，并用文字表示出来。但这种等级划分比较模糊，比较起来也不是很科学和方便。

## （三）酒店等级的评定

酒店等级的评定是一件十分严肃和重要的事情，一般由国家政府或权威的机构做出评定，但不同的国家评定酒店的机构不完全一样。国外比较多见的是国家政府部门和酒店企业或旅游业的协会共同评定。也有一些地方由几个国家的酒店协会联合制定统一的标准，共同评定。我国酒店等级的评定主要由国家主管旅游业的职能部门——国家旅游局和国内贸易部的中国酒店协会根据各自所管理和监督的范围进行评定。

相关案例：七星级饭店——阿拉伯塔酒店

无论用哪种方法评定等级，无论由谁来评定，必须按照等级划分的有关要求和标准来进行，还要有一套完备的申请、调查、复查与抽查的鉴定程序。定级单位也有权根据规定对已定级的酒店进行降级或除名处理。酒店有权自动要求进行升级的评定或取消已定的级别。

### （四）我国旅游酒店的星级评定

1989 年，中国国家旅游局在世界旅游组织专家、西班牙旅游企业司司长费雷罗先生的协助下制定了《中华人民共和国评定旅游涉外饭店星级的规定和标准》，于 1989 年 9 月 1 日开始执行。当时，同时使用的还有原商业部颁布的酒店定级标准，后经国家技术监督局批复，1993 年 9 月 1 日正式公布《旅游涉外饭店星级的划分及评定》为国家标准，自 1993 年 10 月 1 日起执行。1997 年 10 月，国家技术监督局批准国家旅游局重新修订的《旅游涉外饭店星级的划分与评定》为推荐性国家标准，代替 1993 年起执行的标准，于 1998 年 5 月 1 日起实施。

2003 年 6 月，经国家质量监督检验检疫总局（简称"国家质检总局"）批准，国家旅游局将重新修订的《旅游饭店星级划分与评定》（以下简称《第三标》）作为推荐性国家标准，代替 1998 年起执行的标准，于 2003 年 10 月 1 日起实施。《第三标》规定，用星的数量和颜色表示酒店的等级。星级分为五个等级，即一星级、二星级、三星级、四星级、五星级（含白金五星级）。最低为一星级，最高为白金五星级。星级越高，表示旅游酒店的档次和等级越高。作为星级的补充，开业不足一年的酒店可以申请预备星级，其等级与星级相同。2007 年 8 月，北京中国大饭店、上海波特曼丽嘉酒店和广州花园酒店被正式授予"白金五星级酒店"称号。

#### 1. 划分和依据

国家质检总局、国家标准化管理委员会于 2010 年 10 月 18 日批准发布国家标准《旅游饭店星级的划分与评定》（GB/T 14308—2010）（以下简称"新版国家标准"），新版国家标准将于 2011 年 1 月 1 日实施。为配合该标准的实施，进一步规范饭店星级评定及复核工作，国家旅游局制定了新版国家标准实施办法（以下简称"实施办法"）。新版标准重点强调了星级饭店的必备项目、核心产品、绿色环保、应急管理、软件可衡量和特色经营六个方面的要求，对于引导和规范我国酒店业的发展将产生重要作用。

星级评定的目的是使我国的酒店既有中国特色，又符合国际标准，保护旅游经营者和消费者的利益。其依据是酒店的建筑装饰、设施设备及管理、服务水平，具体评定方法按《第三标》颁布的设施设备评分标准、设施设备的维修保养评定标准、清洁卫生质量及服务质量等项标准执行。星级划分条件和检查评分细则相结合，全面考核、综合平衡，其中检查评分细则由国家旅游局制定并组织实施。酒店星级的取得表明该酒店所有建筑物、设施设备及服务项目均处于同一水准。

相关案例：上海最"坑"的五星级酒店大楼

#### 2. 适用范围

我国各种经济性质的旅游酒店在正式开业一年后都可以参加星级评定，正式开业不足一年的可以申请预备星级。政府鼓励酒店参加星级评定，但尊重酒店意愿，采用自愿报名的形式。

## 项目训练

以小组为单位，到某一酒店进行实地调研，并深入分析该酒店的规模、产品特色和经营管理现状等。

# 任务四 旅游交通

## 一、旅游交通的概念及特性

旅游交通是指旅游者为了实现旅游活动，借助某种交通工具，实现从一个地点到另一个地点之间的空间转移过程。它既包括旅游者的常住地和旅游目的地之间的往返过程，也包括旅游目的地之间、同一旅游目的地内各旅游景点之间的移动过程。

旅游与交通的关系密不可分，交通为旅游的发展提供了必要的条件，旅游对交通的发展也起到了相当大的促进作用。现代旅游的快速发展在很大程度上是依赖现代交通的结果。旅游交通在整个国民经济交通运输业中，既有特殊性，又有相对的独立性。

微课：旅游交通

### （一）层次性

旅游交通层次分明，从其输送游客的空间尺度及人们的旅游过程来看，可以分为三个层次。第一个层次：外部交通，指从旅游客源地到目的地所依托的中心城市之间的交通方式和等级，其空间尺度跨国或跨省，交通方式主要有航空、铁路和高速公路。比如外国人或外省人要来大理旅游所选择的航空、铁路或高速公路方式。第二个层次：涉及中小尺度的空间，指从旅游中心城市到旅游景点（区）之间的交通方式和等级，交通方式主要有铁路、公路和水路交通。例如，旅游者要从大理到南诏风情岛旅游，选择了水路，借助游轮这个旅游交通工具，实现了游览的目的。第三个层次：景区（点）的内部交通，主要有徒步或特种旅游交通，如索道、游船、畜力（骑马、骑骆驼）、滑竿等。旅游者游览苍山既可以选择徒步，也可以选择乘坐索道。而游览宾川鸡足山时，在某些路段旅游者可以选择骑马等。

### （二）游览性

游览性，就是旅游交通的线路设计和交通的设施上都必须具有游览性，这也是旅游交通区别于普通交通最明显的特征。它从三个方面表现出来：第一，在旅游交通线路的设计上，尽量做到使游客"旅短游长""旅速游慢"，使一次旅游能达尽量多的旅游景点；第二，在旅游交通设施上，提供安全、舒适的设施设备，以便游客在乘坐旅游交通工具时观赏沿途风光，从而增加游客的满意度，增加旅游产品的附加值；第三，旅游交通工具的特色与新颖会对旅游者构成极大的吸引力。

### （三）舒适性

旅游交通较一般的交通更注重提高人们乘坐的舒适性，特别体现在一些国际的旅游专列和巨型远洋邮船的豪华设施设备上。

### （四）季节性

旅游活动受季节、天气及人们闲暇时间的影响，表现出很强的季节性，比如淡旺季。旅游交通也反映了季节性，比如节假日旅游交通的客源量会出现较大的波动。因此，采取季节差价是保持旅游交通客运量相对稳定的措施之一。

### （五）替代性

由于旅游者经济水平、审美偏好、出行时间有所不同等各种原因，旅游交通出现替代性。包括：各种交通工具之间存在替代性（飞机、火车、汽车、轮船）；同一交通工具不同档次之间存在替代性（飞机的头等舱、经济舱，火车的软卧、硬卧、硬座，轮船的一等舱、二等舱、三等舱等）。

## 二、旅游交通在旅游发展中的作用及地位

### （一）旅游交通是旅游区兴起和发展的前提条件

旅游构成有六大要素，即吃、住、行、玩、购、娱，而旅游中的"行"这一要素是进行旅游活动的重要因素。这里涉及两点：一是旅游者能不能进入以及道路的质量，二是交通工具的水平和档次。这两点是限制旅游市场开发的主要原因。这就涉及道路建设和运输工具的不断完善与提高。切实抓好交通基础设施建设，对于实现旅游生产、分配、交换、消费的有机结合，对于繁荣旅游经济和市场，活跃社会经济生活，做好旅游区的建设，从而推动旅游经济的快速腾飞都起着至关重要的作用。

### （二）旅游交通是区域旅游线路发展的命脉

旅游地的发展状况与旅游交通有着密切的联系，旅游交通的发展在一定程度上会制约旅游地的发展，它们的关系是相互依存的。即使旅游地的旅游资源再丰富，如果其地理位置偏远，交通闭塞，也很难对旅游者形成吸引力，因而更谈不上旅游经济收入了。

### （三）旅游交通是旅游线路质量的重要评价指标

旅游线路质量的好坏在很大程度上取决于旅游交通质量的好坏。近年来，大理的旅游定位逐渐从观光型向休闲型、享乐型的趋势发展，因而，旅游线路的设计更注重旅游交通的质量。例如，双廊风光以背负青山、面迎洱海、紧连鸡足、远眺苍山而独秀，既有渔田之利，舟楫之便，又有"风、花、雪、月"之妙景，享有"苍洱风光在双廊"的美誉。登上南诏风情岛，更可目睹17米高的汉白玉观音拜弥勒佛山的奇观。由于前往双廊的交通方便且方式自由，又是个新兴的旅游线路，因此格外受旅游者的青睐。

### （四）旅游交通能成为旅游线路的游览项目

新型的现代化交通工具是最能突出表现地方特色与民族风格的，可以使旅游交通成为旅游线路上的游览项目，甚至在一定程度上成为旅游者的旅游目的之所在。例如，游览丽江—拉市海茶马古道，可以选择游览穿越原始森林—水源头—七仙湖骑马线路。这条线路

依托底蕴深厚的马帮茶马古道文化且拥有优美的自然风光，逐渐成为旅游者倾向的旅游线路。

## 三、主要旅游交通方式

### （一）航空运输

航空运输最主要的交通工具是飞机，飞机是 1903 年由美国的莱特兄弟发明的，短短几十年时间航空运输就得到了迅猛的发展，第二次世界大战后，飞机逐渐成为世界上远程旅游中最为重要的交通工具。在一些国家飞机已经成为人们出行最主要的交通工具，由于航空运输的发展，世界逐渐缩小。

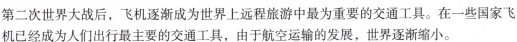
相关案例：武陵源"交通旅游"深度融合助力经济发展

航空旅游交通具有快捷、省时、舒适、安全、适合中远程旅游等优点；同时也存在成本高、能耗大、污染环境、票价高、受天气状况影响大、只能完成从点到点的旅行和不适合短途旅游等缺点。

### （二）铁路运输

铁路运输的交通工具主要是火车。火车在第二次世界大战结束以前一直是旅客运输的主要形式，但是战后世界上乘坐火车旅游的人越来越少，这是由于高速公路的修建和航空运输的发展，铁路运输受到了极大的冲击。但在我们国家火车仍然是出行的主要方式，我国目前在大力发展高速铁路，其技术水平已经世界领先。

铁路旅游交通具有运载量大、长途运输成本低、远距离持续行驶能力较强、受季节和气候的影响小、环境污染小、费用低、较安全、舒适性强等优点，但同时也存在速度慢、长时间旅行容易使人疲劳、路轨铺设受地形条件影响大、造价高、修建工期长等缺点。

### （三）公路运输

公路交通是现代旅游中最重要和最普遍的短距离旅行方式。其主要优点包括：灵活性较大，能深入旅游点内部，实现"门到门"运送；对自然条件的适应性强；能随时随地停留，可任意选择旅游点，把旅游活动从点扩大到面；公路建设投资少，占地少，施工期短，见效快等。公路旅游交通的缺点包括：载运量小；可变成本高，运费较高；活动范围不能太大，不适合长线旅游；速度较慢；车内空间有限，不能活动，游客容易疲劳等。

目前全世界都在大力倡导修建高速公路，极大地提高了公路旅游交通的速度。另外，为了方便旅游者出游，出现了游憩汽车（recreational vehicles），相当于可移动的家庭旅馆，将旅游中的"行"和"住"结合起来，受到广泛的欢迎。其优点是：经营成本较低，费用便宜，富有独立性、灵活性，短程旅游速度快、方便，旅游汽车环境舒适、空调及音响等设备齐全，利用汽车组织包价旅游可避免行李和转车问题等。

### （四）水上运输

水路旅游交通包括内河航运、沿海航运和远洋航运。水路交通具有运量大、能耗少、线路投资小、运输成本低等优点，但也存在速度较慢、准时性差、灵活性差、受河道和海路吃水深度等

知识链接：说说这个邮轮旅游业

多种自然因素影响大的缺点。

现代水路旅游交通朝两个方向发展：一是提高速度，如气垫船；二是充分利用轮船体积大的特点，将船上的设施向完备、豪华的方向发展，成为专为旅游服务的游轮，如德国1969年建造的"汉堡号"游轮。

### （五）市内交通工具

#### 1. 地铁或轻轨

地铁或轻轨是大城市内的主要交通工具，具有运量大、速度快、不受地面气候影响、不受其他车辆和行人的干扰、准时、安全、舒适等优点。

#### 2. 公共汽车

公共汽车具有价格低廉、运行路线和班次多、运量相对较大等优点。

#### 3. 出租汽车

出租汽车具有随叫随停、灵活方便等优点。

### （六）辅助性交通工具

辅助性交通工具专门用于旅游区内或特殊旅游活动中的交通。它不仅可以帮助旅游者实现空间位移，而且可以让使用者获得娱乐和享受。因此，在现代旅游中，特种旅游交通越来越被人们重视。具体包括以下几类。

（1）机械动力交通工具类，如缆车、机动船、摩托车、机动三轮车等。

（2）自然力交通工具类，如帆船、冰帆等。

（3）畜力交通工具类，如各类坐骑、畜力车、爬犁等。

（4）人力交通工具类，如自行车、人力三轮车、木筏、竹排、皮划艇、乌篷船、雪橇、轿子、滑竿、羊皮筏子等。

## 项目训练

以小组为单位，对某一地方的旅游交通情况进行实地调研。

# 任务五　其他旅游业态

## 一、旅游娱乐

微课：休闲旅游

### （一）旅游娱乐的概念及特点

旅游娱乐是指旅游者在旅游过程中，寻找精神愉悦、身体放松、内心满足和个性发展的旅游活动，以及旅游目的地融合这些需求的服务供给产业。

#### 1. 多样性

多样性是指提供给旅游者的娱乐项目种类繁多，等级悬殊，适合于不同口味的顾客选择。我国民族种数之多、分布地域之广举世无双，每一个民族都有自己独具特色的娱乐产品，不同民族有不同的戏曲、歌舞，这些都是异地游客欢迎的节目。

### 2. 分散性

旅游者经常驻足的地方，都会相应地设置娱乐设施，这就导致了地域上的分散性。如中国独有的曲艺具有明显的地方性，东北的二人转、凤阳的花鼓、北京的相声、苏州的评弹、上海的独角戏等地方娱乐产品比比皆是，而且很受欢迎。

### 3. 可塑性

可塑性包括两个方面。一是投资的可塑性大，资金不足可因陋就简，以"土"取胜，有条件的可以锦上添花。二是活动的内容可塑性强，转向快，尤其是文娱节目可以随时更换。

### 4. 投资少，见效快

很多地方通过上新吸引观众眼球的旅游娱乐项目，从而吸引旅游者，达到一定的社会经济效益。

### 5. 可转移性

许多娱乐活动可以进行地点上的转移，如一些文娱节目的演出；灯会的举行等。

## （二）旅游娱乐业的作用

### 1. 满足旅游者的更高层次的娱乐需求，丰富旅游活动

传统的旅游只是静态的景物的观赏，属于旅游需求层次的基本需求。随着社会的发展，人们的旅游需求日益多样化，除了基本需求外还有提高层次的需求，特别是娱乐的需求。旅游观赏是旅游活动产生的重要原因，观赏、欣赏作为旅游活动的组成部分，只能是旅游活动的基本内容。旅游娱乐项目的开发，极大地调动了旅游者的兴趣，满足了旅游者更多的旅游需求，使得整个旅游活动更加丰富，形式更加多样。随着旅游业的发展，旅游产品正由静态的景物观赏向动态参与的方向发展。

### 2. 改善旅游产品结构，提高旅游产品的竞争力

旅游娱乐项目作为旅游活动的一部分，是对旅游欣赏层次的补充和提高。它对旅游产品结构的改善，大大增强了旅游资源的吸引力，提高了旅游产品和整个旅游地的竞争力。

### 3. 提高旅游业的经济效益，有助于减轻季节性给旅游业造成的冲击

旅游娱乐项目主要是为了满足旅游者除了观赏之外的其他旅游需求，具有很高的娱乐性。它对于当地的居民也有一定的吸引力，尤其是在旅游淡季时，吸引当地居民参与其中可以创造旅游效益，平衡收支。

相关案例：在西安大唐不夜城执手相约不倒翁

### 4. 促进旅游地旅游形象的改善

旅游娱乐项目的引进在一段时间内具有一定的资源垄断性，其宣传和影响可以加强外界对旅游地的了解，从而改善和提高旅游地的旅游形象。

### 5. 丰富当地的文化娱乐生活

当地居民参与到旅游娱乐活动中来，既可以使旅游娱乐成为当地居民生活的一部分，也可以提高旅游地居民的素质和生活水平，丰富当地居民的文化和娱乐生活。旅游娱乐活动也是社区文化的组成部分。

### （三）旅游娱乐的类型

#### 1. 按旅游娱乐的空间位置划分

按设施的空间位置不同，可将旅游娱乐分为室内娱乐产品和室外娱乐产品。

（1）室内娱乐产品包括各种形式的俱乐部、舞场、保龄球室、室内游泳池、文娱室和健身房等。

（2）室外娱乐产品包括游乐园、靶场、高尔夫球场、海水浴场和滑雪场等。极限运动如蹦极、攀岩、卡丁车、滑翔伞、野外生存、定向运动、潜水等也属此类。

#### 2. 按娱乐设施的活动项目划分

按娱乐设施的活动项目不同，可分为单项旅游娱乐产品和综合旅游娱乐产品。

（1）单项旅游娱乐产品以专项娱乐设施仅满足旅游者一方面的需求，如现代主题公园中常见的娱乐活动项目，如激流勇进、天旋地转、太空梭、过山车、四维电影等。

（2）综合旅游娱乐产品以综合娱乐设施为旅游者提供服务，是多种旅游娱乐项目的汇总，如游乐园等。目前，很多主题公园都推出一些综合性的娱乐产品，如苏州乐园、深圳的欢乐谷主题公园等。

知识链接：旅游演艺——景区开发视角下的三大模式

#### 3. 按娱乐活动的功能划分

按娱乐活动的功能不同，可分为康体类娱乐产品、消闲类娱乐产品和娱乐类娱乐产品。

## 二、休闲旅游

### （一）休闲旅游的概念及特征

休闲旅游是指以休闲旅游资源为依托，以旅游设施为条件，以休闲为主要目的，以特定的文化景观和服务项目为内容，离开定居地而到异地逗留一定时期的游憩、娱乐和休息活动。休闲旅游与其他旅游，尤其是观光旅游的不同之处在于一个"闲"字，它是在旅游者有了较多的闲暇时间和可自由支配的经济收入，旅游地有了相当先进的服务设施条件下逐渐形成的，是旅游得以高度发展的产物。在这里，传统旅游概念中"惯常环境"的范围几乎缩小到居家环境，即休闲旅游的主体不仅仅是标准的"游客"，也包括当地（目的地）的，但同样符合旅游者三大必备条件的居民。

改革开放以来，我国的旅游业发展迅速，但休闲旅游才刚刚起步，并呈现出强劲的发展势头。如何构建有中国特色的休闲旅游业，使之健康发展，已成为旅游工作者的重要任务。其中，如何正确认识和充分利用休闲旅游资源，是发展休闲旅游的根本和基础。

#### 1. 注重内心感受

休闲度假旅游者所追求的主要旅游目的是休息放松，回归自然，所以他们更注重选择一些自我感兴趣的活动，以获得旅游过程中的轻松、愉快和舒适，而不会盲目追求时髦，压抑个性。这也就决定了休闲度假旅游和传统的疲于奔命的旅游方式不同，休闲度假旅游者更注重内心感受，到达目的地后，一般停留时间较长，活动半径主要局限于度假地及其附近地区，在旅游过程中，节奏较慢，活动内容自由、闲适。

### 2. 对环境要求较高

休闲度假旅游者最主要的目的是使身心彻底放松,所以对旅游目的地的环境要求较高。和其他旅游形式相比,休闲度假旅游者愿意在环境和服务上花费更多。良好的环境主要包括自然环境和服务环境。一般来讲,气候宜人、空气清新、风景优美的自然环境更受人青睐。有文化特色的度假地也可以吸引游客。完备的娱乐和保健设施、食宿中较好的卫生条件、安全周到的服务,是使游客身心放松的必备条件,也是成熟的休闲度假地的魅力所在。

### 3. 以家庭游为主要形式

家庭成员中的亲情和朋友中的友情所创造出的温馨氛围,成员彼此间的相互了解与信任,最能使休闲度假旅游者释放内心的抑郁,彻底放松心情,所以和传统的旅游方式不同,休闲度假旅游者很少随团出游,大多选择家庭出游或朋友结伴出游,在温馨和谐的环境氛围中,旅游者在旅游过程中充分享受亲情、深化友情、加深感情,以达到充分发挥自主选择、展现个性、实现自我的休闲目的。

### 4. 有较强的时间周期性

休闲度假旅游有一定的假期限制,人们的休闲度假时间往往选在法定的节假日,如我国的周末,国庆节假期、春节假期和寒暑假等,这使得他们的度假带有明显的时间周期性,节假日期间呈现出高峰状态,其余时间则相对冷清。即使在国外,旅游者享有带薪休假,但因其多选择自然风光独特的海滨、高山、滑雪等地进行休闲度假,而这些度假地往往和季节有着密切关系,使得他们的休闲度假活动也呈现出很强的季节周期性。所以,和其他旅游方式相比,休闲度假游的时间周期性特征更为明显。

### 5. 重游率高

休闲度假者所追求的是有特色的享受和放松,并不以扩大知识面、增长见识为主要目的,所以,度假地一旦满足了旅游者的休闲目的,便会对游客产生吸引力,使游客形成一定的消费惯性,对该地的重游率就会提高。休闲度假市场较为成熟的如夏威夷、加勒比海地区以及东南亚度假地都有自己固定的客源,这和休闲度假者的消费惯性有一定关系。

### 6. 国内化、郊区化趋势显著

目前,我国的休闲度假市场刚刚发展,其特征表现为客源的国内化趋势和度假地郊区化趋势。

休闲度假的主要客源是境外的长途度假者和国内的短途度假者。鉴于休闲度假旅游者在目的地选择上的习惯性,国外的长途休闲度假旅游者都已形成了较为稳定的度假地,而我国的度假地在资源特色上又不具备短时间把境外游客吸引过来的优势,所以我国的休闲度假产品还应定位在国内市场。限于收入水平和闲暇时间,目前我国居民的休闲度假游还主要以车程不超过3个小时的近郊为主,度假地大多选择在交通便利的都市郊区地带。

## (二)休闲旅游产品

从目前发达国家休闲旅游的主要场所来看,休闲旅游资源主要包括以下几种类型。

### 1. 自然类休闲产品

自然类休闲产品追求"原汁原味、返璞归真"的生态休闲理念,以森林、清泉、山石、溪涧、瀑布为基点,以高含量的对人体健康极为有益的森林空气负氧离子和植物精气等生态因子为特色,辅以各类简约、朴素且与环境格调相一致的游憩设施,将运动健身、休闲旅游与自然山水巧妙融合，强调人与自然的和谐。其中森林汤浴是最时尚的洗浴方式。生态书吧、酒吧是在自然山水间读书、品酒，追求一种自然山水间的静态休闲。树屋生存以树屋、森林木屋为主要住宿方式，也是一种以生态环境为基础的生态休闲类产品。这类时尚生态休闲方式已逐渐由欧美、非洲等地流行到国内生态环境比较好的山水类景区。

### 2. 文化类休闲产品

文化休闲产品主要是指能满足人们了解历史、自然和科学，增长知识，获得美的艺术享受等精神生活需求的场所和设施。通过它们可达到陶冶情操，提高人们文化消费品位的目的。文化休闲设施主要包括：各种博物馆、展览馆、图书馆、书城、文化艺术宫、美术馆、影剧院以及大型影视拍摄基地等。

另外，主题公园也是人们进行休闲活动的主要场所。主题公园是为了突出某个主题而制造的人造景观，它依靠当地的自然地理环境条件，采用现代科学技术，将自然风光、人文景观、民族风情以及文化艺术等各种可以突出主题的事物融会在一起，以满足旅游者和当地居民休闲、娱乐、观光等需求。

### 3. 餐饮类休闲产品

人们来到这种场所的目的不仅在于吃饭，而是必须与文化理念融合在一起。在人类文明进化史中，饮食文化也是重要的文化现象。休闲文化的兴起，也在一定程度上带动了餐饮产业的快速崛起。从欧洲中世纪的那不勒斯宫廷的酒会、舞会、社交活动，到18世纪以来启蒙运动中的各种沙龙、酒吧、咖啡屋、下午茶等，不仅满足了人们的消遣需要，促进了休闲经济的发展，而且对提升国民教养、激发国民创造灵感都发挥了重要的作用。其中被不少学者所引用的典型例子是英国剑桥大学保持了几个世纪的"下午茶"。这种由校方出资、安排，让教授们在安逸的氛围中一块吃点心、喝茶、聊天的形式，表面看来是"漫不经心"，却常常在宁静中看得高远，在漫谈中"茅塞顿开"，堪称该校的"神来之笔"。与此相对应，更有普遍意义的是法国巴黎左岸——诗歌、哲学、艺术、新思想的发源地，著名的蒙巴纳斯地区的"圆顶"咖啡馆是思想家们、艺术家们云集的地方。许多大师的著作都是在这里获得了灵感和创造的激情。因此，有人说，左岸的故事肯定发生在群贤毕至、少长咸集的咖啡馆里。法国人有一句口头禅："我不是在咖啡馆里，就是在去咖啡馆的路上。"可见，咖啡馆在法国人的思想创造过程中是多么的重要。

另外还有山水酒吧，山水酒吧是把城市内时尚的酒吧消费带入乡村自然山水中的一种休闲方式，也是发展最快的山水休闲生活方式。

### 4. 娱乐类休闲产品

休闲娱乐设施主要是指能够让人们以轻松愉快的方式参与，从而放松精神，调节身心，寻找自我达到精神满足的环境设施。例如，亲水主题的运动乐园是水休闲游乐中最重要的休闲方式，比较受青少年市场的青睐。

### 5. 健身康体类休闲产品

健身康体设施主要是指通过人们的积极参与，从而达到锻炼身体、增强体质、放松精神、陶冶情操等目的的场所和设施。

漂流作为这几年发展最快的休闲产品，是当今市场最受追捧的休闲方式。温泉已经成为休闲产业和休闲活动中的龙头，并带动区域休闲活动全面发展。山泉即山泉洗浴，我们称为冷泉洗浴模式，是最具灵气和最聚人气的山水休闲方式。沙漠中的滑沙、山坡上的滑草和主题公园中的急速滑道都是极富刺激性和娱乐性的郊野运动休闲方式。野外定向越野和大型机械游乐也是郊野运动休闲中的主要休闲方式，其中野外定向越野尤其受到学生市场的喜爱。匹特博和镭战等野战游戏是青年人市场比较热爱的郊野运动休闲方式，也是企业团队市场比较追捧的游乐项目。

### 6. 购物类休闲产品

购物旅游地是指以良好的购物环境，优质的服务功能，丰富的商品类型，浓郁的文化和购物氛围，满足人们购物观光等需求的地方。商业街是城市的名片，通过构建和发展具有文化内涵特征、地域风情的商业街，能够让外来者和本地居民直接体验城市的魅力和风情。

中国最早商业街的形成是由于马车或有轨电车成为城市公共交通工具后，一些散落各处的店铺开始向交通便利、人们来往频繁的街道迁移，以便占据利于接待顾客、扩大经营的商业位置。商店的聚集引来大量顾客，众多的人群又给商店增加了利润，因此形成了在交通干道两旁店铺鳞次栉比的商业街。

作为有特色的商业街，首先要有主流店，其次要有特色店，最后要有名店。所谓主流店就是规模大的店；名店就是影响力很大的店；特色店是指过去名气也许不响，但经过一定时期的发展，形成了自己的特色，在商业市场脱颖而出的店。作为特色商业街，至少要占据三大要素中的一个，占据的要素越多，商业街就越有名，越有特色。有很多有规模、有影响力、有特色的店才能支撑成一条名街。在特色店和名店支撑的基础之上，对商业街进行市场细分和定位，应该根据不同的消费者和文化倾向来考虑。

商业休闲步行街区，是城市休闲中最普遍的集约化形式，也是旅游与房地产结合中最具备操作性的项目。休闲和商业一样，经历了"小型—中型—大型—超大型—街区集聚型"的发展过程，并出现了多种形态的多样化发展。但是，集约化的发展（大型＋扎堆的发展）成为最主要的趋势。北京王府井、上海南京路、成都春熙路等步行商业街区是最典型的集约化商业休闲区；北京什刹海、三里屯，上海新天地，成都锦里等是纯休闲街区；北京金源 Mall、广州华南 Mall 是超级休闲商业场所。这些大型、超大型休闲主题街区的开发，使休闲集约化达到了相当的程度，使区域土地开发和大型商业房地产开发可以有效地结合。

休闲场所是完成休闲功能的经营场所，商业场所是完成购物交易的经营场所。这两者本来有不同的经营模式和功能目标。随着小康社会的到来，购物和逛街成为人们最大的休闲生活，商业场所休闲化成为一种趋势，成为商业交易功能成功完成的最必需的补充，甚至成为商业交易的前提。以购买实体货物为目的的商业经营场所，逐步发展为以购买实体货物与购买多样性服务相结合的混合经营场所，产生了以休闲性购买为特色的场所，以旅游纪念品购买为特色的场所，以休闲餐饮、休闲娱乐、休闲康体等为主题的大型商业化街区。这就是商业与休闲的现代整合。其中，步行街区、滨水休闲区、餐饮街区、娱乐街区、古文化古建街区、Shopping Mall 等购物商场，已经成为城市休闲餐饮娱乐及购物的主力消费场所。

### 项目训练

1. 以小组为单位，考察当地的主要旅游娱乐项目。
2. 以小组为单位，考察当地的主要休闲旅游项目。

**复习思考题**

1. 旅行社的类型有哪些?旅行社的基本业务有哪些?
2. 旅游景区的基本设施有哪些?
3. 简述酒店的组织部门构成。
4. 常见的旅游交通方式有哪些?
5. 旅游娱乐的类型有哪些?

# 项目六

# 会展业

## 项目导读

会展业作为现代服务业的重要组成部分,已经成为构建现代市场体系和开放型经济体系的重要平台,在我国经济社会发展中的作用日益凸显。"新会展"之"新",一方面是对传统的改造升级,另一方面是"新兴"。二者并非独立,都伴随互联网、大数据、人工智能等新技术,围绕满足高层次和多元化的会展需求,以"智慧"为核心,提供高附加值服务。

会展主要由会议、展览、节事活动和奖励旅游四部分组成。本项目主要从展览的概念及功能、展览的分类、展览的组成部门、会议的概念、会议的分类、会议的构成要素,节事活动的概念、节事活动的分类、节事活动的功能,奖励旅游的作用、特点和类型等展开论述。

## 学习目标

### ◎ 知识目标

1. 理解展览的概念,掌握展览的不同划分方式。
2. 掌握展览的组成要素。
3. 了解会议的概念,掌握会议的分类方式。

4. 掌握会议的组成要素。

5. 理解节事活动的概念，掌握节事活动的分类和功能。

6. 了解奖励旅游的概念及内在要素，并掌握其作用和特点。

◎ 能力目标

1. 能够运用所学知识，对某一展会按照不同的标准进行划分。

2. 能够运用所学知识，分析某个具体展会的组成要素。

3. 能够运用所学知识，分析某节事活动所产生的影响。

◎ 素质目标

1. 热爱会展行业，有投身于会展业发展的热情。

2. 提升将理论应用于实际，具体问题具体分析的能力。

3. 提升逻辑思维、与人沟通交流以及语言表达的能力。

◎ 思政素养

1. 认识到会展业对于国民经济发展的重要意义，树立职业自豪感以及为国努力工作的决心。

2. 明确成为会展人才所要具备的能力和素质，并结合自身实际树立目标、制订计划，付诸实践。

3. 学习会展人不畏艰难、迎难而上、默默奉献的精神。

## 案例导入

### 疫情下的会展经济：线上展会能否解燃眉之急[①]

2020年6月15日，第127届广交会举行"云开幕"仪式。今年新冠疫情下的广交会，是第一次完全以互联网形式举办的贸易盛会。本届网上广交会，约2.6万家中国参展企业带来了180万件外贸新品，与全球数十万采购商在10天内不间断地展开云上洽谈。

50个虚拟展区，为期10天，来自世界各地的参展商共聚线上会馆，线上会场一片热火朝天，能否拯救已经陷入"冰点"的会展经济成为关注的焦点。

2020年以来，线上会展成为会展业的热词，互联网巨头也纷纷展开"圈地运动"。腾讯占据珠三角，继成为广交会的技术服务商后，还将为联合国成立57周年提供线上会议服务。阿里则借总部位于长三角之便，与上海贸促会下属上海市国际展览有限公司合资成立云上会展，为中国小商品城义乌举办全球首个小商品线上展会。

事实上，对会展行业而言，数字化转型不是新概念。早在2016年，部分会展企业便开始尝试通过数字化技术改造进行产业升级，以探索"线上会展经济"创新模式。一方面，新冠疫情成为催化剂，加速了会展经济的数字化转型，加速了线上会展的覆盖。另一方面，对于线上会展经济未来能否完全取代线下会展经济的争论仍然存在。

---

① 资料来源：去展网. 疫情下的会展经济：线上展会能否解燃眉之急[EB/OL]. https://www.qufair.com/news/2020/06/22/25951.shtml.（2020-06-22）[2023-02-10].

浙江省国际会议展览业协会副秘书长张晓明博士表示，尽管数字化转型一直以来被视作会展经济发展的重要方向，但线上会展无法在短期内有效取代线下会展，主要原因在于，一是线上会展无法满足参展商及其观众对实体体验的需求；二是举办线上会展对中小会展企业而言，投入相对较高，经济效益较低；三是线上会展目前很难打通线上线下会展节点。

张晓明博士分析，线上会展只是会展业发展的无奈之举。在近几年内，线上会展无法从根本上取代线下会展。在特殊时期线上会展受到追捧，在过后还是线下会展为主，不过可能会在以往基础上有一些新发展。

线上会展无法取代传统线下会展的原因主要有以下两点。

其一，线下会展能为展会的利益相关方提供了解新产品发布动态的实体体验。但对线上会展来说，这种实体体验是缺失的。

其二，举办线上会展对会展企业的数字化程度要求较高，而会展企业大部分是中小型企业，短期内难以满足举办线上展会所需的设备、资金、人员要求。在会展企业数字化转型中，中小会展企业需要依托国家提供的设备、资金等各方面的大力支持。

**思考**：你认为线上会展是否能够完全取代线下会展，为什么？

# 任务一　展　　览

## 一、展览的概念及功能

### （一）展览的概念

"展览"（display）一词来源于拉丁语的名词"diplico"和动词"diplicare"，表示思想、信息的交流或实物产品的展览。所谓"展"，就是陈列、展示；所谓"览"，就是参观、观看；所谓"会"，就是为了实现某种目的集中到一起进行交流。

展览是指在特定的地点和期限内，有组织地陈列展示产品，以信息、商品、服务交流为最终目的的中介性社会活动。目前，展览已经成为企业营销、品牌培育的重要工具。

展览的工作原理如图6-1所示。

图6-1　展览工作原理

### （二）展览的功能

（1）促进业内信息交流。展会可以折射出行业的格局和变迁，反映行业发展动向，企业往往借展会进行市场调研，相互了解，与同业者观摩、交流新技术，沟通专业信息和协商合作，探讨营销手法和品牌运作模式，做到交流与展示并重。

微课：展会的分类

（2）具有极强的交易功能。即企业往往希望在展会上争取到专业观众，拿到订单。

（3）开拓市场，进行形象宣传。对一个成熟企业而言，基本上具备了比较完善的市场网络，待开发的市场目标十分明确，一般不用通过展会来开拓市场，而是将展会作为一个展示的舞台，向汇集于此的业界同行及相关人士展示产品、企业实力和品牌形象。

（4）展览会若能与高级研讨会、业务洽谈会、技术成果拍卖会、人才交流会等成套举办，那么所起到的作用将是综合性的、全方位的。它不但能使人流、物流、资金流当场落到实处，还能推动知识更新、观念转型等。

## 二、展览的分类

### （一）按展会的内容分

根据展览内容不同，国际展览联盟（UNion of International Fairs，UFI）将展览会分为综合性展览和专业展览。

（1）综合性展览，是指全行业或数个行业的展览会，也被称为横向展览会。这类展览会规模一般比较大，按行业划分展区，如广交会、进博会。

（2）专业展览，是指展览某一行业甚至某种产品的展览会。这种展览会的最大特点是常常举办讨论会、报告会，以介绍新产品、新技术等，如香港国际珠宝展、上海国际车展等。

总体来看，综合展览会的经济效益不如专业展览会。在发达国家，大型综合展览会已基本让位于专业展览会。

### （二）按展会的性质分

根据展览性质不同，可将展览会划分为消费性展览会、贸易性展览会和宣传性展览会。

（1）消费性展览会，是面向消费者开放的展会。这类展览会多具地方性、综合性，如服装、名优产品展等，这类展览会重视观众的数量，一般不需要买门票参观，如各类展销会。

相关案例：科隆国际食品博览会的票价"门槛"

（2）贸易性展览会，通常是为产业如制造业、商业等行业举办的展览。展览的主要目的是交流信息、洽谈贸易，参展商和参观者主体是商人，如深圳高交会。

（3）宣传性展览会，以宣传展示为目的的展览会，如世博会就是以展示、宣传人类当世文明记录为目的的特大型展览会。另外，诸如经济建设成就类展览、人物先进事迹展览、专项整治类展览、科普类展览、欣赏性书画展览等都属于宣传性展览会。

### 头脑风暴

从参加者、展品、目的三个角度分析消费类展会和贸易类展会的区别。

### （三）按参展商的来源分

按照参展商的来源分，将展览会划分为国际性展览会、全国性展览会、区域性展览会、地方展览会和独家展览会。

（1）国际性展览会：国外（含海外）参展单位（参展商）参展的净面积不少于整个展览会净面积 20% 的展览会可以称为国际展览会。

（2）全国性展览会：由国家各有关部委、行业主管、国内外著名展览公司主办的专业性和综合性展览会、交易会和博览会。"连续举办两届以上""上届展会面积超过 10 000 平方米""国内参展企业来自除本省以外的 3 个以上省区市，且其比例达到 20% 以上"，才能称为"国内展览会"。

（3）区域性展览会：由各省市地区政府、行业主管和一般性商业机构组织的展览会、交易会。参展商、观众来自某个特定的区域。

（4）地方展览会：地方展览会一般规模不大，特征是参展商、观众以当地为主。

（5）独家展览会：由单个公司为其产品或服务举办的展览会。独家展览会的好处是公司可自主选择并决定展览时间、地点和观众等。

### （四）按展览面积分

根据展览面积大小不同，可将展览会划分为小型展览、中型展览和大型展览。

（1）小型展览，指单个展览面积在 6 000 平方米以下的展览会，如魅力海西——福建美术精品展，展览面积为 5 700 平方米。

（2）中型展览，指单个展览面积为 6 000～12 000 平方米的展览会，如 2009 首届海峡西岸（福州）节能环保与绿色人居产业博览会，展览面积 10 900 平方米。

（3）大型展览，指单个展览面积超过 12 000 平方米的展览会。如青岛国际车展总展览面积超过 10 万平方米。

### （五）按展览时间分

根据展览时间不同，可将展会划分为定期展览会和不定期展览会。定期展览会有一年 1 次、一年 2 次、一年 4 次、两年 1 次等，不定期展览会则要看需要和条件来举办。长期可以是 3 个月、半年，甚至常设，短期展一般不超过一个月。在发达国家，专业展览会一般是 3～5 天。在英国，一年 1 次的展览会占展览会总数的 3/4。展览日期受财务预算、订货及节假日的影响，有旺季、淡季之分。根据英国展览业协会的调查，3～6 月及 9～10 月是举办展览会的旺季，12 月至次年 1 月及 7～8 月为举办展览会的淡季。

知识链接：世界博览会的举办时间

### 头脑风暴

专业展览会一般 3～5 天，是否要包含周末？

### （六）按展览地点分

根据展览地点不同，可将展览会划分为固定展、巡回展、流动展。固定展是指该展览每年在同一个城市举办，无特殊情况不更换城市；巡回展是指该展览在几个城市（地方）轮流举办；流动展是指该展览的举办城市不固定，一般要通过竞标或市场需求来定，如有着中国食品行业"晴雨表"之称的全国糖酒商品交易会，始于 1955 年，是中国历史最为悠久的大型专业展会之一。全国糖酒商品交易会每年分为春秋两季，春季固定在成都举办，秋季则在国内一些重点城市流动，如 2020 年秋季糖酒会在济南举办，2021 年秋季糖酒会在天津举办。

### （七）按展览方式分

根据展览方式不同，可将展览会划分为线下展览会和线上展览会。线下展览会是指传统实地会展，展品真实可以触摸，参展商与观众面对面直接交流；线上展览会是指随着互联网的发展，线上展览会使得产品和服务在网上能永久展览。网上展会具有不需要支付物流和各种人员费用、不受时间限制、信息发布范围遍及世界各地和观众可通过网上点击、搜索引擎等方式搜集目标参展商等特征。

线上展览会和线下展览会比较，如表 6-1 所示。

表 6-1　线上展览会和线下展览会比较

| 比较项目 | 网上虚拟展览会 | 现实实物展览会 |
| --- | --- | --- |
| 组织手段 | 网上发布信息，辅以媒体宣传 | 文件、传真、电话、电子邮件等，辅以媒体宣传 |
| 会展场所 | 网络虚拟空间 | 实物场所 |
| 展出手段及内容 | 文字、图片、声音、动画等 | 实物产品 |
| 展出期限 | 可以无限期 | 有固定的展期 |
| 参展费用 | 仅需支付登录费用 | 支付各种物流费用和人员费用等 |
| 观众范围 | 世界各地的网上用户 | 有一定的地域或专业限制 |
| 观众参与手段 | 通过计算机 | 到实地参展 |
| 交流方式 | 电子邮件、网络在线留言等 | 面对面交流 |
| 签约方式 | 电子邮件或数据传递方式 | 书面契约方式 |

### 头脑风暴

线上展会和线下展会各自的优势是什么？

## 三、展览的组成部分

微课：展会现场管理

### （一）主办方与承办方

主办方是指运作展览会全过程的办展主体，具体过程包含展览会的选题、发起、参展商和专业观众的组织和服务等工作，主办方通常包括展览公司、行业协会、政府部门等主体。

承办方是指通过招标、审批、委托等方式，由主办者确定的负责整个展览业务具体实施的单位。承办者拥有唯一合法举办权、招展的权利和组织管理的权利;承办者的义务是树立服务意识,实现服务流程的规范化、标准化,注重实效和"以人为本"的思想,推陈出新,提升展览创意。承办者以会展企业居多,有些政府主导型的展会由政府下设的专门机构来管理。

青岛国际家具展是由深圳市家具行业协会、山东省家具协会、青岛市木工机械协会、青岛市家具协会共同主办的行业性展会,承办方为济南德瑞嘉会展有限公司。展览内容涵盖家具产业链上下游各个环节,每年5月在青岛举办。

中国国际渔业博览会是由中国国际贸易促进委员会农业行业分会(农业农村部农业贸易促进中心)主办,每年10月底11月初在青岛举办。

中国国际家具展(又称上海家具展)由中国家具协会与上海博华展览有限公司联合主办,每年9月第2周在上海举行。

中国国际消费电子博览会(简称CICE电博会)是经国务院批准,由商务部、科学技术部、山东省人民政府主办,工业和信息化部支持,中国机电产品进出口商会、中国电子学会和青岛市人民政府承办的国家级专业博览会。自2001年举办以来,CICE电博会立足环渤海经济圈,辐射全国及东北亚市场,现已发展为全球极具影响力的行业盛会。

### (二)参展商

参展商指受展览主办方邀请,通过订立参展协议书、付费租用展位,在展览期间利用固定的展出面积进行信息或产品交流和展示的单位或个人。参展商的来源,在很大程度上决定一个展会的性质和层次。参展商在会展价值链中处于核心地位。在商业性会展中,主办者的收入主要来自参展商。会展活动的运转需要足够多的参展商的参加。参展商连续参展是会展组织者的利益所在。对于一个定期举办的商业展览会,参展商的连续参展十分重要,它是保证主办单位最大利益的理想方式。参展商参展收益也是会展效益的综合体现。参展商对展会的选择考虑因素:第一,主办单位是否具备一定的权威性;第二,展会是否具有相当的影响力;第三,展会的举办时间;第四,展会的宣传规模和宣传力度,以及展会展位预定情况;第五,展会的投入与回报。

### (三)会展观众

会展观众是指在展览期间前来展会参观的群体,通过参与、观看展览,了解产品信息、购买参展产品或从展览中得到愉悦而感到满足的人;会展观众可分为专业观众和普通观众,普通观众指一般的消费者和对展会有兴趣者;专业观众是指从事展会上所展出的商品或服务的设计、开发、生产、销售或者提供相关服务的专业人士或者用户,通过注册获取参观证,参观展览会及与参展商洽谈交流的各类个人和团体。专业观众是参展商参加展会获得收益的最终来源。

专业观众对展会的重要作用如下。

(1)专业观众是展会活动的主要参与者之一。没有专业观众的展会,就成了参展商演的独角戏。

(2)专业观众是吸引参展商的重要因素。专业观众代表了展品的目标市场。也就是说,参展展品目标市场的存在,是吸引参展商前来参展的根本原因。

(3)专业观众的数量与质量是展会成功的重要标志。组展成功的关键在于专业观众的质量。展会的品牌和观众质量是成正比的。

### （四）会展场馆

会展场馆是指从事会议、展览以及节事活动的主体建筑和附属建筑，以及相配套的设施设备和服务，它由硬件和软件两部分组成。

#### 1. 分类

按功能划分，近代会展场馆大致可以分为三种类型：大型展览中心、大型会议中心和会展中心。

大型展览中心和大型会议中心的功能较为单一，主要就是各类的展览和会议，如上海新国际博览中心、香港会议中心。

会展中心又可分为会展建筑综合体和会展城。大型展览建筑体是当今较为流行的一种会展场馆类型，包含了展览、会议、办公、餐饮、休憩等多种功能。如国家会展中心（上海）、中国（红岛）国际会展中心。会展城指超大规模的会展中心，如英国国家展览中心、德国汉诺威会展中心等。

#### 2. 展览场馆的经营管理模式

（1）政府经营。直接由政府或其隶属机构投资管理。政府机构直接管理一般是由政府部门直接设立一个事业单位来管理会展场馆。很多政府投资建设的场馆采用这种方式，如青岛国际会展中心是由青岛市政府投资兴建的现代化展馆，由青岛国信发展（集团）有限责任公司进行委托经营，青岛国信是青岛市人民政府授权青岛市国资委履行出资人职责的国有独资公司。

（2）委托企业管理。在市场化趋势下，现在大多数的会展场馆已经实行企业化管理。如厦门国际会议展览中心就是由政府投资兴建后交由厦门建发管理。宁波国际会议展览中心则交由以民营企业家为主投资组建的宁波国际会议展览中心管理有限公司实行租赁与管理。

（3）合资合作经营管理。我国很多城市支持和鼓励国外著名的展览公司在当地投资，设立独资或者合资合作经营公司。如上海新国际博览中心即由德国汉诺威、杜塞尔多夫、慕尼黑3家展览公司与上海浦东开发区合资建成，德方拥有50年的经营管理权。

## 项目训练

1. 以某一展会为例，分析其类别和组成要素。
2. 以小组为单位，到某一展会现场实地调研，深入理解展会的特点，并完成一份心得体会。

# 任务二　会　　议

## 一、会议的概念

会议是人们为了解决某个共同的问题或出于不同的目的聚集在一起进行讨论、交流的活动，它往往伴随一定规模的人员流动和消费。作为会展业的重要组成部分，大型会议特别是国际性会议在提升城市形象，促进市政建设，创造经济效益等方面具有特殊的作用。

## （一）会议

会议是指3人或3人以上参与的、有组织、有目的的一种短时间聚集在一起进行讨论、交流的集体活动。

作为一种管理工具，会议已经成为现代社会的经常性活动之一。会议具有决策、协调、组织领导、交流资讯、联络感情等功能，它是提供信息、聚集信息、讨论与解决问题、宣传、培育训练的重要途径。会议的表现形式很多，只要是在一定时间内有目的、有组织地把有关人员召集起来，传递信息、协商事项、研究问题、布置工作、交流经验等，都可以称为会议。在竞争激烈的当今社会，每天都在进行着各种繁多的会议活动，从国家之间的大会议到家庭内部的小会议。会议已经成为人们相互沟通的生活形态，深刻地影响着我们的生活。

## （二）会议产业

会议产业是指提供会议产品和服务的企业集群。其核心层是PCO，外围层是提供各种会议相关服务的DMC。

PCO，全称专业会议组织者（professional conference organizer），主要是指为筹办会议、展览及有关活动提供专业服务的公司。PCO能为会议主办者提供全方位服务，其好处是会议主办者可将会议只委托给PCO一家来完成，由PCO帮助会议主办者组织各个会议供应商共同为会议服务并协调它们之间的关系。PCO也可以作为会议主办者的顾问为其提供会议咨询服务。

PCO的具体工作内容包括：会议或展览活动的策划、政府协调、客户招徕、财务管理和质量控制等。

PCO主要办理行政工作及技术顾问相关事宜，其角色可以是顾问、行政助理或创意提供者，在组委会和服务供应商之间起到纽带的作用。整个会展活动决策方面的事务还是要由组委会掌控和定夺。

DMC，全称目的地管理公司（destination management company），是一种提供地方性会展活动服务的专业机构，主要负责会展活动在举办地（特别是海外举办地）的各项活动安排和协调等工作。

当会展活动主办者或策划人想到外地特别是海外举办会展活动时，他们对举办地非常陌生，需要花费大量时间和精力才能作出恰当的安排与决定，而目的地管理公司对自己所在城市一清二楚——如哪条街道是单行线，哪些地方停车方便，哪些节日可能打乱策划者的部署，哪家餐馆和场地是最佳选择，哪些事情是应该避免的以及当地许多其他的注意事项等。

DMC凭借着他们对当地情况的了解，主要负责会展活动在主办地的现场协调、会务和旅行安排等工作。

PCO和DMC都是会展业发展不可缺少的重要内容。国际会议的举办通常都是由PCO进行组织，在选定会展目的地城市之后，将会展服务及会展奖励旅游和主题活动交DMC负责。

## 二、会议的分类

### （一）根据举办单位性质划分

按照举办单位性质划分，可将会议分为公司类会议、协会类会议和其他组织会议。

#### 1. 公司类会议

公司类会议规模大小不一，小到几个人，大到上千人。公司类会议的数量极其庞大。有关机构在作会议数量统计时，很难准确统计公司类会议的数量，因为很多公司并不愿意对外宣传内部会议，如果将公司类会议比作冰山，那么它们被纳入统计资料的仅是冰山一角。公司会议通常以管理、协调和技术等为主题，具体可分为销售会议、经销商会议、技术会议、管理者会议及股东会议等。

#### 2. 协会类会议

协会类会议在会议市场中同样占有相当重要的位置。协会因人数和性质而互不相同，它们的规模从小型地区性组织、省市级协会到全国性协会乃至国际性协会不等。行业协会被认为是会议业最值得争取的市场之一，因为协会的成员多为业内成功管理人员。协会类会议常常与展览结合举行。

中国会议产业大会（China Meetings Industry Convention，CMIC）由《会议》杂志于2009年发起举办，是当前中国会议与奖励旅游行业的年度盛会。大会于每年12月在北京举行，经过十四年的发展，已经成为集会议、展览、洽谈等于一体的综合性行业活动，是国际国内会议与奖励旅游从业者学习新知、交流思想、对接业务、开展商务社交不可或缺的重要平台。

**头脑风暴**

请结合上文案例，分析会议与奖励旅游产业链上的企业有哪些？

#### 3. 其他组织会议

这类会议的典型代表是政府机构及事业单位举办的会议，对小型会议室、套房和宴会等设施也有一定需求。在省市一级，中小规模的政府机构会议的召开十分频繁，从而形成了可观的市场。在很多国家里，工会同样是重要的会议举办者。

### （二）根据会议举办时间划分

根据会议举办时间划分，可将会议分为定期会议和不定期会议两种。

（1）定期会议，又称为经常性会议或例会，到预定时间若无特殊情况，就必须按期召开，如我国各级人民代表大会、上市公司的股东大会和董事会等。

（2）不定期会议，又称为临时性会议，会议召开没有固定的时间间隔或者该会议仅召开一次就完成了其特定的任务。

### （三）根据会议规模划分

根据会议规模划分，可将会议分为小型会议、中型会议、大型会议、特大型会议和国际会议。

（1）小型会议，出席人数和列席人数量较少，一般在100人之内，与会者之间有条件进行个别的交流，与会者通常都能有一定发言时间的会议。

（2）中型会议，出席人数为100～1 000人的会议。

（3）大型会议，出席人数为1 000～10 000人的会议。

（4）特大型会议，出席人数在万人以上的会议。

### 头脑风暴

知识链接：国际会议

具备什么样的条件，才能成为国际性会议的举办地？

微课：会议的申办

### （四）根据会议本身性质划分

按照会议本身性质划分，可将会议分为营利性和非营利性两类。

（1）营利性会议是指通过会议的举办，主办方直接从会议中获取一定的利润；营利性会议的策划者则要充分考虑潜在参会人员的可接受费用预算，并据此选择合适的会议举办地。营利性会议不一定收取费用。

（2）非营利性会议则不以营利作为直接目的，如政府会议、专业学术会议和宗教组织会议等。对于非营利性会议，会议策划者将在会议主办方的总体预算的基础上进行项目预算分解，确定会议项目的内容，然后决定与预算相当的举办地。非营利会议不一定不收取费用，主办单位从长远来说不一定不营利。

### （五）根据会议活动特征划分

按照会议活动特征划分，可将会议划分为商务型会议、度假型会议、展销会议、专业学术会议、政治性会议和培训会议等。

#### 1. 商务型会议

一些公司、企业因其业务和管理工作发展需要在饭店召开商务会议。出席这类会议的人员素质比较高，一般是企业的管理人员和专业技术人员，他们对饭店设施、环境和服务都有较高的要求，且消费标准高。召开商务会议一般选择与公司形象大体一致或更高层次的饭店，如大型企业或跨国公司一般都选择当地最高星级的饭店。商务型会议在饭店召开，常与宴会相结合，会议效率高，会期短。

#### 2. 度假型会议

公司等组织利用周末假期组织员工边度假休闲，边参加会议，这样既能增强员工之间的了解，以及企业自身的凝聚力，又能解决企业所面临的问题。度假型会议一般选择在风景、名胜地区的饭店举行。这类会议通常会安排足够的时间让员工观光、休闲和娱乐。

#### 3. 展销会议

参加商品交易会、展销会、展览会的各类与会者入住饭店，住店天数较展览会期长一两天，同时，还会在饭店举办一些招待会、报告会、谈判会和签字仪式等活动，有时晚间还会有娱乐消费。另外，一些大型企业或公司还可能单独在饭店举办展销会，整个展销活动全在饭店举行。文化交流会议，各种民间和政府组织组成的跨区域性的文化学习交流活动，常以考察、交流等形式出现。

### 4. 专业学术会议

专业学术会议是某一领域具有一定专业技术的专家学者参加的会议，如专题研究会、学术报告会、专家评审会等。

### 5. 政治性会议

政治性会议是国际政治组织、国家和地方政府为某一政治议题召开的各种会议。会议可根据其内容采用大会和分组讨论等形式。

### 6. 培训会议

培训会议是指用一个会期对某类专业人员进行的有关业务知识方面的技能训练或新观念、新知识方面的理论培训，培训会议可采用讲座、讨论、演示等形式。

## （六）根据会议形式划分

根据会议形式，可将会议划分为"有会有议"的会议和"会而不议"的会议。

"有会有议"的会议，如圆桌会议上通常与会者平等地议事。"会而不议"的会议，如报告会、传达会、表彰会、纪念会、动员大会等。

# 三、会议的构成要素

微课：会议服务要点

会议的形式要素有会议的名称、时间、地点、方式、规模、主持人等。

会议的内容要素主要指会议的指导思想、会议主题、会议议题、会议任务和完成会议任务的措施等。

会议的人员要素有主办者、承办者、与会者、贵宾、与会议有关的人员（秘书处、策划委员会、地方会议及访问者办公署、总体服务承包商、主席台就座者）、会场临时工作人员。

## （一）会议的主题和议题

会议主题表达的是关于会议要研究解决的主要问题、达到的目的，是贯穿于会议中各项议题的主线，它是为实现会议目的服务的。会议主题要精确、简明、有号召力、引人注目。

会议议题是会议所要讨论的题目，即所要解决的一个个具体问题。议题必须具有必要性和重要性，又必须具有明确性和可行性。会议围绕这样的议题展开讨论，进行研究，才容易取得共识。每次会议的议题应该尽可能集中、单一，不宜过多，不宜太分散。尤其是不宜把许多互不相干的问题放在同一会议上讨论，使与会者的注意力分散，不利于解决问题。

## （二）会议的名称

正式会议必须有一个恰当、确切的名称。俗话说，名不正则言不顺。会议的名称要求能概括并能显示会议的内容、性质、参加对象、主办单位或组织、时间、届次、地点或地区、范围、规模等，如"2022年第十四届中国会议产业大会"。

会议名称既用于会前的"会议通知",使与会者心中有数,做好准备;又用于会后的宣传,扩大会议的影响;更用于会议过程中使与会的全体成员产生凝聚力。大中型会议名称被制作成横幅大标语,置于会议主席台的上方或后方,作为会议的标志,简称"会标"。会标必须用全称,不能随意省略,以免不通,产生误会。

### (三)会议的时间

确定会议的最佳时间,要考虑主要领导是否能出席,确定会期的长短应与会议内容紧密联系。不宜选择在企业的生产关键时期、学校的开学和考试时期、农村的农忙季节、节假日前后或休息日等时间召开会议。

### (四)会议的地点

会议的成功与会议地点的选择关系密切。我们可以根据会议的规模、规格和内容等要求来确定会议地点。国际性或全国性会议,要考虑政治、经济、文化等大因素;专业性会议,应选择富有专业特征的城乡地区召开,以便结合现场考察。小型的、经常性的会议就安排在单位的会议室。还要考虑会场设施、交通条件、安全保卫、气候与环境条件等因素。

### (五)会议的议程与日程

会议议程是会议主要活动的安排顺序,它主要是对议题性活动的程序化,即将会议的议题按讨论、审议和表决的次序编排并固定下来,反映议题的主次、轻重、先后。会议议程起着维持会议秩序的作用。

某公司销售会议议程:推选销售部经理的人选;年度销售活动的总结;有关销售问题的发言;下年度销售目标;销售人员的招聘和重组。

会议日程是把一天中会议议程规定的各项活动按单位时间具体落实安排,它不仅细化围绕会议议题的全部活动,还包括会议过程中其他的辅助活动,如聚餐、参观、考察、娱乐等。日程表明会议发展的进程,同时也是对完成各项议程需要时间的预测和必要的限制,以提高会议的效率。

某股份公司召开股东大会的会议日程如表6-2所示。

表6-2 某股份公司股东大会会议日程

| 日期 | 时间 | 内容安排 | 地点 | 主持人 | 参加人 | 备注 |
|---|---|---|---|---|---|---|
| 3月8日 | 9:00 | 报到 | 华天酒店大会议厅 | 李主任 | 与会报到者 | |
| | 9:30 | 会议开始,董事长致开幕词 | 大会议厅 | 张董事长 | 全体股民 | |
| | 13:30 | 年度经营报告 | 大会议厅 | 财务总监 | 全体股民 | |
| 3月9日 | 9:00 | 年度决算表 | 大会议厅 | 总会计师 | 全体股民 | |
| | 11:00 | 会议结束 | 大会议厅 | | | |

会议议程是整个会议活动顺序的总体安排,但不包括会议期间的辅助活动,其特点是概括、明了;会议日程则是将各项会议活动(包括辅助活动)落实到单位时间,凡会期满一天的会议都应当制定会议日程。

相关案例：博鳌论坛为何选在海南

### 头脑风暴

日程与议程的区别是什么？

### （六）会议的预算

会议预算主要由会议收入和支出两部分组成，支出部分又分为固定支出和可变支出两大部分。可变支出是指随着与会人数的变化而变化的支出，即与会人数增加1人，可变支出增加1份。

#### 1. 会议主要固定支出项目

（1）初期申办费用：主要是指在申办和"竞标"会议时所支出的费用。目前我国申办国际会议时的费用大部分来自行政事业费，因而在编制会议预算时经常不将这笔费用计入会议的总支出中。

（2）考察活动的相关费用：旅费（考察人员在考察期间所支付的城市之间的交通费）、住宿费（考察人员在考察期间所支付的住宿费）、餐饮费、交通费（考察城市所支付的交通费）。

（3）市场宣传费：在国内外杂志刊登广告的费用；会议通知、招贴画等宣传品的印刷、邮寄、散发的费用；在相近的其他国际和国内会议上散发宣传单也需要食宿、交通费等。

（4）特邀演讲人的参会费用：会议通常为大会的特邀演讲人提供旅费、住宿费、餐费、交通费和演讲费，费用的标准可与演讲人协商。

（5）会场和设备的租金：通常而言，场地的租赁已经包括某些常用设施，如激光指示笔、音响系统、桌椅、主席台、白板或者黑板、油性笔、粉笔等，但一些非常规设施并不包括在内，如投影设备、临时性的装饰物、展架等，需要加装非主席台发言线路时也可能需要另外的预算。租赁特殊设备，租赁时通常需要支付一定的使用保证金，租赁费用中包括设备的技术支持与维护费用。

（6）会场布置费用：如果不是特殊要求，通常而言，此部分费用包含在会场租赁费用中。如果有特殊要求，可以与专业的会议服务商协商。

（7）基本办公费用：购置办公设备费（购置计算机、打印机、传真机和复印机等设备）；租用办公室的费用、文具费、交通费、印刷费和招待费等；通信费；财务管理费（为会议提供会计服务工作的机构的财务服务费）。

（8）人工费用：支付给会议工作人员的工资、奖金和其他福利费用。包括专职工作人员的工资（大型会议聘用的专职工作人员，他们的工资、福利、社保基金和医疗保险应作为固定支出）；兼职人员的劳务费（会议机构中的大部分工作人员都是兼职人员）；会议期间临时员工的劳务费、交通和通信补助、翻译费用。

（9）其他费用：保险、税收、购物、储存、礼品、车辆接送、法律服务和各种不可预见的临时性开支。

#### 2. 会议主要可变支出项目

会议可变支出指随着会议代表的数量变化而变化的支出。会议可变支出主要包括以下方面。

（1）餐饮费：会议可变支出中比例最大的一笔费用，一般能占到注册费收入的65%左右。

（2）会议资料印刷费：论文集、会议内容摘要、会议资料汇编、最终程序手册和会议指南、注册通知书（第三轮会议通知）等。

（3）邮寄费：论文录取通知书邮寄费、注册通知书邮寄费、签证邀请信邮寄费等。

（4）代表用品费用：名卡、请柬和各种票证费用、文具费用、资料包费用等。

（5）付给PCO的服务费：如果是按注册的人数来支付PCO的服务费，这笔费用可计算在可变支出中。

（6）同声传译接收器租用费用。

### 3. 会议主要收入项目

会议注册费是会议最主要的收入，是决定会议能否做到收支平衡的绝对因素。赞助费、补助费：要使会议的财务预算做到平衡，首先考虑寻求对会议的赞助和补助。目前我国举办的各类会议或多或少都能得到一些赞助或补助，包括企业赞助、基金赞助和政府部门的补助。

另外还有宾馆的佣金、旅游收入和展览收入等。

会议经费的筹措途径包括行政事业经费划拨、主办者分担、与会者分担个人费用、社会赞助、转让无形资产使用权。

## 项目训练

1. 选择会议举办地点时，城市的选择和具体场地的选择分别要考虑哪些因素？试举一例。
2. 查阅资料，以某一知名会议为例，分析其组成要素。
3. 会议预算的计算。例如，某会展公司举办一个培训会议，收入主要是学员的参会费，每人500元，会议场地租金10 000元（可容纳400人），专家讲课费10 000元，每人每天食宿费85元，会议共2天，资料费每人30元。公司定位的目标利润为40 000元，请问为达到公司的利润，最低参会人数为多少人？

# 任务三 节 事 活 动

## 一、节事活动的概念

节事活动是会展的一个组成部分，创造出的经济价值和社会价值非常可观，目前已被许多城市列为发展自身经济和提高城市形象的突破口。

微课：节事活动概念、特点及作用

### （一）节日

节日（festival）可以简单定义为有主题的、传承性较强的公众庆典活动。节日与平日相对而言，具有非日常性，是一种特殊的日子；节日有共同的价值观念，是为共同认为有价值的事情所设立的；真正的节日是为公众产生的，而不是为个人产生的，节日活动具有一定的社会范围。不同社会群落价值观念不同，崇尚的节日也各不相同。我国历史悠久、民族众多，有多种多样的节日活动，它们反映了不同群落之间不同的传统习惯和价值观念。

### （二）事件

事件（event），一般是指历史上或社会上已经发生的、产生相当影响的事情。它是受多重因素激发而产生的。这些因素可能来源于政治领域、军事领域或者生活领域。事件可能来源于人类社会生活的方方面面，也可能来源于自然界的突然变化等。因此，事件可以分为自然事件和人文事件。

### （三）特殊事件

简单地说，特殊事件（special event）就是那些不同于日常生活的事件。从组织者的角度和消费者的角度对特殊事件进行定义：就特殊事件的主办者或组织者来说，特殊事件是发生在主办者或组织者日常进行的或经常碰到或举办的活动或项目范围之外的事情，具有一次性或至少不是经常发生的特点；对消费者来说，特殊事件与日常的常规活动不同，是发生在人们日常生活体验或日常选择范围之外的事件。

当然，特殊性是一个相对的概念，不同的对象体会不同，不同的角度理解不同。对于事件或活动是否特殊，活动主办方、组织管理者和参加活动的消费者可能会有不同见解。

### （四）节事

节事（festival & special event）是一个组合的概念，是从国外研究中借鉴而来的，即节日和特殊事件的统称。我们说节事是面向大众，根据特定主题举行的日常生活体验以外的群体性娱乐休闲活动。其概念界定为能对人们产生吸引（attraction），经过精心策划，并有可能被用来开发形成娱乐（entertainment）、休闲（leisure）、旅游（tourism）等参与性（involved）的消费形式的各类庆典和活动的总和。

#### 头脑风暴

请结合自身经历，谈谈你对节事活动的认识和理解。

## 二、节事活动的分类

节事活动可以根据节事活动的影响度、社会知名度、主题等方面的不同进行分类。节事活动按主题的类型进行划分时，通常有商贸、文化、自然景观、传统节日、民俗风情、宗教、大型体育赛事及综合性节事活动八大类型。

### （一）以"商贸"为主题的节事活动

商贸类节事活动是以地区的工业产品、地方特色商品和著名物产特产为主题，辅以其他相关的参观活动、表演活动等而开展的节事活动。商贸节事活动除了可以起到商品交流、经贸洽谈等经济功效以外，还可以为举办城市带来很多社会效益。如大连国际服装节、中国青岛国际啤酒节、北京西单购物节、中国重庆国际茶文化节、中国景德镇国际陶瓷博览会等。

### （二）以"文化"为主题的节事活动

文化节事活动就是依托当地在历史上或现存的典型的、特质性的地域文化类型而开展的节事活动。这类节事活动文化底蕴深厚，对游客吸引力大。常常与当地特色文化的物质载体相结合，开展丰富多彩的观光、文化活动。例如，中国淄博国际聊斋文化节，以人人耳熟能详、流传很广的聊斋文化为主题，举办各种与聊斋主题相关的活动，来活化人们心中的聊斋故事。又如，曲阜孔子文化节，蒙古族的那达慕大会，傣族的泼水节，京剧艺术节，南京栖霞山文化节，登封少林寺浴佛节及各地方特色文化活动等。

### （三）以"自然景观"为主题的节事活动

自然景观节事活动是以当地地貌和具有突出性的地理特征的自然景观为依托，综合展示地区旅游资源、风土人情、社会风貌等的节事活动。这类节事活动与自然景观的观光旅游活动有相似之处，也有不同之处。自然景观仅仅是该类节事活动的主打产品而已，不是全部。因此，在节事活动中，除了突出自然景观的主体地位之外，还有很多其他的相关活动为陪衬。类似的节事活动有中国·哈尔滨国际冰雪节（我国历史上第一个以冰雪活动为内容的区域性节目）、中国湖南张家界国际森林节、长春净月潭瓦萨国际滑雪节、中国云南罗平油菜花文化旅游节、北京香山红叶节、桂林山水文化旅游节等。

### （四）以"传统节日"为主题的节事活动

习近平总书记指出："一个国家、一个民族的强盛，总是以文化兴盛为支撑的，中华民族伟大复兴需要以中华文化发展繁荣为条件。"中华传统文化博大精深，源远流长，塑造了中华民族自强不息、厚德载物的精神品格，使中华民族屹立于世界的东方五千年之久，仍然充满生机。在当今要实现中华民族伟大复兴的中国梦，必须首先复兴中华优秀传统文化。中国传统节日作为中华传统文化中的重要组成部分和表现形态，千百年来绵延不绝、历久弥新，是中华民族传统美德代代相传的重要载体。因此，现在传统节日活动仍具有很重要的社会意义和精神意义。

知识链接：中国传统节日

### 头脑风暴

你知道的端午习俗有哪些？其历史文化渊源是什么？以端午节为主题可以举办哪些活动？

### （五）以"民俗风情"为主题的节事活动

民俗风情节事活动是以本民族独特的民俗风情为主题，涉及书法、民歌、风情、风筝、杂技等内容的节事活动。我国是多民族的国家，各民族的习俗各不相同，可以作为节事活动的题材非常广泛，因此该类节事活动也就非常之多。例如，潍坊风筝节、南宁国际民歌艺术节等。

相关案例：南宁国际民歌艺术节

### （六）以"宗教"为主题的节事活动

宗教节事活动就是基于宗教对于游客的吸引力而创办的。宗教节事活动吸引的游客大多是宗教信仰者，这类参加者由于信仰关系，对宗教节事活动的参与热情程度很高，并且重游率很高。

这类节事活动的举办是依托于游客对佛教、道教等宗教的信仰而创办的，如各类庙会、五台山国际旅游节、泰山封禅大典或春节祈福、中国黄梅佛教文化节等。

### （七）大型体育赛事

体育赛事是节事活动的一个重要组成部分，体育赛事的相关部门共同组成的体育产业已经成为许多国家日益重要的经济部门，如奥运会、世界杯足球赛、F1赛事、亚运会、美国职业篮球联赛（NBA）、中国男子篮球职业联赛（CBA）、欧洲杯、达喀尔拉力赛及各地方举办的体育赛事等。

### （八）综合性节事活动

综合节事活动大多是综合几种主题在大城市举办。这种节事活动一般持续时间比较长，内容综合、规模较大、投入较多，取得的效益也会比较好。在我国的许多大城市都有此类节事活动，如世博会、上海旅游节、杭州西湖博览会等。

## 三、节事活动的功能

节事活动具有强大的产业联动效应，可使旅游者在停留期间获得较多的参与机会。它不仅能给城市带来场租费、搭建费、广告费、运输费等直接的收入，还能创造住宿、餐饮、通信、购物、贸易等相关的收入。更重要的是，节事活动能汇聚更大的客源流、信息流、技术流、商品流和人才流，对城市或地区的国民经济和社会进步产生促进作用。

### （一）促进举办地旅游的发展，削减淡旺季的差别

旅游业具有明显的淡旺季差别，而节事活动的举办能够有效地削减这种差别。如冬季是哈尔滨传统旅游业的淡季，但哈尔滨国际冰雪节的举办吸引了大量的游客，出现了淡季不淡的现象。因此，会展业对于旅游业的发展是有促进作用的。如博鳌亚洲论坛带动当地旅游产业发展，博鳌亚洲论坛是海南最大、最有特色、最有意义的旅游广告，它能够向世界各地的旅游者宣传海南，展示海南的风采和形象，提高海南在国际的知名度和美誉度。

### 头脑风暴

会展业如何促进旅游业的发展？

### （二）促进相关产业的发展和当地基础设施的建设

任何一次城市节事活动都具有一定的主题，配合这一主题的生产厂家或者说整个产业

都可以在节事活动中获得经济收益。例如，每一届的大连国际服装节，都迎来了大量的海内外服装厂家、商家、设计师和模特的光临，各类表演活动、发布会、展览会、洽谈会为本地服装业及相关产业、生产厂商提供了巨大的商机。

举办节事活动，可以极大地加快城市的交通、通信、城建、绿化等基础设施建设的步伐，优化城市环境，尤其对交通条件的改善具有很大的推动作用。在实际工作中，各城市在举办节事活动之前，都十分重视交通等城市基础设施的完善工作。例如，作为历年哈尔滨国际冰雪节的一项重要内容，哈尔滨灯饰亮化工程使松花江南岸沿江一带环境得到了极大的改善，形成了两岸霓虹遥相辉映的壮观美景。

### （三）塑造主办城市的形象，提升城市的知名度

城市形象是一个综合的形象塑造系统，需要花费大量精力并进行很长时间的宣传，才能塑造成功，此外，城市整体形象是通过对各种形象要素的整合实现的，其宣传工作难度很大。而城市节事活动的开展，往往能够对城市主题形象起到很重要的宣传功效。大型节事活动对举办地的形象塑造和改善作用，是其他营销手段所不能比拟的。成功的节事活动能够成为城市形象的代名词。节事活动本身就是目的地形象的塑造者，举办节庆活动的过程就是目的地形象的塑造过程。

### （四）弘扬传统文化，展现现代文化的内涵，推进精神文明建设

文化是节事活动的灵魂，无论是哪种主题的节事活动都要充分地挖掘其中的文化元素，因此，节事活动能够极大地弘扬传统文化，推进精神文明建设。节事活动对于弘扬传统文化，彰显传统文化的丰富内涵和个性，对于进一步密切国内外文化交流与合作，促进文化的传承、发展和经济社会全面进步，具有积极而深远的影响。

### （五）节事活动具有很强的后续效应

节事活动给城市带来的效应，不仅限于当时所创造的部分。对于主办城市的人们来说，通过节事活动掌握了大量的信息，挖掘了大量的商机，可以是说参加了一次免费的交流会；对于主办城市来说，通过举办节事活动，改善当地的基础设施，优化社会环境，创造了良好的投资环境，给参加节事活动的人们留下好印象，创造了一批潜在的投资家。这些效果也许会经过很长时间才能显现。因此，举办节事活动创造的效应具有持续性、后续性。

### 头脑风暴

举办2018年上合峰会给青岛带来了哪些影响？

### 项目训练

1. 以某一节事活动为例，分析其对举办地产生的影响。
2. 以小组为单位，搜集某一节事活动近三年的举办情况，分析有哪些传承和创新。

# 任务四　奖励旅游

## 一、奖励旅游的概念界定及内涵要素

微课：奖励旅游概念、特点及作用

常见的奖励方式有现金奖励、物质奖励、精神奖励、奖励旅游。其中，现金奖励可能是最受欢迎的，但效果却不是最佳的。因为使用现金奖励，开销可能很大，增加了支出费用，效果却一般，现金没有持续性的激励价值，容易与惩罚相混淆。物质奖励为实物奖品奖励，存在的问题是大家对实物价值的看法有所不同，很难满足得奖人的需求。多数获奖者对实物的估价低于其实际价格。精神奖励指评先进、评劳动模范、媒体报道表彰等中国式的精神奖励，存在问题是榜样的作用不稳定，还容易产生人际矛盾。

### （一）奖励旅游的概念

奖励旅游的英文名称为"incentive travel"，"incentive"的含义是"刺激""鼓励"。国际奖励旅游管理者协会对奖励旅游的定义是"奖励旅游是一种向完成了显著目标的参与者提供旅游作为奖励，从而达到激励目的的一种现代管理工具。"奖励旅游使受奖者有一种新的荣誉感，增强他们对企业的认同，有利于企业员工之间，企业与客户、客户与客户之间的交流，有利于企业的市场宣传。

### （二）奖励旅游的内涵要素

奖励旅游的本质是"一种现代化管理手段"，其最终目的是协助企业达到特定的目标。表面上来看，奖励旅游是对员工个人的奖励，实际并不止于此。从欧美奖励旅游市场的经验来看，奖励旅游不仅能有效激励员工，减少员工流动性，还在顾客满意、达成理想的财务目标，维护、扩大销售渠道及塑造企业文化等方面都有显著效果。

奖励旅游的核心是"鼓励"，这种鼓励具有"继往开来"的双重性，既是对以往工作成绩的奖励，也是对未来工作的激励。与传统的奖励形式相比，奖励旅游是一种长效激励。在参加奖励旅游的过程中所产生的令人愉悦的精神享受和难以忘怀的经历，对员工和其他奖励旅游者的内在激励将是长久的。奖励旅游成功的关键是"非比寻常"，奖励旅游的行程安排独特，"无限惊喜""备感尊荣"是奖励旅游最高的精神写照。奖励旅游的参与主体是对企业的发展做出或即将作出贡献的优秀人员，他们往往都是企业中的顶尖好手和特殊人才。奖励旅游的载体是旅游活动，专业旅游企业是奖励旅游活动的策划者与实施者。奖励旅游除了奖励和慰劳还有多重附加功能，如凝聚员工向心力，树立企业形象，强化企业文化，持续鼓励员工提升工作绩效，甚至是为企业开拓市场做准备等，但最终目标是实现企业的持续、稳定和健康发展。

## 二、奖励旅游的作用

奖励旅游可以满足员工的成就感和荣耀感，迎合其获得承认和受尊重的需要。根据马斯洛需求层次理论（图6-2），人的需求可分成生理需求、安全需求、社会需求、尊重需求和自我实现五类，依次由较低层次到较高层次排列。而奖励旅游满足的是较高层次的需求。

奖励旅游的激励作用可以提高企业业绩，增强员工的荣誉感和向心力，加强团队建设，塑造企业文化，是达到企业管理目标，增强企业实力，促进其良性健康发展的重要手段。

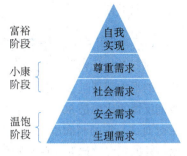

图6-2　马斯洛需求层次理论

奖励旅游为企业与员工、企业与客户、员工与员工、客户与客户之间创造了一个比较特别的接触机会，大家可以在旅游这种比较放松的情境中做一种朋友式的交流。这样，员工与客户不但能借此了解到企业与企业管理者富有人情味的一面，而且员工之间、客户之间能趁此机会加强彼此间的沟通与了解，为今后开展工作和业务交流提供了便利。同事结伴出游可以培养团队精神，激发企业员工的工作热情，是企业的一种培训方式；奖励旅游也可以增强企业的亲和力和凝聚力。

## 三、奖励旅游的特点

### （一）高消费、高档次、高要求

奖励旅游是指公司为激励作出突出贡献的员工或特殊客户，往往不惜高价为他们安排与众不同的活动的一种方式。例如，选择众望所归的旅游目的地和景点，航空旅行一般选择公务舱，抵达目的地后住高档酒店，在当地租用大型会议中心举办活动，享用最富特色的高档餐饮，这样奖励旅游团的消费远远高出普通观光团。而奖励旅游团成员因为感觉是"免费旅行"，所以也会爽快地进行个人消费。

据有关统计，一个豪华奖励旅游团的消费通常是一个普通旅游团的5倍，他们不但在交通工具、住宿、餐饮等方面体现出了高档次的特征，如豪华饭店、大型晚宴、特殊的旅游线路等，而且在旅游活动内容、组织安排及接待服务上要求尽善尽美。同时，奖励旅游原本就不同于一般意义上的观光和商务旅游，它通常需要提供奖励旅游服务的专业公司来为企业"量身定做"，使奖励旅游活动中的计划与内容尽可能地与企业的经营理念和管理目标相融合，并随着奖励旅游的开展逐渐体现出来。因此无论是对奖励旅游产品的本身，还是对设计这些旅游产品的专业公司都提出了较高的要求。

### （二）奖励旅游效用显著

一些研究管理问题的心理学专家在经过大量调查和分析后发现，把旅游作为奖品来奖励员工、客户时，其所产生的积极作用远比金钱和物质奖品的刺激作用要强。

奖励旅游是刺激员工积极性行之有效的方式，通过奖励旅游中的一系列活动，如颁奖典礼、主题晚宴、企业会议、赠送贴心小礼物等，将企业文化、理念有机地融于奖励旅游活动中，又如企业的高层人物若出面作陪，与受奖者共商企业发展大计等，这既是对参加者的一种肯定，而且又达到了"寓教于游"的目的，同时还可有效地调整企业上下层、企业与客户间的关系，使受奖者有一种新的荣誉感，增强他们对企业的认同感，激励其更好地为企业服务。

### （三）利润高、季节性不强

国际奖励旅游协会的研究报告显示，一个奖励旅游团的平均规模是110人，而每一个客人的平均消费是3 000美元。一个奖励旅游活动结束后客户在未来12个月的时间里回头咨询反馈的比率是80%，其中有效比率为15%～20%。由于奖励旅游团的消费较高，因此相对而言，它的利润也较其他普通旅游团高。奖励旅游团现在越来越受到一些旅游公司、旅行社的关注，同时一些奖励旅游团在季节上一般都错开了旅游的旺季，而这无疑又填补了这些旅游公司、旅行社的淡季业务空白。

头脑风暴

奖励旅游时间的确定与什么有关系？

### （四）会议型奖励旅游成为趋势

现在像过去一样的纯奖励旅游活动越来越少了，奖励旅游与会议旅游合二为一的"奖励性会议旅游"成为奖励旅游发展的趋势。究其原因，主要有两个方面：一是公司的商务理念发生了新变化，公司需要利用雇员集聚的机会，给予奖励的同时还要进行培训；二是旅游活动和旅游目的地比以往任何时候都更容易被人们喜爱和接受。

## 四、奖励旅游的类型

### （一）按活动模式划分

#### 1. 传统型

传统型奖励旅游是指从20世纪60年代至20世纪90年代中期，企业惯用的奖励旅游模式。这类奖励旅游有一整套程式化和有组织的活动项目，通常有以下几个流程。

（1）会议：公司举办年会、培训等活动，为员工提供交流学习的机会。

（2）旅游：组织参与者去附近的旅游目的地观赏、休憩。

（3）颁奖典礼：对表现突出的员工或作出重要贡献的经销商举行公开表彰。

（4）主题晚宴或晚会及赠送赋予含义的礼物：别出心裁的主题宴会是行程中的重头戏，从场地的选择及布置到晚会节目的设计、气氛的营造及餐饮的安排，每一个细节都要令员工难忘，融入企业文化的安排具有增强员工荣誉感、加强企业团队建设的作用。

传统型奖励旅游在环节设计时注重通过豪华、高档和大规模来体现奖励旅游者的身价，并通过制造惊喜，使参加者产生美好回忆。

#### 2. 参与型

参与型奖励旅游是奖励旅游市场的发展趋势，尤其体现在欧洲市场方面。越来越多的奖励旅游者要求在他们的旅游日程安排中加入参与型项目。例如，参加旅游目的地当地的传统节日等民俗活动，品尝风味美食，参与富于竞争性、趣味性的体育活动或者是探险类的活动，如徒步、登山、划艇、漂流等。

英国激励旅游公司董事、总经理约翰·劳逊先生认为，参与活动对协作精神的形成特别有好处，"它对人们能起到激励作用，激发他们相互竞争的心态，因为每个人都想获得胜利。"瑞士一位旅游咨询顾问称，回归大自然的倾向正在日益增强，"人们需要尝试不同口味的东西，打着黑领带的团体已经过时了，他们需要到森林中去，需要徒步旅游和氢气球旅游。"

## （二）按活动目的划分

### 1. 慰劳型

作为一种纯粹的奖励，奖励旅游的目的主要是慰劳和感谢对公司业绩提升有功的人员，缓解其工作压力，旅游活动安排以高档次的休闲、娱乐等消遣性活动项目为主。

### 2. 团队建设型

奖励旅游的目的主要是促进企业员工之间，企业与供应商、经销商、客户等之间的感情交流，增强团队氛围和协作能力，提高员工和相关利益人员对企业的认同度和忠诚度，旅游过程中注重安排参与性强的集体活动项目。

### 3. 商务型

奖励旅游的目的与实现企业特定的业务或管理目标紧密相连，如推介新产品，增加产品销售量，支持经销商促销，改善服务质量，增强士气，提高员工工作效率等。这类奖励旅游活动几乎与企业业务融为一体，公司会议、展销会、业务考察等项目在旅游过程中占据主导地位。

相关案例：美国企业奖励旅游经典案例

### 4. 培训型

奖励旅游的目的是对员工、经销商、客户等进行培训，最常见的为销售培训。旅游活动与培训结合，"寓教于乐"，可以更好地实现培训目标。

## 项目训练

1. 分析案例中体现出的奖励旅游的特点和作用。
2. 选择国内外某个会奖旅游发达的城市，分析其发展会奖旅游的优势及举措。

## 复习思考题

1. 展览的组成要素有哪些？
2. 会议的组成要素有哪些？
3. 节事活动的功能有哪些？
4. 会展业与旅游业的关系。
5. 奖励旅游的作用及特点。

# 项目七

# 研学旅行业

 项目导读

组织实施研学旅行活动需要主办方学校、供应方基地营地、承办方服务机构共同协作完成。其中研学旅行服务机构处于运营中游环节，发挥重要的支撑作用，要协调主办方学校、供应方基地营地等建立研学旅行服务供应关系，并协调各方一起组织实施研学旅行活动，共同实现研学旅行教育目标。研学旅行基地、营地是实施研学旅行活动的重要载体，是实现研学实践教育目标的重要依托，是完成研学旅行活动的重要保障。

**学习目标**

◎ 知识目标

1. 掌握研学旅行服务机构的概念，了解研学旅行服务机构的资质条件。
2. 了解研学旅行服务机构的旅行服务项目和教育服务项目。
3. 理解研学旅行服务机构的服务流程，掌握行前、行中和行后服务流程。
4. 掌握研学旅行基地营地的概念，并了解其功能和分类。
5. 理解研学旅行基地营地策划的依据、原则和步骤。
6. 掌握研学旅行基地营地建设的依据、原则、主要内容等，并了解高等级基地营地申报条件。

◎ **能力目标**

1. 能够运用所学知识，分析研学旅行服务机构的服务项目。
2. 能够调研研学旅行服务机构，并深入分析其服务内容和服务流程。
3. 能够深刻理解研学旅行基地营地，并以某地为例策划研学基地营地项目。

◎ **素质目标**

1. 树立致力于从事研学旅行行业的职业信心。
2. 能够收集研学旅行行业相关信息，提升融入社会、与人交往的能力。
3. 提升逻辑思维、与人沟通交流以及语言表达能力。

◎ **思政素养**

1. 培养对研学旅行行业的认同感以及将来从事研学旅行行业的荣誉感和自豪感。
2. 锻炼专业能力，增强创新意识，培养吃苦耐劳的精神。

## 研学机构众多，到底谁能引领行业新格局①

近年来，随着中央以及全国各地研学政策的陆续出台，研学市场获得迅猛发展。作为素质教育改革的重要途径之一，研学旅行的发展一直备受社会和媒体的关注。

1. 研学旅行机构井喷式增长

2016 年，教育部等 11 个部门联合发布《关于推进中小学研学旅行的意见》，大力推进研学旅行的发展。但同时因为《关于推进中小学生研学旅行的意见》并未对研学机构的资质、准入条件等作出相应规范，从而导致研学机构遍地开花。据企查查数据显示，过去几年全国包含研学性质的公司多达 44 884 家，2018 年是研学行业井喷的一年，这一年新成立的研学机构便有 5 934 家，平均每天就有 16 家新的研学旅行机构诞生。截至目前，全国仍有 25 843 家研学机构处于在业或存续状态。自国家大力推进研学旅行以来，各路媒体大肆宣传研学旅行的千亿级学生市场，让研学旅行一时风头正盛，但是行业繁荣的背后问题也不容忽视。

2. "表象"下功夫，"隐象"原地踏步

由于研学旅行市场构成的特殊性（旅行社＋研学机构＋教育机构），市场上的研学旅行产品本质上大多数还是"多旅少学""只旅不学"。市场上大多数企业还是在执着"表象"，比如，深挖教育元素，更牛的文案，猛砸课程设计等，却没有真正意识到研学旅行要实现教育和旅游的跨界融合，核心元素需要的是融合而不是组合。研学旅行产品作为研学旅行的核心元素之一，广义定义包括前期课程设计、中期课程执行、后期课程服务。产品

---

① 资料来源：李可为. 研学机构众多，到底谁能引领行业新格局 [EB/OL]. https://www.163.com/dy/article/FORKKAB50524H3RO.html.（2020-10-13）[2023-02-10].

内容上：要在难度设置、知识植入、各环节教育功能链接、外部环境的安全性、突发事件的预判等环节做全面统筹规划。落地实施上：要融合学生的身心发展特点、注意力被分散的针对性教学方法等，正是这些细微环节的链接、融合才能让学生乐学、会学，提升其主动性、参与性和创造力。

3. 同质化严重，好产品难落地

在研学旅行政策红利的撩拨下，当前大多数研学旅行企业选择了速度，少数企业选择了质量。无论是重速度的快企业还是重质量的慢企业，快和慢只是发展路径不同，最后的落脚点还是会回到"质量"。但企业选择优先发展速度还是优先发展质量，不是由自身决定的，而是由关键竞争因素决定。比如，行业特性、成本结构、客户体验的决定性因素。

例如，做平台的研学旅行公司就要求速度，平台需要做的是生态链。除了买卖双方，支付、担保等体系也要纳入进来。短期不能盈利的企业，必须靠规模求得自身安全，规模越大越安全；用户群越大越能吸引风投，越容易获得衍生价值，庞大的用户规模才能盈利。但某些产品支撑型的研学旅行公司，在长期针对用户需求做研究的基础上，也选择了合适的路径后却逐渐背离，本是产品支撑型的企业开始一味求快。

**思考**：目前研学机构存在哪些问题？你认为该如何解决？

# 任务一　研学旅行服务机构

## 一、研学旅行服务机构的内涵

微课：研学旅行服务机构的相关概念

教育部等11部门《关于推进中小学生研学旅行的意见》明确，学校组织开展研学旅行可采取自行开展或委托开展的形式，学校委托开展研学旅行，要与有资质、信誉好的委托企业或机构签订协议书。其中"委托企业或机构"是指与学校合作开展研学旅行活动的第三方，也是提供研学旅行产业服务的支撑性机构。在目前的研学旅行市场，与学校合作的"委托企业或机构"主要有旅行社和教育机构，我们将其统称为研学旅行服务机构。

### （一）研学旅行服务机构的概念

研学旅行活动从校内产生到校外开展，跨教育和旅游两个领域行业，其推进实施一靠政府统筹保障，二靠产业提供服务。与学校合作的"委托企业或机构"，即研学旅行服务机构是帮助学校（主办方）与各供应方之间建立服务供应关系的支撑性服务机构。它需要为学校学生提供以乡土乡情、县情市情、省情国情为主的研学旅行活动课程体系，提供研学旅行过程中的交通、食宿保障服务等，需要与各供应方一起做好研学旅行课程的组织与实施，并提供安全保障服务等。

研学旅行服务机构除了要为学校学生提供专业的旅行引导服务外，还要提供研学旅行活动过程中的教育服务，这是研学旅行服务机构与一般旅行社或一般教育机构的不同之处，有必要对其专门界定。

在当前国内研学旅行行业中，研学旅行服务机构（study travel service organization）是指在中华人民共和国境内从事研学旅行服务业务的企业或机构，其服务业务主要包括开展研学旅行活动需要的旅行服务和教育服务，其功能主要为帮助活动主办方（学校）与资源供应方之间建立服务供应关系，与合作方一起组织实施研学旅行活动。

研学旅行服务机构是联结研学旅行实施主体的主办方（学校）和提供研学旅行服务的供应方之间的中介体，是研学旅行活动的承办方（undertaker），是处于研学旅行产业运行中游的支撑性服务机构，目前主要包括具有研学经营资质的旅行社和具有旅行社资质的教育机构。

## （二）具有研学经营资质的旅行社

### 1. 概念界定

具有研学经营资质的旅行社特指开展研学旅行服务、达到国家 3A 以上等级的旅行社。作为研学旅行服务机构的一种类型，具有研学经营资质的旅行社特别强调开展研学旅行的专业定位，能够满足研学旅行活动中多方面的教育需求，能够衔接研学旅行活动主办方（学校）和资源供应方。

微课：研学旅行服务机构的资质要求

一般旅行社不能承办研学旅行活动，只有具有研学经营资质的旅行社才能与学校签订合同、提供研学旅行服务，成为研学旅行活动的承办方。2016 年，国家旅游局颁布的《研学旅行服务规范》明确规定，作为承办研学旅行的旅行社应连续三年内无重大质量投诉、不良诚信记录、经济纠纷及重大安全责任事故；应设立研学旅行的部门或专职人员，宜有承接 100 人以上中小学生旅游团队的经验；应与供应方签订旅游服务合同、按照合同约定履行义务。

### 2. 资质条件

（1）经营资质。作为研学旅行服务机构的旅行社应在中华人民共和国境内依法注册，符合《旅行社国内旅游服务规范》(LB/T 004) 和《旅行社服务通则》(LB/T008) 的要求，符合国家标准《旅行社等级的划分与评定》(GB/T 31380—2015) 中的 3A 及以上等级。如《武汉市中小学生研学旅行　第 1 部分：服务机构评定与服务规范》中的研学旅行服务机构（study travel service organization），特指开展研学旅行服务，达到 DB42/T 537 的 3A、4A、5A 级的旅行社。

（2）安全资质。作为研学旅行服务机构的旅行社，应连续三年内无重大质量投诉、不良诚信记录、经济纠纷及重大安全责任事故，其企业法人有良好的个人征信报告。

（3）专项资质。作为研学旅行服务机构的旅行社，应独立设置研学部门，配置研学专业人员，建立研学旅行管理制度体系，有完善的研学旅行岗位作业标准。能够开展研学旅行服务业务，具有承接 100 人以上中小学生旅游团队的经验。

以湖北省武汉市为例，武汉市旅游发展委员会、武汉市教育局颁布了《武汉市中小学生研学旅行　第 1 部分：服务机构评定与服务规范》，其中"部门与人员要求"部分规定：应设置专门的研学管理部门，建立研学旅行管理制度体系；应有完善的研学旅行岗位作业标准；应确保师生比例达到 1∶15；应为每个研学旅行团队配置服务机构研学导师、导游、安全员、研学工作人员；每团学生超过 20 人或特殊团队应配备一名医护人员。

（4）师资资质。作为研学旅行服务机构的旅行社，应具有开展研学旅行活动的专业师资队伍，从业人员应具有组织校外实践教育活动的经验，以及应急救护的基本常识和基本技能。

以吉林万达国旅为例，作为吉林省十强旅游企业，自有办公面积750平方米，员工150余人，其中参与社会组织培训取得研学旅行指导师证书者占三分之一。连续三年无重大质量问题、不良诚信记录、经济纠纷及重大安全责任事故。为开展研学旅行服务，还专门取得了教育部门批准，成为吉林省研学旅行入选旅行社。

### 3. 基本要求

开展研学旅行活动需要作为主办方的学校、作为供应方的基地营地、作为承办方的服务机构共同协力完成，作为服务方的旅行社只有积极介入研学旅行教育服务，旅行社自身才可能因增值而体现价值，因价值而获得发展。

（1）面对主办方和供应方：服务机构要与主办方、供应方签订旅游服务合同，按照合同约定履行义务。在与主办方（学校）沟通服务尤其是招投标时，需要递交旅行社营业执照、旅行社业务经营许可证、旅游责任险大保单、法人身份证（或委托书）、导游证复印件等，以确保符合主办方对研学旅行经营资质的要求。

（2）面对学生：在研学旅行服务中，服务机构的每位工作人员都要自我定位为研学旅行指导师，愿意时时、事事服务，帮助、引导学生，树立教育服务理念。

（3）面对教育服务：服务机构应积极依托研学旅行基地营地，开发研学旅行线路，形成科普教育、历史文化、传统文化、国防教育、红色革命遗迹、农耕体验、劳动教育等特色鲜明的研学旅行精品线路课程，保障研学旅行教育服务。

## （三）具有旅行社资质的教育机构

### 1. 概念界定

具有旅行社资质的教育机构特指具有旅行社经营资质、开展研学旅行服务的教育机构。

我国教育机构的类型很多，正规合法的教育机构应在中华人民共和国境内依法注册，经教育行政部门审批认定，符合《中华人民共和国民办教育促进法》《国务院办公厅关于规范校外培训机构发展的意见》等规范要求，但一般教育机构因为没有旅行社经营资质，不能承办学校的研学旅行活动，只有通过挂靠旅行社或自行申请取得旅行社资质，才能与主办方（学校）签订服务合同，提供研学旅行服务，成为研学旅行活动的承办方。

### 2. 资质条件

（1）经营资质：作为研学旅行服务机构的教育机构，需要通过挂靠旅行社或自行申请取得的方式，获得3A级或以上旅行社经营许可资质，才能与主办方（学校）签订服务合同，提供研学旅行服务，成为研学旅行活动的承办方。

（2）安全资质：作为研学旅行服务机构的教育机构，应连续三年内无重大质量投诉、不良诚信记录、经济纠纷及重大安全责任事故，其企业法人有良好的个人征信报告。

（3）专项资质：作为研学旅行服务机构的教育机构，应有固定的经营场所并设立独立的研学部门，建立研学旅行管理制度体系，有完善的研学旅行岗位作业标准，能够开展研学旅行服务业务，有承接300人以上中小学生教育活动的经验。

（4）师资资质：作为研学旅行服务机构的教育机构，应具有开展研学旅行活动的专业师资队伍，其师资要求拥有省级及以上教育行政部门或专业社会组织颁发的研学旅行指导师职业证书，从业人员应具有组织校外实践教育活动的经验，以及应急救护的基本常识和基本技能。

以北京大才精诚教育科技有限公司为例，其工商备案具备教育咨询及组织文化交流活动资质，同时挂靠某国际旅行社开展业务合作，解决了旅行社资质问题。借这两种运营资质混合模式，为陈经纶中学、首师大附属实验学校、深圳中学、盐田实验学校等开展的研学旅行活动提供了研学服务。尤其是在执行团队配置上，为配合首师大附属实验学校山东研学活动出行，特别安排以北京大学师生为指导师队伍的执行团队，所有的指导师均有野外急救认证，部分为医学院在校研究生，全部接受过社会机构组织的研学指导师认证培训并跟队见习超过3次，严格的专项资质和师资资质保障了研学活动的顺利安全实施，连续三年零事故。

### 3. 基本要求

在组织开展研学旅行过程中，承办方服务机构以自身的教育敏感性和专业视角，与供应方基地营地协力打造研学课程，为主办方（学校）提供包括课程在内的周到旅行服务。作为服务机构只有积极介入研学旅行的旅行服务，才能确保研学旅行活动课程的顺利实施。具体要求体现为以下两方面。

（1）面对主办方：服务机构依据主办方的招投标要求参与公开竞标，如实提供机构相关资质证明、研学旅行课程方案或研学手册、安全责任承诺书、从业人员证明以及业绩证明等。

（2）面对旅行服务：在开展研学服务方面，服务机构应重点强化研学旅行安全管理，严格选购经相关部门认可的交通、餐饮和住宿等服务产品。服务机构从业人员（含研学旅行指导师）上岗前应进行安全风险防范及应急救助技能培训。应成立专业的应急处置部门，安排专人负责协调处置突发事件，购买文化旅游部门与中国银保监会共同推广的统保示范项目的旅行社责任险，譬如服务机构需要提示参加研学旅行的师生购买人身意外伤害保险的责任旅行险，并在研学活动中购买每次人身伤亡赔偿限额不低于60万元，全年累计赔偿限额不低于1 000万元的保险。

以重庆明石教育公司组织的北京研学旅行活动为例，其从自身对教育的敏感性和专业视角与供应方协力打造专门的高校励志教育研学课程，同时为保障研学活动的安全实施，在活动开展前一个月时间，与主办方一起前往北京调研，在食住行等方面深度考察，严格按照主办方的要求筛选各类合作供应机构，并与供应机构签署专项合作协议，确保在研学过程中提供周到的旅行服务。

## （四）研学旅行服务机构与各方的角色定位

组织实施研学旅行活动需要主办方（学校）、供应方基地营地、承办方服务机构共同协作完成，其中处于运营中游环节的研学旅行服务机构发挥着重要的支撑作用。服务机构要协调主办方（学校）、供应方基地营地等建立研学旅行服务供应关系，并协调各方一起组织实施研学旅行活动，共同实现研学旅行教育目标。

服务机构在协调各方共同组织实施研学旅行的过程中，需要提前把握并梳理主办方、承办方、供应方三者的联系及各自的角色定位，做到各有侧重，承担共同而有区别的责任：主办方（学校）侧重于研学旅行活动中的学与研，委托服务机构组织学生出行；服务机构侧重于研学旅行活动中的行与旅，核对基地营地等供应方的基础供给，辅以课程服务提供给主办方（学校）；基地营地等供应方侧重于研学旅行活动课程及旅行服务保障供给，维系良好的供需关系，共谋发展。

## 二、研学旅行服务机构的服务项目

研学旅行服务机构在研学旅行的运作中起着承上启下的重要支撑作用，其通过参与公开竞标的方式，与主办方（学校）建立服务供应关系，为主办方（学校）提供安全、周到的研学服务保障，主要包括旅行服务项目和教育服务项目。

### （一）旅行服务项目

研学旅行服务机构提供的旅行服务项目涉及交通、餐饮、住宿、安全等，具体分述如下。

#### 1. 交通服务

交通是出行的前提条件，作为旅游业三大支柱之一的交通客运业在研学旅行领域同样重要，教育部等11部门《关于推进中小学生研学旅行的意见》中明确了交通运输部门的职责，即负责督促取得道路运输许可证的客运企业为中小学生研学旅行优先提供符合安全要求的车辆，督促相关企业做好学生出行客运车、船等交通工具的安全检查。交通部门负责督促有关运输企业检查学生出行的车、船等交通工具。

研学旅行服务机构要重视交通服务，秉承研学旅行交通先行的准则，把交通出行作为开展研学旅行活动的前置基础，遵照国家相关政策规制，与资质手续齐全的交通运输企业签署服务合作协议，确保研学旅行交通工具的合法化。在具体交通服务上，服务机构需要遵照《研学旅行服务规范》要求，做到以下三方面。

（1）交通安全预案服务：作为服务机构，需要向主办方提供交通安全预案服务，制定交通服务各环节的安全防范手册或指南，向学生宣讲交通安全知识和紧急疏散要求，组织学生安全有序乘坐交通工具。

（2）交通安全选择服务：承办研学旅行服务，要慎重考虑车程，若单次路程在400千米以上的优先选择铁路交通，以专列或专有车厢为服务保障基准，提前与铁路运输部门沟通备案，组织绿色通道或开辟专门的候乘区域；在沿江沿海区域，若是选择水运交通方式开展研学旅行活动，服务机构应以旅游客船为服务保障基准，与水运运输部门沟通备案。选择的水运交通工具应符合《水路客运服务质量要求》（GB/T 16890—2008）的要求，要为研学学生组织绿色通道或开辟专门的候乘区域；在低于400千米范围的市辖区及紧邻省市区开展研学服务活动，以汽车客运交通方式为服务保障基准，选用大巴需符合《旅游客车设施与服务规范》（GB/T 26359—2010）要求，行驶道路不宜低于省级公路等级，驾驶人连续驾车不得超过2小时，停车休息时间不得少于20分钟。

（3）交通安全宣讲服务：服务机构有义务协助主办方（学校）提供研学旅行活动交通告知服务，即提前告知学生及家长相关交通信息，以便其掌握乘坐交通工具的类型、时间、地点以及需准备的有关证件。

#### 2. 餐饮服务

服务机构提供餐饮服务，需要以食品卫生安全为首要前提，选择餐饮服务供应方时，应选择证照齐全、规范经营的用餐企业,为主办方提供合格的餐饮保障服务。在具体餐饮服务上,服务机构需要遵照研学旅行服务规范的要求,做到如下几点。

(1)提供餐饮服务:服务机构提供餐饮服务,有义务协助学校对涉及用餐企业和机构资质及安全措施进行前置性审查,用餐企业需符合《旅游餐馆设施与服务等级划分》(GB/T 26361—2010)等要求,并明确餐饮机构应当承担的安全责任。

(2)提供餐饮安全预案:服务机构需要向主办方提供餐饮安全预案服务,制定餐饮服务各环节的安全防范手册或指南,向学生宣讲用餐礼仪及文明用餐知识。督促餐饮提供方做好食品留样工作。

(3)提供进餐秩序方案:服务机构在具体设计餐饮服务时,应提前制定就餐座次表,组织学生有序进餐。同时在学生用餐时做好巡查服务工作,确保餐饮服务质量。

### 3. 住宿服务

服务机构应本着安全、卫生、舒适的基本要求,为学校提供高性价比且符合要求的住宿酒店或营地。同时要协助学校开展学生行为规范教育,提高学生的安全防范意识,确保学生人身财产安全,创造安全、整洁、卫生、文明、舒适、优美的住宿环境。在具体住宿服务上,服务机构要遵照研学旅行服务规范的要求,做到如下几点。

(1)提供住宿服务:服务机构应秉承安全第一、集中食宿的要求,本着便捷高效管理的原则,为学校提供住宿服务。要确保提供的酒店或营地具备完善的公共信息导向标识,符合标志用公共信息图形符号的要求。

(2)确保住宿区域的安全通道:服务机构提供住宿服务,要考虑入住酒店或营地时,承运车辆能安全进出停靠区域,尤其是要确保学生在安全区域上下车。

(3)提供住宿信息及宣讲服务:服务机构应提供入住酒店或营地的信息告知及宣讲服务,应详细告知学生入住注意事项,宣讲住宿安全知识,带领学生熟悉逃生通道及饮食安全的保障服务。

### 4. 安全服务

研学旅行的活动行程存在关联单位多、关联业态多、参与人数多、服务环节多、安全内容多、安全风险点多、安全管控难度大等特点,服务机构在安全服务单位上,涉及政府、学校、服务机构和供应方等,安全内容涉及交通安全、食品安全、住宿安全、师生身心安全、财产安全、景点安全、基地活动安全等多方面的内容,服务机构应建立相应的安全服务保障体系。服务机构应高度重视安全服务保障,筑牢研学旅行安全思想防线。

在具体安全服务上,服务机构应遵照研学旅行服务规范的要求,做到如下几点。

(1)安全服务制度构建:服务机构需要建立并编制系统的安全服务管理制度,实现安全服务的管理制度化,包括研学旅行安全服务手册、研学旅行安全管理工作方案、研学旅行各类安全应急预案即服务手册、研学旅行产品安全评估制度、研学旅行安全教育培训制度等。同时,要依据时间及活动内容不断迭代完善。

(2)安全管理实施服务:服务机构应根据各项安全管理制度的要求,对参与研学旅行活动的工作人员进行培训,明确安全管理责任服务人员及其工作职责;在研学旅行活动过程中安排安全管理人员随团开展安全管理服务工作。

(3)协助安全教育服务:服务机构应根据学校的要求,为学校提供安全讲座、安全防控教育读本等服务。

## （二）教育服务项目

《研学旅行服务规范》明确，教育服务项目包括教育服务计划、教育服务项目、教育服务流程、教育服务设施及教材、教育服务实施、教育服务评价机制六个方面内容，服务机构应特别重视这些教育服务的内容，精心设计编制研学旅行活动方案，协助学校制定研学旅行工作规程，做到"活动有方案，行前有备案，应急有预案"，并按照研学目标认真组织实施研学旅行活动。具体来说，服务机构的教育服务项目主要包括研学活动课程规划服务、研学活动课程行程服务和研学活动课程评价服务。

### 1. 研学旅行活动课程规划服务

《研学旅行服务规范》规定，研学旅行教育服务计划即承办方和主办方应围绕学校相关教育目标，共同制订研学旅行教育服务计划，明确教育活动目标和内容，针对不同学龄段学生提出相应学时要求，其中每天体验教育课程项目或活动时间应不少于 45 分钟。

结合研学旅行教育计划的要求，研学旅行活动课程规划服务需要服务机构将自然环境与社会人文有机结合起来，并准确地看到旅行中课程的研与学的体现点，将其形成明确的研学课程实施方案，编制包括研学课程目标、研学课程安排、研学课程组织、研学课程实施、研学课程评价等预设和详细的规划内容。具体来说，研学旅行活动课程规划服务主要包括如下几方面。

（1）对接课程行前备案服务：组织开展研学旅行活动，主办方（学校）需要对接教育行政主管部门，寻求资金及政策支持，包括研学旅行活动出行审批申报，这就要求作为承办方的服务机构在进行课程对接时，协助主办方进行出行备案，按要求提供备案所需的方案、申报书等材料。一般来说，由区县级教育行政部门审批，要求申报学校提前 10～15 天提交备案，按规定的备案表如实填写。具体行前备案服务内容包括协助学校完成研学旅行审批表制作、研学线路课程方案、安全应急预案、学校研学旅行报告等。

（2）编制课程实施方案服务：服务机构在确定承办研学活动后，需要将包括研学旅行课程资源在内的研学旅行线路进行预设编制，与主办方一起实地勘察走线，在此基础上进行课程实施设计及后续研学旅行手册制作，包括目的地资源属性确认、课程资源信息收集、课程资源安全防范措施与预案设定、课程实施时间节点及实施地点规划、课程实施的环境物资条件选择、课程线路的优化安排、课程实施组织方式的确定、研学食宿规划确认、研学教案指南设计制作等。

（3）商定课程应急预案服务："应急有预案"是教育部等 11 部门对开展研学旅行活动的基本要求，也是活动主办方（学校）高度重视的内容，是要求承办方在组织活动前就协作完成的内容。服务机构需要在周密详细活动方案的基础上，制作可以呈报给教育行政部门的安全预案，包括研学旅行活动安全预案指导思想、安全预案工作目标、安全预案组织成员构成、实施时间、实施地点、分工安排、紧急事件处理办法及程序等。

（4）配合课程方案的招投标服务：招投标是主办方（学校）开展研学旅行活动的一项常规工作，学校要与有资质、信誉好的服务机构签署协议。服务机构在此过程中按学校要求完成招投标服务，完成符合招标公告信息要求的活动课程项目介绍、课程内容设计、研学课程线路规划、研学课程指导师团队、课程实施保障与服务标准安全责任承诺书、研学旅行手册编制规划、投标保证金等，积极参与开标、评标工作。

## 2. 研学旅行活动课程行程服务

完备的组织体系是研学活动课程能够顺利、有序、高效开展的基本保障。服务机构应协助主办方（学校）统筹管理，制订课程服务工作方案，确定行程中的各方职责，明确人员分工，按照"三阶段四环节"研学旅行活动课程服务模型开展课程实施服务。即按时间顺序把整个课程服务规划为行前的行程宣讲服务、行中的课程协调服务、行后的过程评价服务三个阶段，按照课程设计实施的要素和环节，进行目标确定、资源选择、课程实施、课程评价四个环节的方案编制服务。

（1）宣讲行前课程服务：为保障研学旅行活动课程的安全、高效实施，服务机构需要在出发前3～5天入校进行行前的课程宣讲。

以初高中学生为例，服务机构需要协助学校进行探究式专题讲座、旅行知识讲座、出行安全知识讲座等。如出行安全知识讲座包括交通安全讲解服务、游览安全提醒服务、饮食卫生辨识服务、人身财产安全保障服务等。

（2）协调行中课程服务：服务机构在研学旅行活动过程中起着关键的协调作用，协助活动主办方（学校）组织学生出行，协同供应方基地营地落实课程执行。服务机构要保障与研学目的地、各供应方、学校、家长、学生相互间沟通信息精确无误、全面和及时有效。具体来说，行中课程协调服务体现在以下几点。

① 研学旅行指导师执行服务。作为服务机构要配备基本领队、研学旅行指导师、安全员、医护等人员，条件允许还可以辅以青少年心理学辅导老师，以保障有足够的师资服务于活动课程执行全过程。教学内容由领队或指导师协助供应方配合完成；学生的组织与管理服务由学校老师协助领队保障教学秩序；紧急事件处理服务上由事件发生地最近指导师或领队作为第一责任人，迅速汇报给承办方、主办方负责人，即刻联系随队医护人员予以处理。

② 服务机构管理制度保障服务。服务机构要建立完善的机构服务管理制度，包括研学旅行的从业人员岗前、行前、行后的相关培训，包括：安全法律法规、安全管理制度、安全操作服务流程办法、安全岗位服务职责制度等。服务机构的制度保障还体现在围绕研学旅行的乘车安全、交通安全、消防安全、餐饮安全、住宿安全、心理安全、旅行安全等方面，开设心理辅导、应急疏散、紧急救护等专业课堂，服务并培训从业人员。

③ 体系化的课程实施服务。课程实施服务体系化构建，体现服务机构的服务素养和服务意识，尤其是确保活动安全的服务课程，因材施教进行安全体验类的课程设计。如可在交通服务中，将乘车安全课程设置在客车或列车上，引导学生观察车辆所配备的灭火器、安全带、安全锤、安全门、安全窗等安全器材，让学生认识巴士车上安全带的作用、佩戴方法和设计原理，熟悉火车上的安全逃生通道、安全锤布局、列车安全管控信息系统等，通过教学模型或数字视频等现场模拟教学紧急情况下的使用方法，将安全知识渗透到研学旅行活动中。

④ 完善的过程性评价服务。作为承办方，服务机构应当从服务的视角建立过程性评价体系，包括服务于学生的课程实施满意度评价、服务于主办方的活动组织实施满意度评价、服务于教学的学生研习行为参与度评价等。尤其是对服务机构活动组织实施的评价，其评价内容可以根据履行服务的合同完成情况、履行服务的课程实施能力情况、履行管理协作服务的情况等三个方面，设计评价表单，确保主办方对课程实施过程和实施结果的及时

评价。

（3）协助行后课程服务：协助主办方（学校）及各供应方完成行后研学课程的服务总结是服务机构的职责，在其三方协议里应有体现。具体来说，以三方合同协议为基准，服务机构需要协助主办方（学校）完成学生评价分值的记录，服务、研学旅行活动征文及评比，研学旅行活动成果展示等。还要协同各供应方提升服务，主要涉及影像资料收集、课程研讨迭代、设备设施布局调整等。

### 3. 研学旅行活动课程评价服务

研学旅行活动结束后，学校要及时实施行后课程总结及成果汇报，作为服务机构，有义务提供课程评价的协助和协调服务。行程结束后，服务机构需要安排研学旅行指导师或领队协助学校完成汇报交流及展示会前期准备，协调相关领域专家入校开展讲座及研学活动成果指导工作，通过协助和协调服务，提升学校整体研学活动成果报告的思想高度和文化深度，增强服务机构与主办方的黏性与信任度。

## 三、研学旅行服务机构的服务流程

开展研学旅行活动自然分成了行前、行中和行后三个时段，每一时段都遵循一定的实施流程。

### （一）行前服务流程

#### 1. 确定研学方案

作为承办方，服务机构需要分别与主办方、供应方沟通，综合供应方的资源和主办方的学情、生情需求，确定研学旅行活动方案。服务机构可通过"明确教育服务方向、保障教育服务过程、落实总结服务过程、提升行后评价服务、制订教育服务计划"五步服务流程法，编制研学旅行活动方案规划。

服务机构依据主办方要求，制作研学旅行活动方案可繁可简，字数不在多而在于保证方案基本要素齐全。研学活动方案一般包括：活动主题、活动参与对象、活动目标意义、活动时间地点、活动组织实施形式、活动内容概述、活动日程安排、活动组织分工、活动职责职务、活动安全教育预案措施、活动安全负责人姓名及联系方式等，依据实际出行交通、天数、人数等划定规模，对方案的每个方面都要进行周密安排，形成文案做成手册留档备案。

（1）与主办方沟通：服务机构在招标确定委托之前，就要与主办方（学校）沟通，就计划开展、研学目的地资源及线路进行研究，编制详尽的课程方案和研学手册，给学校及家委会进行研学活动主题内容宣讲，待服务机构中标后，依据与主办方确定的研学方案，进行后续以目的地旅行服务、课程服务等为导向的线路勘查和研学课程手册的再修订编制。

同时，需要协助主办方（学校）共同开展包括领队老师培训说明会、家长会、随队老师与研学旅行指导师对接会、行前说明会、行前各项安全演练等在内的多项工作。

（2）与供应方沟通：与供应方确定研学活动方案流程时，需要遵照三方协议，具体落实用餐、住宿、用车、研学点环境、指导师确认、课程内容等。具体来说，用餐上，需要明确用餐餐厅资质、用餐环境、周边环境、菜品质量、服务人员资质、安全出入口、洗手间位置及地面防滑度、消防设施，并做好备选餐厅预留；住宿上，要求明确住宿地资质、周边环境、住宿房间设施情况、用水用电设备、服务人员资质、安全出入口、消防设施、安保人员等；交通车辆上，要明确车辆资质、司机资质、车辆基本状况、车内设施、安全带、安全锤、紧急出口标识、消防设施，做好备用车辆预留；研学点周边环境要求停车方便，停车场位置距离、洗手间位置数量合适等；研学旅行指导师要求有相关资质，其语言讲解能力、口碑、工作态度、服务水平等也应综合考虑；最后，课程内容实施落地要做到不脱节，在完成研学手册要求课程之外，可适当拓宽课程内容。

### 2. 制定安全预案

教育部等 11 部门《关于推进中小学生研学旅行的意见》明确规定，交通部门负责督促有关运输企业检查学生出行的车、船等交通工具。公安、食品药品监管等部门加强对研学旅行涉及的住宿、餐饮等公共经营场所的安全监督，依法查处运送学生车辆的交通违法行为。保险监督管理机构负责指导保险行业提供并优化校方责任险、旅行社责任险等相关产品。

服务机构应遵照教育、文旅等行政部门的要求，在交通、住宿、饮食等方面做好安全组织防范，作为承办方在制定相应安全预案时可参照如下流程。

（1）交通安全预案：服务机构根据所在地区实际情况，与学校沟通后，择优选择交通出行工具，制定符合地方学校要求的交通安全实施预案细则。

（2）住宿安全预案：服务机构根据所在地区住宿酒店或营地的实际情况，与学校研学旅行指挥组沟通确定后，依据住宿环境制定符合学校要求的住宿安全实施预案细则。

（3）行走安全预案：服务机构根据所在地区实际情况，与学校研学旅行指挥组勘察线路时，依据目的地的地形地貌，结合研学活动课程的内容，协同制定符合活动场地行走安全的实施预案细则。

（4）饮食安全预案：服务机构根据所在地区实际情况，与学校研学旅行指挥组勘察线路时，择优选择用餐酒店或营地，并结合餐厅及周边环境制定符合地方实际且满足学校要求的饮食安全实施预案细则。

（5）突发应急预案：服务机构根据所在地实际情况，与学校商定后，分析目的地过往数据，因地制宜制定符合学校要求的突发应急安全实施预案细则。

## （二）行中服务流程

### 1. 途中引导服务

服务机构组织学生乘坐大巴从学校出发前往火车站，即标志着研学旅行活动的正式开启。其在途中的引导服务也较烦琐，需要做细致的流程梳理，包括组织学生集合、组织学生进站、组织学生上火车、组织学生出站、组织实施活动、组织师生用餐、组织师生住宿、组织过程评估、组织学生返校等，需要编制详细的流程方案。

### 2. 途中跟踪服务

服务机构要秉承不忘初心的服务意识，做好研学旅行途中的全程跟踪服务，要把控好用车、用餐、住宿、指导师等每一个环节，拍摄留存照片，提醒学生及时做好研学记录、汇报每天情况。

## （三）行后服务流程

研学旅行活动结束后，承办方行后服务的重要一环就是对课程及其实施全过程提供总结服务，以促进下次服务工作的改进和提升，其行后总结服务主要体现在研学招投标、课程内容编制、课程组织实施、课程落地执行等方面。

### 头脑风暴

研学旅行服务机构的服务流程是怎样的？

### 项目训练

以小组为单位，到某一研学旅行服务机构进行实地调研，深入理解研学旅行服务的内容，并完成一份调研报告。

# 任务二　研学旅行基地营地

## 一、研学旅行基地营地的内涵

### （一）研学旅行基地营地的概念

微课：研学旅行基（营）地的内涵与功能

为推动研学旅行更好地发展，2016年12月，原国家旅游局颁发《研学旅行服务规范》一文提及研学营地一词，并将其解释为研学旅行过程中学生学习与生活的场所。

2018年6月6日，《教育部办公厅关于开展"全国中小学生研学实践教育基（营）地"推荐工作的通知》（教基厅函〔2018〕45号）中，给研学实践教育基地下的定义为：研学实践教育基地主要指各地各行业现有的，适合中小学生前往开展研究性学习和实践活动的优质资源单位。该单位须结合自身资源特点，已开发或正在开发不同学段（小学、初中、高中）、与学校教育内容衔接的研学实践课程。给研学实践教育营地下的定义为：研学实践教育营地主要指具有承担一定规模中小学生研学实践教育的活动组织、课程和线路研发、集中接待、协调服务等功能，能够为广大中小学生开展研学实践活动提供集中食宿和交通等服务的单位。

2019年3月1日，中国旅行社协会与高校毕业生就业协会联合发布《研学实践教育基（营）地设施与服务规范》，该文件提出了研学实践教育基（营）地，并定义为：研学实践教育基（营）地［study travel base（camp）］是自身或周边拥有良好的餐饮住宿条件、必备的配套设施，具有独特的研学旅行资源、专业的运营团队、科学的管理制度以及完善的安全保障措施，能够为研学旅行过程中的学生提供良好的学习、实践、生活等活动的场所。

由此可见，研学旅行基（营）地需要满足相应的硬件和软件两方面的基本要求。在硬件方面需要具有一定的实践教育资源，具备能够满足中小学生开展研学实践教学的基础设施设备和活动场所。在软件方面需要具有从事研学实践教育工作的专业队伍，能够根据中小学生的特点开展研学实践课程的开发设计和组织实施。

教育部等 11 部门《关于推进中小学生研学旅行的意见》中明确要求，研学旅行要坚持教育性原则、实践性原则、安全性原则和公益性原则。作为研学旅行活动的载体，研学旅行基（营）地必然具备教育性、时间性、安全性和公益性的特性。

## （二）研学旅行基地营地的区别

作为开展研学旅行活动的场所，研学旅行基地与研学旅行营地没有本质上的区别。但从全国和各省（自治区、直辖市）关于研学旅行基地和营地的评定条件和规范标准中看，二者主要有以下不同之处。

### 1. 接待设施与接待规模的不同

研学旅行营地具备至少同时接待 1 000 名学生集中食宿的相应设施，对研学旅行基地并无此要求。同样，研学旅行营地可以同时开展至少 1 000 名学生的研学活动，而基地则需要根据实际规模安排开展研学活动的学生人数。因此，研学旅行营地具备开展更长时长研学旅行活动的条件。

### 2. 课程资源的不同

研学旅行基地通常是建立在现有的爱国主义教育基地、国防教育基地、革命历史类纪念设施遗址、优秀传统文化教育基地、文物保护单位、科技馆、博物馆、生态保护区、自然景区、科普教育基地等资源单位的基础上，因此自身拥有特色鲜明的课程资源，为开展研学旅行课程设计提供了得天独厚的条件。研学旅行营地通常依托于周边的研学实践教育基地或教育资源开展研学旅行线路设计。

## （三）研学旅行基地营地的特性

教育部等 11 部门《关于推进中小学生研学旅行的意见》明确要求，研学旅行要坚持教育性原则、实践性原则、安全性原则和公益性原则。作为研学旅行活动的载体，基地营地必然有着与研学旅行一致的教育性、实践性、安全性和公益性等特性，同时还具有其自身的地域性和开放性。

### 1. 教育性

研学旅行要结合学生身心特点、接受能力和实际需要，注重系统性、知识性、科学性和趣味性，为学生全面发展提供良好的成长空间，因此教育性是研学旅行基地营地的本质特性。基地营地的硬件、软件建设要从教育出发，突显教育功能，有利于实现教育目标。

### 2. 实践性

基地营地的实践性表现为其课程和设施要满足学生动手实践、亲身体验的需要，尤其是课程设计与实施应尊重学生的主体地位，以主题实践教育活动为主，以培养创新精神和实践能力为目标，变知识性的课堂教学为实践性的体验教学。

### 3. 安全性

基地营地的安全性是由其服务对象的特殊性所决定的。基地营地的选址要远离地质灾害和其他危险区域，要始终坚持安全第一，配备安全保障设施，建立安全保障机制，明确安全保障责任，落实安全保障措施，设立安全应急预案，确保学生的安全。

### 4. 公益性

《关于推进中小学生研学旅行的意见》规定，研学旅行"不得开展以营利为目的的经营性创收"，因此，基地营地应把谋求社会效益放在首位，对贫困家庭学生有实施减免费用的义务。

#### 5. 地域性

基地营地要体现地域特色，其课程资源一般是该地域自然或人文资源的典型代表。如黄山市呈坎国家级研学实践教育基地依托呈坎八卦村景区的徽派建筑文化开发研学课程，以其独特的徽文化主题课程吸引全国各地的中小学生蜂拥而至，彰显了地域文化的魅力。

#### 6. 开放性

基地营地的开放性，一是表现为教学环境的开放性。基地营地的一切活动课程和设施配套要区别于学生惯常的校园课堂学习环境，应有利于引导学生到自然和社会环境中拓宽视野、丰富知识、了解社会、亲近自然和参与体验。二是表现为服务对象的广泛性。任何基地营地对所有学生开放，欢迎、接纳任何地方、任何适龄段的中小学生入驻开展研学活动，不受任何地域或其他方面的限制。

### （四）研学旅行基地营地的功能

#### 1. 教育功能

研学旅行引导受教育者走进自然、走进社会，在旅行体验过程中进行研究性学习和探究性学习，以实现实践育人的教育目的，研学旅行基（营）地作为研学旅行的载体，具备开展教育活动的教室、活动室、实验室等教育设施，通过不同主题的研学课程、研学线路和研学实践体验实现教育目的。教育功能是研学旅行基（营）地的首要功能。

#### 2. 服务功能

研学旅行基（营）地需要具备相应的基础设施和接待能力，基（营）地还需要提供一定规模学生的食宿服务，满足中小学生集体生活的需要。服务功能是研学旅行基（营）地的基础功能。

#### 3. 休闲功能

部分研学旅行基（营）地是依托自然、人文景区而建，本身具有优美的环境和浓厚的文化氛围，能够满足中小学生在研学旅行过程中的愉悦身心需要、审美需要，帮助中小学生在轻松愉悦的环境和氛围中学会学习、健康成长。

### （五）研学旅行基地营地的分类

#### 1. 根据资源类型分类

按照资源类型不同，研学旅行基（营）地分为知识科普型、自然观赏型、体验考察型、励志拓展型、文化康乐型。

微课：研学旅行基（营）地的分类

（1）知识科普型：主要包括各种类型的博物馆、科技馆、主题展览、动物园、植物园、历史文化遗产、工业项目、科研场所等资源。

（2）自然观赏型：主要包括山川、江、湖、海、草原、沙漠等资源。

（3）体验考察型：主要包括农庄、实践基地、夏令营营地或团队拓展基地等资源。

（4）励志拓展型：主要包括红色教育基地、大学校园、国防教育基地、军营等资源。

（5）文化康乐型：主要包括各类主题公园、演艺影视城等资源。

## 2. 根据教育主题分类

根据教育主题的不同，研学旅行基（营）地可以分为优秀传统文化型、革命传统教育型、国情教育型、自然生态型、国防科技型。

（1）优秀传统文化型：主要包括文物保护单位、古籍保护单位、博物馆、非遗场所、优秀传统文化教育基地等资源。

（2）革命传统教育型：主要包括爱国主义教育基地、革命历史类纪念设施遗址等资源。

（3）国情教育型：主要包括体现基本国情和改革开放成就的美丽乡村、传统村落、特色小镇、大型知名企业、大型公共设施、重大工程等资源。

（4）自然生态型：主要包括自然景区、城镇公园、植物园、动物园、风景名胜区、世界自然遗产地、世界文化遗产地、国家海洋公园等。

（5）国防科技型：主要包括国家安全教育基地、国防教育基地、海洋意识教育基地、科技馆、科普教育基地、科技创新基地、高等学校、科研院所等资源。

## 3. 根据资源单位性质分类

根据依托的资源单位性质的不同，基地营地可以分为自然景区型、文化遗产型、综合实践基地型、农业基地型、工业园区型、高等院校和科研院所型、重大工程型等。

（1）自然景区型，指国家公园、自然公园等供游览欣赏的天然风景区，如山岳、湖泊、河川、海滨、森林、石林、溶洞、瀑布、历史古迹名胜等。如国家级研学旅行基地黄山风景区、黄河壶口瀑布风景名胜区等。

（2）文化遗产型，指不可移动的物质文化遗产，包括古遗址、古墓葬、古建筑、石窟寺、石刻、壁画、近现代重要史迹及代表性建筑等不可移动文物，以及在建筑式样或与环境景色结合方面具有突出普遍价值的历史文化名城（街区、村镇），如国家级研学旅行基地故宫博物院、平遥古城等。

（3）综合实践基地型，指我国一些省市为中小学生开展校外综合实践培训修建的青少年校外实践基地。如国家级研学旅行营地上海市青少年校外活动营地（东方绿舟）、宜昌市青少年综合实践学校等。

（4）农业基地型，指可用于中小学生素质教育和农业实践的区域性农产品基地。如湖北省研学旅行营地枝江东方年华田园综合体等。

（5）工业园区型，指国家级经济技术开发区、高新技术产业开发区、保税区、出口加工区等，工业生产要素集聚、工业化集约强度高、产业特色突出、功能布局优化市场竞争力强的现代化产业分工协作的特定生产区域，如国家级研学旅行基地上海无线电科普教育基地等。

（6）高等院校和科研院所型，指具有高科技资源可用以开发研学旅行活动课程的高校或科研院（所）。如国家级研学旅行基地北京航空航天大学（航空航天博物馆、"月宫一号"综合实验装置）、中国科学院青海盐湖研究所等。

（7）重大工程型，如国家级研学旅行基地中国长江三峡集团公司、南水北调中线干线北京市房山区大石窝镇惠南庄泵站、丹江口水利枢纽管理局丹江口工程展览馆等。

#### 4. 根据评定部门的级别分类

按照评定部门的级别分类，研学旅行基（营）地可以分为县（区）级、市级、省级和国家级。

#### 5. 根据投资主体分类

按照投资主体不同，研学旅行基（营）地可以分为民营投资型、政府举办型以及政府和民间资源共同投资的混合所有制型。

 头脑风暴

研学旅行基地营地的分类有哪些？

## 二、研学旅行基地营地的策划

策划就是事先筹谋、计划和设计，研学旅行基地营地的策划就是为了制定出合理的、可行的、能达到最佳效果的基地营地规划设计方案而事先进行的系统、全面思考、运筹。由于研学旅行是教育与文旅融合而生，作为其载体的基地营地也是一个兼有"校园"和"景区"双重属性的新事物。因此，策划研学旅行基地营地既要遵从教育规律和教育目标要求，又要从文旅产业的角度思虑谋划。

### （一）策划依据

策划的要点很多，但从根本上不会脱离资源和市场两个基本元素。因此，策划基地营地应认真研判课程资源条件，深入研究各学段研学教育目标及需求，优化配置，精心设计。

#### 1. 资源条件

课程资源是策划研学旅行基地营地的物质基础，策划基地营地确要结合域情、校情、生情，依托自然和文化遗产、红色教育基地和综合实践基地等资源单位，通过对有课程价值的资源及各相关要素的分析研判，策划设计特色鲜明的主题型基地营地或综合型基地营地项目。

一般情况下，基地主要依托自身的课程资源禀赋开发设计主题鲜明的研学课程。如湖北省郧阳青龙山恐龙蛋化石群国家地质公园是一家国家级研学旅行基地，该基地依托恐龙化石和恐龙蛋化石群教育资源设计了"走进中生代"古地质生物主题研学课程，特色鲜明而深受欢迎。营地可以根据自身资源开发设计研学课程，对于缺乏课程资源的营地，也可以设计植入一些"放之四海皆可"的素质拓展、公共安全、劳动课等主题课程。如依托校外教育机构获批的40家"全国研学实践教育营地"中，很多单位自身并不具有充分的课程资源，而是依据其食宿条件及政府校外教育机构的资质，设计与周边课程资源相结合的研学线路。

还可以根据不同属性的课程资源策划不同主题的基地营地，如依托历史博物馆、文物展览馆、物质和非物质文化遗产地等策划的历史文化主题教育基地营地，依托革命纪念地、烈士陵园（墓）等策划的红色主题教育基地营地，依托展览馆、美术馆、音乐厅等策划的文化艺术主题教育基地营地，依托科技馆、科研机构、高新技术产业园等策划的科普主题

教育基地营地，还有依托军事博物馆、国防教育馆等策划的国防主题教育基地营地等。

### 2. 教育需求

了解教育需求是策划基地营地项目、实现基地营地功能的前提。研学旅行是一门培养学生综合素质的活动课程，课程开发面向学生的个体生活和社会生活，课程实施注重学生主动实践和开放生成，研学旅行基地营地要满足研学活动开展、实现研学旅行育人目标，这些教育理念以及研学旅行目标需求应该成为引导基地营地策划的重要依据。

基地营地要将研学旅行作为理想信念教育、爱国主义教育、革命传统教育、国情教育的重要载体，根据小学、初中、高中不同学段的研学旅行目标，有针对性地开发自然类、历史类、地理类、科技类、人文类、体验类等多种类型的活动课程，建立小学阶段以乡土乡情为主、初中阶段以县情市情为主、高中阶段以省情国情为主的研学旅行活动课程体系。

## （二）策划原则

研学旅行是跨文旅产业和教育行业的新事物，承载研学旅行活动的基地营地是链接文旅产业和教育事业的连接器，是组合文旅产品和课程的集成品，因此策划基地营地项目既要遵从教育本质和需求，又要服从文化旅游的属性和特征，坚持以下原则。

### 1. 主题为先

主题是基地营地的灵魂、方向或主导，基地营地只有首先确定主题，才能开始规划设计建筑设施，确定整体风格，开发研学课程体系。

### 2. 课程为本

基地营地是实施活动课程的载体和依托，研学课程是基地营地的核心吸引物，开发设计系列研学课程是策划基地营地项目的根本。

### 3. 体验为要

体验既是研学旅行活动课程的本质要求，也是旅游的本质所在，基地营地无论是硬件设施还是课程设计，都应高度重视学生的体验感受，为他们完成研学旅行尽可能提供方便。

### 4. 品牌为愿

创建品牌是竞争制胜的法宝，策划基地营地应确定目标定位，明确发展愿景，在品牌打造上狠下功夫。

## （三）策划步骤

充分了解和把握项目策划的步骤或程序，才能确保稳步有序地进行工作。基地营地项目策划涉及的范围很广，环节较多，可以简要分为以下三个阶段。

### 1. 调研资源，头脑风暴

首先要确定策划项目的范围，然后遴选出该项目中有教育价值的资源，分析教育资源的属性特征，寻找与中小学研学目标的结合点，并进行头脑风暴。

### 2. 确定主题，构思设计

集中多方智慧，寻找策划线索，厘清繁复的思路以产生构思，提炼课程主题，精心构思方案，确定项目期待的目标和成果。

### 3. 厘清思路，形成文本

将构思设计形成系统的策划文本。

## (四）文本要素

一般情况下，基地营地项目策划文本至少包括但不仅限于以下要素。

### 1. 基础分析

基础分析包括调研和分析国家及地方政策、研学旅行发展现状、基础条件与制约因素、研学目标市场等背景条件及信息资讯。

### 2. 课程资源分析

深入分析研学课程资源，营地还需要对周边教育资源进行整合分析，确定基地营地的教育主题，实现教育资源效益的最大化。

### 3. 目标与定位

提出基地营地建设发展的目标定位、功能定位、市场定位及发展战略和思路等。

### 4. 研学主题设计

基地营地应根据自身或其周边教育资源的情况，确定至少一项符合培养学生发展核心素养目标的研学主题，如优秀传统文化教育、红色传统教育、国防教育等，作为基地营地课程的主打方向，统领研学课程和线路的开发设计。

### 5. 研学课程和线路设计

基地营地应在既定研学主题的统领之下，根据不同学段的研学目标及实际需求，有针对性地开发设计研学课程、研学线路及其他研学项目。

### 6. 空间布局与场馆建设

确定基地营地的功能分区和硬件设施，包括基础设施、教育设施及其他配套设施的总体布局，策划重点发展项目，场馆设施的设计应根据主题教育的需要、考虑中小学生动手实践方面的需求。

### 7. 支持与保障体系设计

策划设计基地营地建设的保障措施，包括政策、市场、资金、人力、安全、医疗、质量等全方位保障体系。

### 8. 投资估算与效益分析

测算基地营地开发建设的总体投资，估算基地营地的社会效益和经济效益。基地营地的公益性决定了其更看重社会效益。

## 三、研学旅行基地营地的建设

研学旅行遵循卢梭的自然主义教育思想，要求受教育者走向大自然、走向社会，对自然万物进行直接的接触与观察，以一种旅行的方式感知周围的世界，并在充满体验感知的过程中获得成长的快乐。研学旅行基地营地的建设应充分尊重中小学生实践、体验、愉悦的需求，突出教育功能。本节主要阐述基地营地建设的依据、原则、内容和标准。

### （一）建设的规范依据

为保证研学旅行基地营地规划的科学、规范，基地营地建设应遵循以下政策规范。

#### 1. 政策法规依据

教育部等 11 部门《关于推进中小学生研学旅行的意见》是推进我国中小学研学旅行工作的指导性文件，其中提出的关于加强研学旅行基地建设的明确要求，是建设基地营地的重要依据。《研学旅行服务规范》作为行业标准,对研学旅行基地营地也有界定和规范,基地营地建设也必须遵守。

### 2. 教育理论依据

研学旅行是一门活动课程,是中小学实践教育的重要形式和有效途径,基地营地建设应体现国家的教育意志。国家颁布的《中小学综合实践活动课程指导纲要》《中小学德育工作指南》和《关于全面加强新时代大中小学劳动教育的意见》中,对研学旅行的课程性质、课程目标、课程内容等作出了科学阐释,提出了目标要求。这些相关论述体现的教育理念、课程理念及教育目标等都是指导基地建设的重要理论依据。

### 3. 技术规范依据

作为实施研学旅行活动的场所,理想的基地营地应具有校园的育人氛围、景区的优美环境、公园的休憩设施,以实现其校外教育、集体生活、休闲审美三大功能。要满足这些功能,基地营地的建设可以借鉴"两个园子"(即校园和景区)的标准,即依据《中小学校设计规范》和《旅游景区质量等级评定管理办法》中的相关指标建构框架。

另外,《休闲露营地建设与服务规范》(GB/T 31710—2015)、《研学旅行服务规范》(LB/T 054—2016)、《中小学生研学实践教育基地、营地建设与管理规范》(CQC/GF JD0002—2018 中国质量认证中心)、《研学旅行基地(营地)设施与服务规范》(T/CATS 002—2019 中国旅行社协会)以及一些地方标准也可以作为基地营地建设的技术参考。

## (二)建设的基本原则

研学旅行工作要坚持教育性原则、实践性原则、安全性原则和公益性原则,作为开展研学旅行活动的载体和依托,研学旅行基地营地的建设也要以此为指导,遵循以下六个原则。

### 1. 教育性原则

研学旅行是中小学生的一门活动课程,研学旅行基地营地是根据小学、初中、高中不同学段的研学旅行目标,开展自然类、历史类、地理类、科技类、人文类、体验类等多种活动课程的重要载体。因此基地营地的建设要从教育出发,结合中小学生的身心特点、接受能力和实际需要,有融合理想信念教育、爱国主义教育、革命传统教育、国情教育、生活实践教育以及培养学生动手能力、团队协作能力和社会责任感、创新精神等多个综合教育功能。

### 2. 实践性原则

研学旅行是中小学综合实践育人的重要途径,是必修课综合实践活动课程的重要形式。建设研学旅行基地营地,不论是课程设计、环境创设,还是基础设施、硬件配套都要满足学生动手实践、亲身体验的需要,以达到了解社会、亲近自然、参与体验、拓宽视野的目的,基地营地不能只供中小学生旅游观光或是展馆静态参观。

### 3. 安全性原则

研学旅行是以集体旅行、集中食宿方式开展的校外教育活动,研学旅行基地营地要具备学生集体开展活动课程的能力,营地还要具备同时接待 1 000 名以上学生集中食宿的能力。基地营地的建设要远离地质灾害和其他危险区域,坚持安全第一,建立安全保障机制,明确安全保障责任,落实安全保障措施,设立安全应急预案,努力做到万无一失,确保学生安全。

#### 4. 体验性原则

研学旅行活动中的学习方式是体验式，体验式学习是青少年学生心理素质教育的有效手段，是对现代学校教育内容的有效补充。研学旅行基地营地的硬件设施、活动课程及环境氛围都要有利于引导学生主动参与、乐于探究、勤于动手，让学生有动手、动脑、动口的机会，从而实现培养学生综合素质、社会责任感、创新精神和实践能力的教育目的。

#### 5. 地域性原则

研学旅行基地营地的建设要结合地域特色，要依托所在地的自然和文化遗产资源、红色教育资源和综合实践基地、大型公共设施、知名院校、工矿企业、科研机构等，建设主题性基地营地或综合性基地营地，让地域特色、自然环境、文化遗存、民俗风情中蕴含的乡土乡情的文化基因以耳濡目染的方式浸染学生心灵。

#### 6. 公益性原则

研学旅行是国家基础教育改革的重要内容，基地营地建设应把谋求社会效应放在首位，在提供的活动课程及其相关服务中，杜绝开展过度的以营利为目的的经营性创收，并需建立相应的收费减免政策。

### （三）建设的主要内容

现阶段尚未出台研学旅行基地营地的国家标准或行业标准，教育部门组织评定的"全国中小学生研学实践教育基地""全国中小学生研学实践教育营地"也未形成建设指标体系。研究分析一些地方标准或团体标准，如《福建省中小学生研学实践教育基地建设与服务标准（试行）》《武汉市中小学生研学旅行 第2部分：研学基（营）地评定与服务规范》《中小学生研学实践教育基地、营地建设与管理规范》《研学旅行基地（营地）设施与服务规范》等，我们发现基地营地的建设主要围绕资质条件、基础设施、研学课程、安全管理、专业人员、服务质量等要素进行。我们将其分为选址、硬件和软件三个方面逐一阐述。

#### 1. 选址

基地营地的选址应符合国家和地方对自然环境、文化、历史和资源保护等方面的要求，相关活动场所和功能区地理位置的选择应考虑以下因素：发生自然灾害的可能性；各类污染源的潜在影响；交通的安全与便利性；实现紧急救援或及时应对突发事件的可行性；水、电、通信等基础设施的完备性，能源、动力供给的便捷、充足性；可依托的自然、历史、文化等资源及周边社会人文环境。

#### 2. 硬件

基地营地的设施应该具有承接学生开展研学实践活动的能力，研学旅行营地及含有食宿功能的基地还应精心设计配套食宿设施，其硬件设施建设至少包括以下方面。

（1）教育设施：应配备与研学课程相适应的基本硬件条件，要建有主题教育场馆、活动场所或展览馆藏，并配备适宜的展示方式、教材教具与场地空间。

（2）游览设施：应设置必要的游览步道，公共休憩区，以及必要的导览、提示标识等。

（3）配套设施：主要包括与研学实践活动相关的接待、基地营地区间交通、通信，除了安全、医疗、卫生等方面的设施，营地还需要建设规范的食宿设施。设施应配置完善以满足不同类型和时长的研学课程需要。

（4）应急设施：应配备适宜的应急装备、器材、逃生通道等。

基地营地应对上述基础设施的维护进行策划与实施，应定期进行检查，以确定和减少潜在的安全、功能、性能等方面的风险。

### 3. 软件

基地营地的课程、服务及管理等软件应满足中小学生开展研学实践活动的需要，至少包括以下方面。

（1）人员配备：基地营地应确定为满足研学实践要求所需的岗位及其能力要求，并确保配备数量充足、能力胜任的从业人员；应采取培训或其他措施，确保相关人员胜任其岗位。确保有犯罪记录、有精神病史、有吸毒史的人员不能从事与研学实践活动直接相关的工作。

（2）研学课程：基地营地应根据自身或其周边教育资源的情况，设计特色鲜明的研学主题，并围绕主题、结合不同学段的研学目标和需求，开发设计研学课程、研学线路及其他研学项目。如湖北省郧阳青龙山恐龙蛋化石群国家地质公园依托其独特的"龙蛋共生"（该地同时出土了恐龙化石和恐龙蛋化石）资源优势，开发设计了"走进中生代"主题的研学课程体系。

（3）管理体系：基地营地应设置实现工作目标所需的职能部门、规章制度、业务流程等，并定期对所建立的管理体系进行检查与评审，持续提升其管理体系的有效性和效率。明德未来营地董事长王京凯认为管理运营高效的基地营地应建立"一文化一后台三中心"的架构："一文化"是指基地营地要形成与研学主题有关的独特的基地营地文化；"一后台"是指基地营地要建设有力的行政管理和后勤物业管理后台；"三中心"是指基地营地要具有高效运转的教务、营销、后勤三个运营中心。

（4）安全保障：基地营地应建立安全管理机制，明确落实安全责任；应制定相关的安全管理制度以确保研学服务的安全提供；应开展适当的内部和外部的安全教育，提升全员的安全意识，外部安全教育与沟通的对象应包括学生、学校、研学机构、旅行社以及其他有关相关方；应根据所识别的重大风险如地震、火灾、食品卫生等突发情况制定应急预案；应考虑到与安全有关的潜在风险，定期及不定期系统识别、评估、评价研学服务各环节中的相关安全风险，采取适宜的措施，持续降低安全风险。

## （四）高等级基地营地建设

2016年教育部等11部门《关于推进中小学生研学旅行的意见》中强调，要加强研学旅行基地建设，各地各部门组织要密切合作，根据研学旅行育人目标，依托自然和文化遗产资源、红色教育资源和综合实践基地等，遴选建设一批安全适宜的中小学生研学旅行基地，探索建立基地的准入标准、退出机制和评价体系。此后两年，教育部先后公布了581家"全国中小学研学实践教育基地"和40家"全国中小学研学实践教育营地"。推荐评审上述国家级研学实践教育基地营地的基本条件如下。

### 1. 基地

基地应结合自身资源特点，已开发或正在开发不同学段（小学、初中、高中）与学校教育内容衔接的研学实践课程，同时应满足下列条件。

（1）具有下列主题板块之一的课程资源。

① 优秀传统文化板块，包括旅游服务功能完善的文物保护单位、古籍保护单位、博物

馆、非遗场所、优秀传统文化教育基地等单位，能够引导学生传承中华优秀传统文化核心思想理念、中华传统美德、中华人文精神，坚定学生的文化自觉和文化自信。

②革命传统教育板块，包括爱国主义教育基地、革命历史类纪念设施遗址等单位，引导学生了解革命历史，增长革命斗争知识，学习革命斗争精神，培育新的时代精神。

③国情教育板块，包括体现基本国情和改革开放成就的美丽乡村、传统村落、特色小镇、大型知名企业、大型公共设施、重大工程等单位，能够引导学生了解基本国情及中国特色社会主义建设成就，激发学生爱党爱国之情。

④国防科工板块，包括国家安全教育基地、国防教育基地、海洋意识教育基地、科技馆、科普教育基地、科技创新基地、高等学校、科研院所等单位，能够引导学生学习科学知识，培养科学兴趣，掌握科学方法，增强科学精神，树立总体国家安全观，树立国家安全意识和国防意识。

⑤自然生态板块，包括自然景区、城镇公园、植物园、动物园、风景名胜区、世界自然遗产地、世界文化遗产地、国家海洋公园、示范性农业基地、生态保护区、野生动物保护基地等单位，能够引导学生感受祖国大好河山，树立爱护自然、保护生态的意识。

（2）具备承接中小学生开展研学实践教育的能力，能够结合单位资源特点，设计开发适合小学、初中、高中不同学段学生，与学校教育内容相衔接的课程和线路，学习目标明确、主题特色鲜明、富有教育功能；有适合中小学生需要的专业讲解人员及课程和线路介绍。

（3）能够积极配合教育部门工作，对中小学生研学实践教育活动实施门票减免等优惠措施，单位周边交通便利，适宜中小学生前往开展研学实践教育活动，在本地区、本行业有一定示范意义。

（4）财务管理体制明确，内部保障机制健全，产权清晰，运行良好，日常运转经费来源稳定；注重预算管理、绩效评价，内部控制与财务制度健全，会计基础工作规范，具备项目管理能力。

（5）近三年来没有受到各级行政管理（执法）机构的处罚。

### 2. 营地

营地应具有承担一定规模中小学生研学实践教育的活动组织、课程和线路研发、集中接待、协调服务等功能，能够为广大中小学生开展研学实践活动提供集中食宿和交通等服务，同时应满足下列条件。

（1）是教育系统所属的公益性青少年校外活动场所、综合实践基地等。

（2）研学实践教育资源丰富，开发合理。单位周边有若干个研学实践教育基地或教育资源，能够满足学生2～5天的研学实践教育活动需求。研学实践教育课程和线路设计科学，有多个不同主题、不同学段（小学、初中、高中），且与学校教育内容衔接的研学实践课程和线路，能够实现中小学研学实践教育活动的育人目标。

（3）师资队伍充分，业务能力较强。有从事研学实践教育工作的专职队伍，能够设计规划课程和线路，能够组织中小学生集体实践，开展研究性学习，促进书本知识和生活实践深度融合，落实立德树人根本任务，促进学生培育和践行社会主义核心价值观。

（4）各项运行制度健全，保障与承载能力强。单位正常安全运行1年以上；房屋、水电、通信、消防等基础设施配套齐全，环境整洁、卫生良好，能够满足正常运行的需要；

能够同时接待1 000名以上学生集中食宿；所在地交通便利，能够提供满足开展研学实践教育活动的交通需求；内部具备基本的医疗保障条件，周边有医院；有安全措施和保障能力，有安全警示标志、有专门的安全应急通道，有24小时、无死角的监控系统，有现场安全教育和安全防护措施，有应急预案，从未发生过重大安全事故。

（5）领导班子政治素质高、统筹协调能力强，组织机构健全，管理制度完备。有专门机构（专人）负责中小学生研学实践教育工作，接待流程、接待方案和活动开支情况长期公开。

（6）财务管理体制明确，内部保障机制健全，产权清晰，运行良好，日常运转经费来源稳定；注重预算管理、绩效评价，内部控制与财务制度健全，会计基础工作规范，具备项目管理能力。

（7）近三年来没有受到各级行政管理（执法）机构的处罚。

国家级研学实践教育基地由国家有关部门和省级教育行政部门分别推荐国家或相关行业已挂牌的各类教育基地；国家级研学实践教育营地由省级教育行政部门遴选推荐工作基础较好的符合推荐条件的青少年校外活动场所、综合实践基地等单位，最终由教育部组织专家对基地营地进行审核、评定、命名。国家层面命名基地营地，引领和带动省市层面也命名了一批基地营地，客观上形成了我国研学旅行基地营地蓬勃发展的局面。

## 项目训练

1. 研学旅行基地、营地的建设内容包含哪些？
2. 运用所学知识原理和方法，为你身边熟悉的一家旅游景区策划研学基地项目。

## 复习思考题

1. 研学旅行服务机构的概念是什么？
2. 研学旅行服务机构的服务项目有哪些？
3. 研学旅行服务机构的服务流程是怎样的？
4. 研学旅行基地营地的分类有哪些？
5. 研学旅行基地营地建设的主要内容是什么？

# 项目八

# 文化创意业

## 项目导读

文化创意产业是指以创作、创造、创新为根本手段，以文化内容和创意成果为核心价值，以知识产权实现或消费为交易特征，为社会公众提供文化体验的具有内在联系的行业集群。文化创意产业主要包括9个大类，包括文化艺术、新闻出版、广播、电影、电视、软件、网络及计算机服务、广告会展、艺术品交易、设计服务、旅游、休闲娱乐以及其他辅助服务。文化创意产业主要有5种比较典型的发展模式，即资源活化模式、产业升级模式、技术驱动模式、城市转型模式和政策引导模式。

文化创意产品受到了很多消费者的关注，具有以文化为基础、以创意为源泉、以消费者需求为动力的生成机理。文化创意产业园是一系列与文化关联的、产业规模集聚的特定地理区域，是具有鲜明文化形象并对外界产生一定吸引力的集生产、交易、休闲、居住于一体的多功能园区。

### ◎ 知识目标

1. 理解文化创意产业的概念。

2. 掌握文化创意产业的分类。

3. 掌握文化创意产业发展的主要模式。

4. 理解文化创意产品的概念，掌握文化创意产品的类型。

5. 理解文化创意产品的创意方法。

6. 了解文化创意产业园的概念、分类，以及国内典型文化创意产业园。

◎ 能力目标

1. 能够运用所学知识，分析文化创意产业的特点。

2. 能够总结分析我国某些城市的文化创意发展的模式。

3. 能够运用文创产品的创意方法，设计文创产品。

4. 能够以某一文化创意产业园为例，开展实地调研。

◎ 素质目标

1. 热爱文化创意与策划，有致力于从事文创产业的职业信心。

2. 能够收集文创行业相关信息，富有冒险精神，具备好奇心和觉察力。

3. 提升文案策划与写作、逻辑思维、与人沟通交流以及语言表达的能力。

◎ 思政素养

1. 坚定文化自信，积极进行优秀文创产品的设计和开发，传播中华优秀传统文化。

2. 积极培养创新意识，发展创新思维，推进相关工作领域的产品产业创新，助推国家产业兴旺。

# 案例导入

## 文化创意产业为全球城市发展提供了新的竞争力[①]

历史文化是国家和城市参与全球竞争的重要资源，也为培育城市核心竞争力（科技创新和文化创意）提供了良好的人文环境，文化创意产业和旅游业更是成为经济增长的全新领域。同时，对于移民城市来说，多元文化资源的开发利用还是改善社区经济和实现社会融合的重要手段。作为全球城市发展的新动力，许多国家纷纷针对文化创意产业制定了相关政策。

例如，自2001年以来，巴黎市政府把每年发布的《文化政策》作为文化行动纲领，有计划、有步骤地推动实现"全球文化与创意之都"的建设目标。又比如，为推进文化创意产业的发展，纽约市政府鼓励建设可持续的文化产业集群并为其提供更多发展空间和劳动力培训机会。纽约市政府于2014年底在布鲁克林区日落公园（Sunset Park）投资建立的"时装与智能穿戴创业中心"也是一个典型案例。

过去十多年来，全球大都市的文化创意产业发展都大致经历了相似的状况：受到金融

---

① 资料来源：胡子菲. 文化创意产业为全球城市发展提供了新的竞争力[EB/OL]. http://cul.china.com.cn/2022-09/14/content_42106709.htm.（2022-09-14）[2023-02-10］.

危机波及，金融、保险等传统经济部门的发展出现了停滞，在此期间，创意经济却始终保持着活力。

文化创意产业对国内城市的经济建设也有着极大的作用，有力地促进着城市综合实力的发展及精神文化建设。

例如，北京市从 2006 年至 2016 年，十年间推出四个关于文化创意产业发展格局的总体性政策，促进了文化创意产业的发展。（《北京市"十三五"时期加强全国文化中心建设规划》《北京市促进文化创意产业的若干政策》《北京市"十二五"时期文化创意产业发展规划》《北京市文化创意产业提升规划（2014—2020）》）目前，北京市主城区文化创意产业的地位已与发达国家全球城市接近，其中占比最高的是广告会展，其次是软件、网络及计算机服务和旅游、休闲、娱乐。可见，北京作为全球一线城市已拥有较高的文化创意产业发展水平。文化创意产业作为城市发展的桥梁，将进一步彰显历史文化名城的魅力，促进经济繁荣，为北京成为全球城市奠定基础。

**思考**：文化创意产业为北京发展提供了哪些新的竞争力？

# 任务一　文化创意产业概述

## 一、文化创意产业兴起和发展

微课：文化创意产业的发展现状

20 世纪 90 年代，随着知识经济时代的到来，文化创意产业逐步兴起且迅速发展，受到了世界各国和一些组织机构的高度关注。文化创意产业兴起于特殊的时代背景，一是知识经济快速发展，二是体验经济时代的到来，文化和创新成为全球竞争的新的制高点。英国首次使用"创意产业"的概念。1997 年英国创意产业特别工作小组提出"创意产业（creative industry）"概念。1998 年，英国在《创意产业专题报告》中将创意产业定义为："源自个人创意、技巧和才华，通过知识产权的开发和运用，具有创造财富和就业潜力的行业。"报告指出创意产业的范畴包括了广告、艺术、工艺品、设计、时装设计、电影与录像、互动休闲软件、音乐、表演艺术、出版、软件和电视广播、建筑、古玩市场 13 个行业类别，成为后来很多国家和地区发展文化创意产业的借鉴与依据。

不同国家或地区对文化创意产业的解释有所不同，出现过"文化产业""创意产业""版权产业"等许多概念。但总体上，文化创意产业的突出特征是知识的原创性，是高度融合了知识和文化的一种新兴产业。其中很多国家沿用英国的"创意产业"提法，美国和欧盟等国家还采用了"文化产业"或"知识产权产业"等概念。联合国教科文组织认为，文化创意产业是以文化或创意为基础，通过对知识产权的运用，能够创造财富、增大就业潜力，并提高生活环境的行业。

2015 年前后，据联合国教科文组织的研究报告，全球文化创意产业达到 2.25 万亿美元的市场规模，吸收就业人数达到 2 950 万，成为推动经济增长、促进文化多样性、造福人类社会的重要潮流。随着世界范围内数字经济的快速崛起，文化产业进入数字化转型升级的新阶段。虽然2020年以来，以人际交流和现场互动为主的文化产业门类，包括会展、文博、演艺、电影放映等受到影响，但是数字文化新业态却快速崛起。根据2022年世界唱片协会颁布的全球音乐报告，近年来，以音乐生产的数字化、音乐传播的网络化、音乐消费的场景化、音乐加工的智能化为特点的数字音乐，成为国际音乐产业贸易的强劲引擎。在2021年全球录制音乐的市场营销收入中，实体音乐制品（唱片、光盘等）仅占19.2%，整体上的流媒体音乐占比高达65.0%，下载及其他形式的数字音乐占4.3%。

从历史维度来看，我国文化创意的产业化过程经历了三个阶段。

第一个阶段的特征是兼顾文化产业和文化事业。从2009年颁布《文化产业振兴规划》开始，我国逐步提出均衡发展公益性和经营性文化产业，推动文化事业和文化产业均衡发展。相较于其他国家，我国政策对文化产业公益性的关注体现了党中央对文化产业惠及人民精神文明需要的要求。在宏观政策指引下，国家公共文化云等一系列公共文化数据平台开始建设，"三馆一站"公共文化服务设施也对大众免费开放。

第二个阶段主要是强调文化产业发展的顶层设计。党的十八大以来，党中央、国务院愈加重视文化附加值在产业发展中的重要性，进一步优化对文化产业的顶层设计，陆续制定出台一系列政策，包括《深化文化体制改革实施方案》和《"十四五"文化发展规划》等。科学系统的产业发展规划夯实了文创产业基础。

第三个阶段的重点是用科技手段提升文创内容质量，加速融合发展。动态发展是市场的主旋律，对于文化产业来说也是一样。人民的精神需要从初期的基本、基础需求，逐步发展转变到个性化、多层次。近年来，文创产业基本供应量充足乃至溢出，然而依然存在明显的问题，即高阶文创产品供不应求。这种现象反映了一个事实，即我国文创产业的消费者不再仅仅满足于基本的精神需求，开始追求差异化、深度融合的文创产品。2017年发布的《关于推动数字文化产业创新发展的指导意见》，是首个提出"数字文化产业"这一概念的政策文件。随后一系列围绕文化产业数字化的发展规划文件也延续了这一趋势。可见，事业与产业的叠合、高阶文创产品/文创产业的高质量发展、用户参与创意创新已经成为现代化文创产业的发展特征。文创产业的这一发展趋势和现代化发展的要求完美契合。

## 二、文化创意产业的特征

### （一）高知识性

文化创意产业的生产过程中需要综合运用自动化、信息技术等多种专业知识，因而呈现出高知识性、智能化的特征。例如动漫制作过程中，需要运用仿真、光电等高新技术。

### （二）强创新性

文化创意产业本质上是文化为王，但仅有文化内容，没有创新创意仍不能算是文化创意产业。文化是知识的体现与集中运用，而创新创意是结合人的智慧、灵感等形成的一种独特思维，创新创意是文化创意产业的核心。

### （三）高附加值

文化创意产业位于产业价值链中的高端环节，相比普通产品与服务，科技、文化在其附加值中占据更高的比例。如作为世界著名奢侈品品牌，爱马仕始终坚持在产品中融入历史、艺术、文化、精神以及原创，赋予产品独特的内涵，使得爱马仕产品风靡全球。

### （四）强融合性

文化创意产业能够将文化与旅游、制造、科技等要素进行融合，具有强大的经济外溢性。一方面，它能融入传统产业，为关联产品与服务注入创意内核，提高附加值。另一方面，它又能向制造等其他产业链环节渗透，带动产业延伸，提高产品质量。

## 三、文化创意产业的分类

微课：文化创意产业的定义与分类

文化创意产业在不同的国家和地区有着不同的定义，其分类也有所区别，以下是国内外具有代表性的文化创意产业的分类。

### （一）国内文化创意产业分类

（1）北京：文化创意产业分为软件、网络及计算机服务；文化艺术；新闻出版；设计服务；广告会展；艺术品交易；旅游、休闲娱乐；广播、电视、电影；其他辅助服务9类。

（2）上海：文化创意产业分为咨询策划创意、研发设计创意、文化传媒创意、和时尚消费、创意建筑设计，共包括38个中类行业，55个小类行业。

（3）深圳：文化创意产业分为传媒出版、创意设计、休闲旅游、演艺娱乐、数字影视、动漫游戏、工艺美术7类。

（4）杭州：文化创意产业分为文化会展业、现代传媒业、信息服务业、教育培训业、文化休闲旅游业、动漫游戏业、艺术品业、设计服务业8类。

（5）南京：文化创意产业分为工业设计、建筑设计、广播影视、工艺美术、出版发行、计算机软件技术、动漫游戏、表演艺术、广告设计、时尚设计10类。

（6）香港：文化创意产业分为文化艺术类（艺术品、音乐、表演艺术、古董）、设计类（设计、出版、建筑、广告）、电子传媒类（软件、计算机、电影与录像带、数字娱乐、电视与电台）等。

（7）台湾：文化创意产业分为视觉艺术、创意生活、音乐与表演艺术、文化展演设施、电影、建筑设计、广播电视、数码或数字休闲娱乐、出版、工艺、设计、时尚、广告13类。

### （二）国外文化创意产业分类

（1）英国：文化创意产业包含广告业、建筑业、工艺品、艺术与文物交易、电影业、设计、时尚设计业、音乐、出版、互动休闲软件、电视业、广播业、表演艺术、软件14个行业。

（2）澳大利亚：文化创意产业分为广播服务、健康与教育、影片前后制作、视觉艺术、书籍报刊出版、表演艺术、音像出版、建筑与设计服务、游戏出版社、广告、在线广播、新媒体通信在线服务、信息目录电子商务、付费电视等。

（3）美国：文化创意产业分为核心版权产业（计算机软件、图书报刊等）、部分版权产业（设计生产、纺织、珠宝、建筑设计等）、交叉版权产业（计算机及其配件生产、电视机、乐器等)、边缘支撑产业(互联网、交通与仓储、批发与零售业等)。

(4)日本:文化创意产业分为立体文化产业,如报刊、图书出版、电影等;大众文化娱乐产业,如体育类、综艺类、兴趣类;艺术服务产业,如展览策划、艺术演出等;文化信息传播产业,如影视副产品制造公司、网络传媒等;大文化范畴内文化产业,如手工制作、和服生产等。

(5)联合国教科文组织:文化创意产业包含环境和自然、出版印刷业和著作文献、文化遗产、音乐、体育和游戏、表演艺术、音频媒体、视听媒体、视觉艺术、社会文化活动10类。

## 四、"数字"赋能下文创产业的发展趋势

文创是一种面向未来的文化生产和传播方式,在"数字"赋能下,文创产业得以拥抱移动互联网、大数据、物联网、人工智能等新技术,最终实现"文化+科技"的全面融合发展。从国外经验看,在经济增长遇到瓶颈时,文化创意产业能够提供增长的新动力。美国、英国和韩国历史上都曾经将文化产业作为提振经济的一剂良药。那么文化创意产业将来会往哪些方向发展呢?

### (一)内容升级到体验

所有的文创产品和服务都必须以用户为中心,从用户需求和市场需求出发,通过不断迭代创新的体验来更好地吸引和留住用户,而文创产品和服务要触动内心情感更要以人为本。虽然理论上如此,但在PC互联网时代,由于连接的用户数量不够大和大数据技术不够成熟,难以通过用户画像来洞察用户内心。

移动互联网把数以十亿计的用户时时地地连接起来,可以通过大数据技术和人工智能技术来对用户进行精准画像,并在浩如烟海的数据中找准用户的需求和痛点,进而通过不断迭代的产品和服务来满足用户的实在需求和潜在需求。

### (二)集聚式突破发展

随着文创水平的提高,人们的文化需求也开始呈现个性化特征,从而催生出满足特定爱好者的文创活动集中区。如修建博物馆艺术馆满足对历史、艺术等有需求的人,提供文化街区供兴趣爱好相同的人进行文创活动,修建演艺中心供人们举办音乐节等演艺活动。

大数据、物联网、3D打印、AR/VR、人工智能和区块链等新技术不断应用在文化产业中,赋予了博物馆、艺术馆、文化街区等新的活力,博物馆、艺术馆等的功能已经大大超越了传统的范畴,变得更加社会化、多样化、数字化。

数字技术等科技极大扩展了传统文化内容的展现形式,催生出新的产品表现形式,构筑了文创发展新空间,使传统文化的发展逐步跃升为创新、规模、集约、科技的文创新经济产业。未来,随着文化需求的更加细致化、个性化,以个性文化为特色的文化载体将会逐步增多,文创新经济将集聚式突破发展。

### (三)实现动态发展

文化创意产业更多地具有文化艺术的特性,因而其风格、基调、艺术特色更多地具有多样性与差异性,它所有的技术创新追求、文化创新追求均力求充分地考虑现代社会中那

些集体和个体消费者的独特创意。文化创意产业的特色和优势就在于其内在内容不断更新的驱动。随着我国公民素质教育的不断提升，大众审美水平日趋提高。生活美学化是文化创意产业的又一重要契机，这就使得文创内生价值的增值不仅要与新经济业态中的技术紧密结合，更要在文创产品和服务的供给面提高审美价值，让生活中的创意产品和服务做到新技术、新创意、新艺术的统一。

文化和创意要素不断向经济生态、经济活动进行渗透，提供强大的内容资源和智力支持。这也就意味着传统的广电传媒、演艺出版、网游动漫等行业必须紧跟新经济的发展趋势，以内涵要素的创新作为文化创意创新的主要内容，通过创意改变和提升低端制造业水平。新经济形态下的文化创意，既是对传统文化的创新，也是在面对"00后"等成长型文化消费群体时，自身与时俱进地发展和实践。

### （四）追求文化和产业双重价值

相关案例："一大"会址的数字文创火了，三款盲盒预约一空

如果文创产业的 2.0 时代是"文化＋互联网""文化＋区块链""文化＋人工智能""文化＋科技"的形式，那么，文创产业 3.0 的时代则是"文化＋内涵"的时代。文创产业强调文化走向新局面，肤浅的东西越来越不能打动人心。

因而，3.0 版的文创是一个更有文化含量，更有精神内涵，更具文化深度的文化产业。创意是文化产业的灵魂。故宫的文创产品充分利用博物馆资源，广受欢迎，这说明中国文化产业需要培养更多设计师、策展人等有创意的文化人士，传播好中华文化的内涵。

### 项目训练

通过网络等途径，搜集"数字"赋能下文创产业的发展案例。

# 任务二　文化创意产业发展的主要模式

文化创意产业作为一种新兴的产业形态，在发达国家的城市更新和产业升级过程中，也获得了蓬勃的发展。文化和创意的融合不仅丰富了城市的精神层面，也使城市的个性形象更加鲜明。因此，很多国家都从产业战略的高度来推进文化创意产业的发展。此外，为了提升城市功能、优化产业结构，许多工业企业从市区迁往郊区，遗留下来的大批工业建筑在传统产业外迁后仍能保持较好的结构形态，自然也就变成了文化创意产业生根发芽的肥沃土壤。由于发达国家文化创意产业起步比较早，已经形成了相对比较成熟的发展模式。发展模式的概念源于经济学，是指既定的外部环境和内部因素相互作用后，所反映出来的要素组合方式和资源利用方式。目前，综合而言，国外的文化创意产业主要有 5 种比较典型的发展模式，即资源活化模式、产业升级模式、技术驱动模式、城市转型模式和政策引导模式。通过对这 5 种模式进行详细梳理和解读，为我国文化创意产业的发展提供有益经

# 项目八 | 文化创意业

验，从而加快文创产业的市场化和国际化进程。

## 一、资源活化模式

资源活化模式在实践中广泛存在，因而是文化创意产业发展的基本模式。一方面，历史文化资源、物质与非物质文化遗产以及工业遗产本身种类丰富、数量众多，可以通过创意将其转化为继续发展的动力；另一方面，各类社会文化资源与文化创意产业相融合也可以延伸出新的文化产品。文物建筑、历史遗迹是静止的、沉默的，甚至很多历史文化是无形的，因此在历史文化资源、物质与非物质文化遗产以及工业遗产的开发中，要将静止的、沉默的、无形的文化遗产变成可理解的、与现代生活相关联的，甚至是对消费者有吸引力的文化创意产品。这就需要对遗产文化进行活化，化无形为有形，使文化遗产变得可感知、可利用、可传承，并发挥其文化价值效益。总的来说，资源活化模式主要包括四个部分：前提是要开拓资源的新视野，看到废弃旧厂房、发电厂等工业遗迹的利用价值从而赋予其新的用途；基础是要梳理资源新谱系，以便发现城市和国家的潜力，为资源的开发和利用打好基础；本质是要挖掘资源新内涵，从而让废弃的资源展现出不一样的光彩；关键是要找准资源的新卖点，这对于资源的活化来说至关重要。

文化创意产业具有资源产业的特征，它既可以满足人们的需求，又可以实现价值的增长，更为重要的是能够创造新的需求，完成资源的"服务—增长—修复—再服务"循环链建立。那些印在人们脑海中的厂房、烟囱构成了都市人的乡愁，保护工业遗产、历史文化资源就是留住乡愁，利用好这些资源可以让我们的记忆得到延续。工业资源和历史文化资源是阅读城市的重要物质载体，对其实施保护和合理利用不仅有助于维护城市历史风貌，保持生机勃勃的地方特色，而且有助于改变千城一面的城市形象，具有特殊的意义。此外，文化创意产业在老工业区的聚集发展也将工业区转化成文化区，带动了本地区的经济发展和文化复兴，不但盘活了工业建筑遗产和历史文化资源，使之成为新的生产力的载体，而且使其凝聚的历史价值融入了艺术气息。可见，文化创意为老城空间注入了新的文化内容和经济活力，使得传统生活的原真性和现代文化的时尚感融合在了一起，其最终形成的文化创意空间更是让资源得以活化再利用。

欧洲历史文化资源丰富，文化创意产业占世界文化创意产业份额的34%，属于典型的资源活化模式。欧洲各国通过对其丰富的文化资源进行合理开发和市场化、商业化运作，形成了地域特色突出的文化创意产业，如王室文化、博物馆文化、生态旅游文化、建筑文化等，打造出了自己的文化品牌。对这些历史文化资源实施合理的保护、开发措施，并适当地融入现代元素，使得历史文化资源古为今用，成为极具特色的艺术展示和人们乐于光顾的交流空间。英

相关案例：法国巴黎左岸

国文化创意产业的发展，就是依托工业革命时期遗留的旧厂房、旧遗址，通过对其进行合理的开发利用而实现城市产业转型。

近年来，我国一些地区也积极探索了遗产保护与产业发展的结合发展，并形成了"活化"遗产的发展理念。其突出表现就是在强调文化遗产保护的同时，注重引入文化创意，配合活化再利用，以创意带动文化遗产的活化，从而增加遗产的文化附加值；并宣传"文化产业化，产业文化化"理念，鼓励民众关心整合地方文化产业资源，营造地方文化特色

产业，提升价值与竞争力。

## 二、产业升级模式

产业升级是文化创意产业发展的必经之路，主要是指产业结构的改善和产业素质与效率的提高。产业结构的改善表现为产业的协调发展和结构的提升；产业素质与效率的提高表现为生产要素的优化组合、技术水平和管理水平以及产品质量的提高。总体来看，文化创意的产业升级模式通常表现为产业融合和产业集聚两种形式。

### （一）产业融合

文化创意产业的发展离不开技术进步和产业融合的推动。自20世纪80年代互联网技术逐渐普及以来，特别是数字技术在传媒领域广泛应用以后，出版、电视、音乐、广告、教育等产业的融合浪潮得以推进，全球文化创意产业正在经历着产业升级引发的变革。在信息技术的渗透影响下，创意产业不仅会引起产业内不同行业边界的模糊化，而且将通过产业之间的互动促使新业态和新产品诞生。这里主要探讨文化创意产业与工业、农业、旅游业、建筑业的融合发展。

文化创意与工业的融合，在纵向延伸和横向服务两个维度上，激发了产业转型和升级的活力。文化创意与工业的横向服务链融合，主要是通过对工业产品的外观、结构、功能等进行创意设计来提高质量、提升附加值，从而大幅提升工业产品的价值。文化创意与工业的纵向产业链延伸，主要是通过创意设计来促进产品制造、配套服务、品牌服务以及专卖商店等的联动，给消费者带来情感、审美、体验等方面的愉悦，从而有效提升产业链后端的价值。闻名世界的迪士尼公司就是一个典型的代表，通过采用"讲故事系列人物形象"来吸引消费者，并因此获得了消费者的青睐和忠诚度。

文化创意与农业的融合，主要体现在农业领域创意水平和设计水平的提升，同时也促进了农业与文化、科技、生态、旅游的融合。对休闲农业及其经营场所进行创意设计，建设集农耕体验、田园观光、教育展示、文化传承一体的休闲农业园区。纵观国内外的农业发展，我们发现，如今的农业经济，是农业经济、工业经济以及知识经济等多种经济形态的融合，其发展理念与以前已经有了根本性的区别，比如"新田园经济""绿色农业""生态农业""休闲农业"等。"新田园农业"在我国台湾地区比较兴盛，"休闲农业"受到亚洲很多国家的青睐；欧美发达国家除了拥有高科技支撑下的现代农业之外，还依赖多样化的乡村旅游来推动农业经济的发展。借助文化创意产业的发展理念，将科技和文化要素有效地融入农业生产，有助于拓展农业功能、提升农业价值，从而把传统农业发展为集生产、生活、生态为一体的现代农业。

文化创意与旅游业的融合，有利于发掘旅游项目的文化内涵，打造极具魅力的旅游产品。在文化创意引领下，以旅游业为主导，复合其他相关产业，实现旅游业与文化创意之间的相互影响和相互驱动，形成多种新的旅游业态、旅游产品，通过旅游搬运效应，既能带动旅游的综合消费，又能提升文化产业的附加值，延伸产业链条，拓展产业空间，真正实现产业之间的互融和共荣。旅游与文化创意的互动融合，不仅促进了文化资源的保护和传承，提升了文化资源的价值和影响意义，同时也为旅游业的发展注入了新的活力，成为旅游业新的增长极。因此，文化创意与旅游业的有机结合，便是运用文化创意的手段来激活旅游资源的潜在价值，为旅游业注入更多的文化内涵，在促进文化创意产业蓬勃发展的同时，也助推旅游业的健康发展。

文化创意与建筑业的融合，有助于改善人们的居住环境，提升城市整体的艺术水平、文化水平和人性化水平。文化创意与建筑业的融合主要体现在以下三个方面：第一，建筑布局与文化创意的融合，有助于建筑与环境的协调以及最高效地利用土地；第二，建筑结构与文化创意的融合，有利于展现地方特色，提升建筑的文化内涵；第三，建筑材料与文化创意的融合，能够提升宜居性和舒适度，并使建筑与周边环境尽可能和谐。例如，全球历史文化名城布拉格，不仅将古城发展的历史脉络完整地保留了下来，而且将新城的建筑风格与古城保持一致，虽然新旧不同，但却毫不违和。政府为了突出老城与新城的特色，复原布拉格文化的悠久历史文脉，分别对其进行了不同程度的保护和开发，并通过各种各样的文化节庆来传承城市精神和文化。

此外，我们熟知的媒体、出版、广告、设计、建筑及表演艺术等多个领域都或多或少存在产业融合的现象。开放和创新的经济环境是文化创意产业发展的重要基础，因此文化创意产业中的创新活动总是活跃于一些高科技产业高度聚集的全球城市，从而促进全球各城市之间的交流和互动，实现城市联动发展的局面。

### （二）产业集聚

纵观世界各国的发展实践，不难发现，集群化是文化创意产业发展的一个主要趋势，即在大都市形成集聚区，通过发挥创意企业聚集的竞争、叠加和溢出效应，对不同地域文化资源的有效整合与开发，形成区域性不同产业的集聚，带动文化创意产业和其他相关产业的发展。产业集聚是增强文化创意产业市场竞争力的重要组织形式，它具有降低交易成本、获得竞争优势、聚集经济效益的功能。正如佛罗里达在《创意阶层的崛起》一书中指出的，当具有新鲜想法的创意阶层以组织或区域的形式聚集时，价值和财富随即产生，这些资源就形成了区域的"决定性竞争优势"。产业集聚不仅是资源的集聚，更是人才和消费的集聚。

产业集聚通常会形成文创园区、文创集聚区、众创空间等。普拉特认为，文化创意生产网络的集聚和发展带来的是创意群落的创新优势、集中效率和成本优势等，而这些因素成为形成文化创意产业集群的动力。科瑞德通过对美国纽约文化和艺术产业的分析，发现文化创意产业主要集聚在具有创新性和原创性的区域，这些区域一般位于大城市的内城及边缘地区，周边有较为深厚的历史文化资源，如城市标志性建筑物、工业遗产及旧时民居等为文化创意产业集群的发展提供了"新生产的空间"。在文化创意产业集聚过程中，一些历史文化空间成为重要的生产资料和产业载体，使新的消费空间在旧的生产空间中得以萌芽并茁壮成长。综合国外创意集聚区的发展，如美国好莱坞、英国伦敦西区、日本的动漫集群等，可以看出这些集聚区都普遍具有这样一些特点：首先，它们都有相对宽容的社会文化环境，并且得到政府的大力支持；其次，它们还特别注重通过集聚效应来打造完善的文化创意产业链；最后，它们充分发挥区位优势，从而发展相关产业及支撑产业。

## 三、技术驱动模式

技术驱动是文化创意产业发展的重要引擎，凭借文化创意与科技创新的融合发展，文化创意产业的表现形式将更加丰富，从而更具高科技含量、高文化附加值和丰富创新度。技术驱动模式是指在数字技术、网络技术、新型显示技术等高新技术的驱动下，内容产业和数字经济（包括文创设计、动漫、电影、广告、网游等）生产更便捷、品质更精良、销售多渠道、体验多方位，进而提高文化创意产业的产品美誉度和市场占有率。

随着数字技术、网络技术、新型显示技术等高新技术在文化领域的广泛应用，创意设计、影视传媒、动漫游戏、数字资讯等战略性新兴产业不断崛起。科技不仅为文化创意产业注入了生机和活力，而且使文化创意产业发展的空间和潜力得到全面释放，科技创新成为文化创意产业发展的重要引擎。互联网和新科技的发展一方面促进了实体经济与虚拟经济的融合，使产业边界变得模糊；另一方面也通过创新文化生产方式来改造传统文化产业，不断催生出新业态。

近年来，发达国家不断强化技术对文化创意产业的带动作用，从而提升文化创意产业的科技服务能力、提高文化创意产业在经济发展中的支撑作用。美国凭借其经济优势，运用外交、政策、技术、文化等各种杠杆因素，在国内形成了成熟的巨大的文化产业链、文化市场和文化消费群体。例如，独霸全球的好莱坞电影，其最大的优势便是拥有无可比拟的技术和源源不断的资金；伦敦文化创意产业的快速发展很大程度上依赖于数字化技术对创意产品和服务的制造、传播和消费方式的创新和改进，如伦敦泰特现代美术馆和阿尔伯特博物馆等，都借助数字化技术来向观众展示他们的收藏品与作品。除此之外，伦敦还启动了名为"跨界实验室"的项目，聚集了广播公司、电视节目制作商、游戏设计师、剧院制片人以及数字媒体公司，力求发展一种从根本上改变既有模式的新互动娱乐方式。

在文化创意产业中注入科技元素，不仅创造出新的文化产品形式，而且使传统的文化消费方式得到了改善，更加推动了公共文化和文化创意产业的发展。而在科技领域注入文化创意元素也有助于提升产品延伸价值，扩大需求市场，从而创造双赢。在云计算技术、未来物联网和数字商务的基础上，文化创意产业将会产生重大变革和新的突破，并向更高阶段的智慧化演进。

## 四、城市转型模式

不管是传统工业城市，还是资源型城市，发展到一定阶段，都会面临转型问题。21世纪以来，随着经济全球化的快速推进、新科技的广泛应用以及资源和环境的巨大压力，世界开启了城市转型的热潮。城市转型是文化创意产业发展的重要模式，它既不是单纯的文化创意产业推动城市转型，也不是城市转型单向促进文化创意产业的发展，两者之间相互反馈，融合发展，形成共生共进的联合体。城市转型模式是以城市为基础，承载产业空间和发展产业经济，以文化创意产业为保障，驱动城市更新和完善服务配套，进一步提升土地价值，以创造文化创意产业、城市、人之间有活力且持续向上的发展模式。

20世纪90年代以来，文化创意产业作为后工业社会的城市型产业，在发达国家中迅速兴起并成为世界财富创造的新源泉，有力地推动了城市复兴、城市空间结构的功能重塑和城市治理制度与政策的全面创新，从而促进了城市转型。英国伯明翰、美国芝加哥、新加坡等全球先进城市，都曾在发展的过程中面临产业结构和城市功能的转型问题。文化创意产业作为城市转型的催化元素，从文化、社会、经济和空间等多方面推动着整个城市的转型。

文化创意产业与城市旧区改造的有机结合，可以避免城市文脉的中断，不仅能够保留具有历史文化价值的建筑，而且通过历史与未来、传统与现代、东方与西洋、经典与流行的交叉融会，为城市增添历史与现代交融的文化景观，不仅对城市经济的发展产生了巨大的推动作用，而且使城市更具魅力，给人以城市的繁华感、文化底蕴的厚重感和时代的生机感。比如，英国泰晤士河南岸、德国鲁尔区、纽约苏荷、日本北海道小博运河等创意企业密集的区域，都是由制造业大发展时建造的厂房、仓库改造而成，这些旧式的建筑保留了城市的人文遗产，很好地结合了文化的传承与创新，既保护了历史遗产，同时又成为可持续发展的动力。

在城市转型过程中，城市形象的转型、城市文脉的延续和城市功能的提升是文化创意产业发展的主要表现。首先，传统工业城市的一些老建筑、老厂房，通过文化创意产业的有效利用变成了具有文化内涵和历史底蕴的旅游胜地，从而改变了原本老旧、沉重的城市形象。其次，文化创意产业使蕴涵丰富历史文化内涵的建筑遗产得以被重新利用，并发挥新的价值，从而使城市文脉能够长久地延续下去。最后，文化创意产业的发展还会使城市功能发生改变，如德国的鲁尔区、英国的谢菲尔德等就是通过发展文化创意产业来为城市经济吸引更多的投资者与技术工人，从而改变资源型城市功能的典型案例。此外，在文化创意产业与城市的融合发展中还催生了创意城市、设计之都、时尚之都。

创意城市、设计之都和时尚之都是在经济全球化的背景下，由产业转移和产业升级推动、伴随城市更新和创意产业兴起而出现的一种新型的城市形态，是建立在消费文化和创意产业基础上向社会其他领域延伸的城市发展模式，是科技、文化、艺术与经济的融合。创意产业的兴起赋予了城市新的生命力和竞争力，并以创意的方法解决城市发展中遇到的种种问题。这三种城市形态能吸引创意人才与创意企业，是推动文化经济、知识经济的重要平台，也是未来城市发展的必然趋势。城市转型的典范——伦敦，成功由"工业之城"蜕变成"创意之都"；设计之都——首尔，将设计上升到城市转型发展的战略高度，旨在通过创意设计来改善首尔工业化带来的恶劣生活环境和生态环境，从关注经济发展转向关注人的社会需求，为市民提供宜居性、便利性和高品质生活；米兰，一座具有2000多年历史的古城，以观光、时尚、建筑闻名，在文化创意产业的发展过程中成功转型为时尚之都。创意城市、设计之都和时尚之都的建立，不仅促进了城市经济的发展，而且在很大程度上改善了城市的生态环境、生活环境、人文环境和人际交往环境。

## 五、政策引导模式

政策引导模式是文化创意产业发展的主要模式之一，是指政府通过制定产业发展战略和政策法律、构建金融财税体系、实施人才培养方案等来促进某一地区文化创意产业的迅速形成和高速发展，从而实现文化创意产业的跨越式大发展。当前，文化创意产业已成为世界很多发达国家和地区经济、文化发展的重要潮流。然而，作为一个新兴的产业，政府政策的大力支持是其有效发展的重要前提，也为文化创意产业的发展起到了重要的引导和推动作用。

英国是世界上第一个在政策上推动文化创意产业发展的国家，并且率先提出了创意产业的概念。英国文化创意产业发展的政策措施主要集中在三个方面：第一，政府在组织管理、人才培养、资金支持、生产经营等方面加强机制建设；第二，培养公民创意生活的环境，发掘大众文化对经济层面的影响力；第三，加强政府与民间合作，对创意产业提供资助对策，如保护知识产权、促进文化产品输出、提供从业者教育和训练等。近年来，韩国、日本文化创意产业与发展迅速，并逐步成为文化创意产业强国，除特殊的历史传统和文化氛围外，合理的政策引导无疑是最主要的原因之一。首先，制订国家层面的指导性计划，以严密、科学、与时俱进的宏观计划指导产业发展。例如，1998年韩国提出了"文化立国方针"；2010年，韩国又提出了"文化强国（C-Korea）2010战略"，以内容（contents）、创意（creativity）、文化（culture）为基础，以文化产业为中心，构建文创产业发展体系，实现经济与文化的均衡发展；2001年日本提出了"知识产权立国战略"。其次，颁布法律法规，保证产业发展的系统性和可操作性。例如，日本先后颁布了《著作权法》《文化艺术振兴基本法》《信息技术基本法》等；韩国制定了《文化内容产业振兴基本法》《韩国文化产业对外出口促进方案》等法律法规。再次，设计政策框架，以资金补贴、税收优惠扶持产业发展。例如，Contents Korea Lab（CKL）是由韩国文体部和韩国文化产业振兴院共同设立，为创意到创业提供一体化设施，向创业者提供一系列培训、经营、宣传等全方面支援的项目；2014年在首尔开设第一个融合先导型实验室之后，陆续开设了16个实验室；2020年，韩国文体部公布了12大课题，旨在通过文化创造"文化经济"，打造有活力的文化生态。最后，营造竞争的市场环境，以程序规范、竞争有序的市场环境促进产业做大做强。

综上，国家文化创意产业政策引导模式的发展共性如下。一是国家层面高度重视创意产业，制定各自的创意产业发展战略，并成立专门机构进一步统一指导、落实和推进；二是营造适宜创意产业发展的外部环境，并通过法律法规加大对知识产权的保护力度；三是提供适当的政策支持，建立各种创意产业或版权产业发展基金；四是积极加强国际合作，扶持和鼓励创意产品的出口；五是注重创意人才的培养和引进，发挥个人创新能力。

## 项目训练

通过互联网等途径，搜集韩国文创产业发展的相关资料，并总结成一份报告。

# 任务三 文化创意产品

## 一、文化创意产品的概念

微课：文创产品

文化创意产品是指以创意理念为核心，依靠设计者的智慧、能力，凭借充满创意的方式将文化资源加以创造和提升，并将文化与产品巧妙地结合在一起，最终转化成具有商品价值和高文化附加值的产品。从文化创意产品的定义中可以知道，围绕文化创意产品的核心要素是文化和创意。创意是产品所呈现在人们面前的表象特征，通过极富个性、新颖的产品造型和使用功能等吸引人们的注意；而文化则是产品传递给人们精神层面的信息，满足人们对精神文化的需求，提升人们的品质和文化修养。

创意是一种创新思维的能力，是一种创造产品的能力，巧妙的构思与独特的想法使产品更具原创性，造型更加新颖，同时满足人们对功能的需求。运用创意的思维和生产方式，可以生产出造型美观、功能完善、满足人们个性需求的产品。创意的设计使产品更具魅力，它可以提升产品的价值，使其摆脱同类产品在市场上的价格竞争，通过创意的设计和出众的工艺品质吸引目标消费群体，并占据产品定价的主动性，为产品的品牌经营与推广打下坚实的基础。

文化是一个民族的精神体现和时代特征，它是经过长时间的历史沉淀而形成的。文化是一个复杂的总体，包括知识、信仰、艺术、道德、法律、风俗，以及人类在社会里所得的一切能力与习惯。不同的民族受地理环境、社会制度、宗教思想等因素的影响，形成了具有本民族特色的文化。越是历史悠久的民族，其文化的内涵就越深厚，所呈现出的文化精神就越强烈，其民族性就越加突出、越加明显。文化是历史留给我们最宝贵的财富，所以我们应该将这些优秀的文化资源加以利用，借鉴国外已有的成功经验，设计出具有中国特色的文化创意产品，把我们的产品推广到世界，同时将优秀的中国文化展示在世人面前，为弘扬传统文化、传承文化经典、促进经济文化交流作出贡献。

创意与文化是文化创意产品设计中最为重要的两个要素，二者有着紧密的联系，缺一不可，它们是相辅相成的关系。创意的设计赋予产品崭新的面貌，让产品个性十足、前卫时尚；而文化则赋予产品灵魂，让产品充满文化底蕴，显示出浓厚的人文气息。文化创意产品只有根植于我国深厚的传统文化之中，才能有更广阔的发展空间。传统文化也需要借助创意的方式和现代的语言来表达文化的精髓与博大，只有将创意与文化完美地结合在一起，才能设计出真正符合市场需求的文创产品。

学习了文创产品的定义，那哪些类似却不是呢？我们以创意产品、旅游纪念品、艺术衍生品为例来进行区分。

（1）文创产品与创意产品的区别：顾名思义，前者的全称为"文化创意产品"，比后者多出"文化"二字，可以以此将两者区分。比如，同样是创意形象，获得"昭苏县旅游商品创意设计大赛金奖"的"乌孙和亲"吉祥物形象，与全球风靡的动漫形象"机器猫"，同样经过时尚的设计方法进行创意转换，而前者来源于中国外交历史文化，所以我们称前者为"文创"形象，而后者为创意形象。

（2）文创产品与旅游纪念品的区别：在很大程度上，文创产品以旅游纪念品方式进入市场，由于本土文化往往借旅游业进行传播，所以当下多数情况源于"本土文化"的文创产品具备旅游纪念品属性，这种文创产品可理解为旅游纪念品的一种，也是近几年旅游纪念品行业的生力军。而旅游纪念品，还包含着传统的各类具有本土化特色的产品，如手工艺品/土特产礼品等。

（3）文创产品与艺术衍生品的区别：文创产品的分类中，"IP衍生型"文创产品，可以理解为以"文创内容"为核心的衍生品，与艺术衍生品有部分交集。我们可将艺术衍生品简单分为"直接衍生"与"创意衍生"两类，当艺术作品本身负载"文化"时，进行"创意衍生"所产生的产品，等同于"文创产品"。而"直接衍生"型的艺术衍生品，或艺术本身不具备本文中的"文化"概念时，艺术衍生品不可定义为文创产品。

## 二、文化创意产品的类型

根据文创产品的文化特征，可以分为历史类、现代城市风貌类、民风民俗类、宗教类、艺术类、科研探索类。

根据文创产品的设计特点可以分为"一体型"文创产品和"IP衍生型"文创产品。

"一体型"文创产品是指某种文创内容与其对应的产品载体及结合方式，以特定的关系结合为一体。同时，其中的文创内容脱离此种关系的产品载体无法独立存在，或无法再次与其他广泛的产品载体进行结合，因此内容、载体、方式三种条件形成了特定一体化关系。此类文创产品，多从产品载体特性出发，其中文创内容则需根据载体特性以特有方式融入载体，其所体现的文创内容与结合方式的创意，是此类"文创"的价值核心。而此类产品中的"文创内容"往往难以在其他领域进行拓展应用。

例如，杭州G20期间，杭州文化主题的文创餐具"西湖盛宴"，以杭州西湖文化为背景，创作出工笔兼写意的画面形成文创内容，再以创意方式巧妙应用于餐具结构上，并将"三潭印月"中的石塔形象创意设计在半球形的尊顶盖结构上。通过中国独有的江南文化与瓷器产品进行创意的艺术结合，整体展现了中国江南的文化气韵。但是，西湖盛宴这套文创产品中的文创内容与结合方式很难以同样方式应用于其他产品载体上，因此归类于"一体型"文创产品类型。

"IP衍生型"文创产品以文创内容为核心，辅助结合方式作为核心特点。IP，即知识产权，指"权利人对其所创作的智力劳动成果所享有的财产权利"。因此，文创IP特指以文创的方式所创造的IP。那么IP衍生型即从文创IP内容特色出发，衍生应用于市场现有的产品载体上。结合方式基本可以在产品载体原有形态上进行表面结合（如通过印刷、雕刻等工艺），应用方式不改变产品载体原有特定结构。如故宫猫主题品牌文创中以皇帝与猫的形象进行重构，以国际性流行的配色，设计成IP形象，进而以此IP形象作为文创内容生产公仔、文具、手机壳等。

## 三、文化创意产品的创意方法

"创意"是现今最为流行的词语，用来形容个体时侧重其思维方式和个人能力，用来形容企业时侧重其产品和核心竞争力，用来形容一个国家时侧重文化与精神的延伸。而创造文化创意产品不能只是靠一些口号或者是设计师灵感的闪现，而是需要具体的创新方法，具体体现为以下五种。

### （一）头脑风暴法

美国创造学家A. F. 奥斯本于1901年最早提出该创造技法，又称脑轰法、智力激励法、激智法、奥斯本智暴法，是一种发挥群体智慧的方法。"头脑风暴法"必须明确而具体地列出思考的课题，同时在主持人的召集下，由数人至数十人构成一个集体，这些成员由专业范围较广泛的互补型人才组成。针对文化创意产品而言，一般涉及的人员有文化类人才、创意类人才、营销类人才、生产制造类人才等。例如委托项目是开发一款关于三峡的文化旅游纪念品。主持人一开始仅提出"纪念"这一简单、抽象的词汇，组员再进行讨论并提出意见，如"拍张照片""收藏当地的特色产品""在当地完成相关体验并留在记忆中"。然后，主持人给出主题：开发一款关于三峡的文化旅游纪念品，组员们根据上面发散出来的想法，继续得出设计概念，如"收藏当地的特色产品"的想法就可以发散出：用三峡的鹅卵石通过手绘的方式，描绘三峡特有的风景；用三峡石制作三峡大坝的等比缩小模型；用三峡地域传统图案装饰具有实用功能的物品，如筷子、钱包、打火机、U盘等。通过头脑风暴法得到的设计概念，能够为具体的产品开发和造型提供相关的创意方向。

### （二）联想法

联想法是一种依据相似、接近、对比等联系思维来进行创造的方法。比如当感受到中国文化时，人们就会联想到诸如唐诗宋词、书法、文房四宝、神话信仰、茶道、自然地理、传统工艺等。

这种方法很多时候需要依靠设计师的经验和直觉，但在文化创意产品的具体创作中，更为直接的方法是兼具相似、接近、对比联想的直角坐标组合联想法。这种方法是将两种不同的事物分别写在一个直角坐标的 $X$ 轴和 $Y$ 轴上，然后通过联想将其组合在一起，如果它是有意义并为人们所接受的，那么它将成为一件新产品。例如要设计一款反映中国传统文化的文化创意产品，设计师就可以在 $X$ 轴上写上青花文化、茶道文化、戏曲文化、神话传统、礼仪文化等，在 $Y$ 轴上写上饰品、灯具、电子产品、玩具、生活用品、办公用品等。如果二者已经结合或者不太可能实现结合则用灰色表示，如果可以结合且市场上还没有此类产品则用红色表示，如果可以结合但实现较难则用深蓝色表示，这样就能一目了然地看出创意的可能方向，从而促进文化创意产品的诞生。

### （三）移植法

移植法发源于工程技术领域，是指将某一领域里成功的科技原理、方法、发明成果等，应用到另一领域中的创新技法。例如，鲁班因发现带齿的茅草割破了皮肤而发明了锯子；美国发明家 W. L. 贾德森发明的应用于衣、裤、鞋、帽、裙、睡袋、公文包、文具盒、钱包、沙发垫等上的拉链，目前还应用于病人刀口的缝合，为需要二次手术的病人减少痛苦。

文化创意产品中的移植法，并不是一种科技原理的移植，而是一种情趣、意象、情感等感性成分的移植。比如，设计师对可爱文化有所理解，然后应用色彩、造型及材质将这种情感或是意象转移到具体的产品上，让使用产品的消费者同样也产生这样的感觉。

### （四）设问法

设问法主要针对已存在的文化创意产品提出各种问题，通过提问发现原产品创意及设计方面的不足之处，找出需要和应该改进的地方，从而开发出新的文化创意产品。设问法主要有"5W2H法""奥斯本设问法""阿诺尔特提问法"等。在文化创意产品设计当中，比较常用的是"5W2H法"。

"5W2H法"是从七个方面进行设问的。因为七个方面的英文首字母正好是5个"W"和2个"H"，故而得名，即Why——为什么要革新、What——革新的具体对象是什么、Where——从哪些方面着手改进、Who——组织什么人来承担、When——什么时候进行、How——怎样实施、How much——达到什么程度。同时，"5W2H法"同样可以作为创新产品的设计方法，只是所思索和追问的问题有所不同，其字母的具体含义也不一样。在创新设计中，该方法的含义为：Why——为什么要进行这个设计、Who——什么人使用、When——什么时候使用、Where——在什么地方使用、What——什么产品或者服务、How——如何使用、How much——产品或者服务的价格是多少？对这七个问题的不断思索和回答的过程，就是新产品概念不断形成的过程。

### （五）模仿创造技法

模仿创造技法是指人们对自然界各种事物、事物发生过程、现象等进行模拟和科学类比（相似、相关性）而得到新成果的方法。所谓"模拟"，就是异类事物间某些相似的恰当比拟，是动词性的词。所谓"相似"，是指各类事物间某些共性的客观存在，是名词性的词。人的创造源于模仿。大自然是物质的世界，自然界的无穷信息传递给人类，启发了人的智慧和才能。对于要体现历史、地理、传统习俗等文化内涵的文化创意产品，常采用模仿的方式来进行形体的塑造。

相关案例：六百年历史的故宫成为最受欢迎的文创知识产权？

## 项目训练

根据所学知识，设计一款与旅游相关的文化创意产品。

# 任务四　文化创意产业园区

## 一、文化创意产业园的概念

微课：文化创意产业园区

目前，国内外对文化创意产业园概念没有形成统一的界定。

国外学者德瑞克·韦恩认为，文化园区指的是特定的地理区位，其特色是将一城市的文化与娱乐设施以最集中的方式集中在该地理区位内，文化园区是文化生产与消费的结合，是多项使用功能（如工作、休闲、居住）的结合。

我国文化创意产业园出现较晚，对文化创意产业园的研究也稍显滞后，主要有一些对文化产业集群的界定：有学者认为文化产业集群是指在地理位置上相对集中，由具有相关性的文化企业、金融机构等组成的群体；也有学者认为文化产业集群就是在文化产业领域中（通常以传媒产业为核心），大量联系密切的文化产业企业以及相关支撑机构（包括研究机构）在空间上集聚，并将文化产业集群划分为核心文化产业集群、外围文化产业集群和相关支撑机构等。

在以上国内外对文化创意产业园概念的基础上，结合我国具体情况，这里将文化创意产业园的概念界定为：文化创意产业园是一系列与文化关联的、产业规模集聚的特定地理区域，是一具有鲜明文化形象并对外界产生一定吸引力的集生产、交易、休闲、居住于一体的多功能园区。园区内形成了一个集生产——发行——消费于一体的文化产业链。

## 二、文化创意产业园的分类

结合我国实际情况,主要从区位依附、园区性质等方面对文化创意产业园的类型进行划分。

### (一)按区位依附划分

(1)以旧厂房和仓库为区位依附。城市中被废弃的旧厂房和仓库,因其宽敞明亮的空间及廉价的租金,或面临闲置空间再改造的境遇,往往成为文化创意产业园的又一生长之地。如北京798艺术区、上海"田子坊"创意产业园区等。这些创意产业集聚区,利用现有建筑创造了创意产业发展的平台,又保护了历史文化财产,是文化产业与工业历史建筑保护、文化旅游相结合,建筑价值、历史价值、艺术价值和经济价值相结合的良好典范。

(2)以大学为区位依托。大学作为技术的发生器,可以不断开发新的科技;同时它又是各类人才的聚集地,不但培养人才也吸引着各领域最优秀的人才;大学还是一个开放的社区,是一个提供多元文化的场所,往往成为创意的中心。如上海的杨浦区赤峰路建筑设计一条街依托的就是中国著名高等学府同济大学,上海长宁区天山路时尚产业园依托的是东华大学和上海市服装研究所。

(3)以开发区为区位依附。这类文化创意产业园主要是以高新技术产业园区为区位依附。因为高新技术产业园区内高新技术产业发达,高校、科研机构、高科技企业聚集,科技与文化相结合的智力型人才众多,最适宜发展文化与科技结合的文化产业。如中关村高科技园区内的中关村创意产业先导基地、大连市高新技术产业园区的国家动画产业基地等。

(4)以传统特色文化社区、艺术家村为区位依附。属于这种类型的主要有两种情况:一种是依托一些传统文化底蕴深厚的文化区域,开发特色文化产业园区,如四川德阳三星堆文化产业园、北京高碑店传统民俗文化创意产业园等。另一种是依托位于城乡接合部的一些艺术家村,有些是属于创作型的园区,如北京的几个画家村;有的则已形成产业化运作,如深圳特区郊边龙岗区布吉镇的大芬油画村等。

### (二)按文化创意产业园区性质划分

(1)产业型。产业型分为两种类型,一种是独立型,园区内,产业集群发展相对比较成熟,有很强的原创能力,产业链相对完整,形成了规模效应,如深圳大芬村;另一种是依托型,依托高校发展,也形成了一定的产业链条,如上海虹漕南路创意产业园等。

(2)混合型。这种类型的文化创意产业园往往依托科技园区,并结合园区内的优势产业同步发展文化产业,但园区内并未形成文化产业链条。如张江文化科技创意产业基地等。

(3)艺术型。这种类型的园区也是创作型园区,原创能力强,但艺术产业化程度还较弱,如北京798艺术区、青岛达尼画家村等。

(4)休闲娱乐型。这类文化创意产业园区主要满足当地居民及外来游客的文化消费需求。如上海的新天地、北京长安街文化演艺集聚区等。

(5)地方特色型。如北京高碑店传统民俗文化创意产业园、潘家园古玩艺术品交易区等。

由于文化创意产业园在我国还是新生事物,发展变化快,园区类型之间的界限还不是很明晰,在这进行的类型划分仅是根据当前的一些情况进行的,今后随着城市文化创意产业园发展逐渐成熟,园区类型的划分将会进一步完善。

## 三、国内典型文化创意产业园

### （一）北京 798 艺术区

北京 798 艺术区所在的地方，是北京华北无线电联合器材厂，即 718 联合厂。718 联合厂于 1952 年开始筹建，1954 年开始土建施工，1957 年 10 月开工生产。

718 联合厂由德国一家建筑机构负责建筑设计、施工，属于典型的包豪斯风格，在亚洲亦属罕见，它见证了新中国工业化的历程。1964 年 4 月上级主管单位撤销了 718 联合厂建制，成立了 706 厂、707 厂、718 厂、797 厂、798 厂及 751 厂。2000 年 12 月，原 700 厂、706 厂、707 厂、718 厂、797 厂、798 厂六家单位整合重组为北京七星华电科技集团有限责任公司。为了配合大山子地区的规划改造，七星集团将部分产业迁出，为了有效利用产业迁出空余的厂房，七星集团将这部分闲置的厂房进行了出租。园区有序的规划、便利的交通、风格独特的包豪斯建筑等多方面的优势，吸引了众多艺术机构及艺术家前来租用闲置厂房并进行改造，逐渐形成了集画廊、艺术工作室、文化公司、时尚店铺于一体的多元文化空间。由于艺术机构及艺术家最早进驻的区域位于原 798 厂所在地，因此这里被命名为北京 798 艺术区。

798 艺术区内工业厂房错落有致，砖墙斑驳，管道纵横，墙壁上还保留着一些时期的标语。这里另类的当代艺术作品与过时的机械等历史痕迹相映成趣，仿佛展开了一场跨越时空的对话。

798 厂区的生产厂房多为锯齿形现浇筒壳结构，室内空间较大。其中帆状部分厂房采用锯齿形现浇筒壳结构，梁柱形式为弧形 Y 状结构。结合梁柱结构功能，北侧屋顶采用横向天窗，窗户平面向外倾斜一定角度，有利于消除侧剪力，结构上更加稳定合理。独特的内部空间既可进行北向采光，又能满足结构的合理性。Y 形柱不禁让人联想起内尔维的罗马小体育宫，更重要的是几十年后，这经典的建筑还能满足艺术品的展览需要，建筑师亦始料未及。德国建筑师根据"包豪斯"的设计理念，一反当时的苏式建筑风格，采用现代先进工艺和现代设计手法设计厂房。外立面简洁、朴素，结构按 8 度抗震设防，而当时苏联专家认为采用 6～7 度设防已够，德国专家收集了大量北京历史资料，说服中方同意这一设防等级。现在看，这是很有科学远见的技术决策，德国专家的科学、理性、严谨、认真的设计作风给我们树立了很好的榜样。半个多世纪过去了，今天我们还能看到混凝土柱子拆掉以后的痕迹，纹理清晰可见，这不能不让人为它们的复兴感到高兴。

据当地工人讲，在某些厂房局部改建时，他们感到很难拆除钢筋混凝土和砖的砂浆。据称，像这种按照包豪斯设计理念建成的工业建筑仅在德国、美国和中国少量存在。

从 2000 年到 2002 年，厂区进行重新规划改造，一些厂房空置。为解决厂里 15 000 名离退休职工的生计问题，厂方将厂房进行短期出租。由于厂区环境幽静、交通便利、租金便宜等特点，越来越多的艺术家到这里进行创作，"艺术区"逐渐形成。

2006 年为了加快推动艺术区繁荣发展，朝阳区政府与七星集团共同成立了北京"798"艺术区建设管理办公室。以"协调服务、引导、管理"为宗旨，进一步推进艺术区当代艺术与文化创意产业的发展。

如今的"798"已经成为国际政要到北京游览的首选景观之一，是党政机关、专业人士、普通大众进行调研、观摩、参观的重要场所。"798"艺术区是工业与艺术、创意与时尚的完美结合。"798"艺术区是电子工厂向文化创意产业集聚区的成功转型，充分体现了科学发展的时间。艺术区不仅自身实现了发展，而且带动周边形成了多个大大小小的文化艺术区，推动了北京东北角的国际化。

同时，它为如何实现产业结构调整，如何构建城市活力中心、提高城市发展质量提供了宝贵的可借鉴的经验，"798"艺术区是在工业废弃地的厂址上建立发展起来的，它的现状与当年的纽约苏荷区以及德国的鲁尔工业区的情况极为相似。借鉴西方工业废弃地更新较为成功的案例，我们可以发现一个共性：在生态主义原则的指导下，以艺术化的表现手法，通过功能定位，确立整体的规划与开发，可以再造出一个城市传统文化与工业景观完美结合、社会效益与经济效益双收的城市情调空间。

### （二）深圳市大芬油画文化产业园

深圳市大芬油画文化产业园位于深圳布吉的大芬村，这座占地仅0.4平方千米的小村落，却充满着浓厚的独特艺术氛围。目前，大芬村是中国最大的商品油画生产和交易基地之一，也是全球重要的油画交易集散地。据统计，大芬村每年生产和销售的油画达到了100多万张，年出口创汇3 000多万元，被国内外的艺术同行誉为"中国油画第一村"。

油画产业是大芬村的主导产业，大芬油画村以原创油画及复制艺术品加工为主，附带有国画、书法、工艺雕刻及画框、颜料等配套产业的经营。产业园将打造文化培训、油画交易、精品拍卖、观光旅游及名家创作等多个文化项目区域。整个文化产业园根据不同绘画特点和风格流派，规划建设不同风格的油画街，如古典主义街、印象主义街、现代抽象街、人物肖像街、自然风光街等，同时建设配套的画框装裱街、颜料画笔等辅料街等。油画交易区将引进国内专业拍卖机构、收藏公司及经纪人公司，定期举办各种国际性交易博览会和精品拍卖会，经常进行油画及艺术品的拍卖，为画商提供广阔的交易平台。旅游休闲区将开发高品位酒店、专业剧场、餐饮服务等业态。

未来，大芬油画村还将与旅游部门合作开发大芬油画村的旅游资源，最终将大芬油画村建设成为国际化的油画生产基地、油画交易平台、油画展览中心、油画培训基地和油画旅游热点。

### （三）张江文化产业园区

张江文化产业园区位于上海浦东新区张江高科技产业园区，是上海文化产业园区、国家级文化产业示范园区。张江文化产业园坚持以"创意科技、创新服务、创业精神"的核心理念，在推动创新发展、加强规范管理、集聚产业集群、打造优秀品牌、形成规模效应等方面，获得了一系列突出成就。

产业园顺应全球文化产业向科技含量高、创意含量高、聚集程度高方向发展的大趋势，集中主要优势资源，确立网络游戏、动漫、数字内容、新媒体为四大重点领域，充分发挥互联网、3G通信网等全球媒体优势，形成高产值的市场优势。

### （四）成都蓝顶艺术区

在中国西南重镇成都锦江区三圣乡及天府新区新兴镇的安逸空气里，有一片蓝顶艺术区，这里的人们享受着偏安一隅的生活。在自然环境方面蓝顶艺术区依靠白鹭湾、湿地雕塑公园、荷塘月色等生态景区，自东向西呈月牙形发展。

蓝顶有着生活工作一体化概念，独立式、联排式、集合式、孵化楼等各种类型的建筑都要求存在精神联系。以蓝顶美术馆为核心，艺术区里的其他机构和工作室、书吧、咖啡馆相互交流、碰撞而获取灵感。在这种概念下，蓝顶整个区域的公共性、开放性与私密性之间形成了独特的蓝顶体系。在这里，工作与生活统一、劳作与休息统一，这是一个田园性的文化创意社区，也代表着一种新型的城市生活形态。

如今的蓝顶正在向田园生态文化创意区的道路前进，通过原创艺术的聚集区去吸引创业产业的聚集，促成一种区域概念，进而形成一种体验式文化旅游区。

### （五）杭州数字娱乐产业园区

杭州数字娱乐产业园区位于杭州市西湖区，这是一个集生态景观、文化科研、高新开发区于一体的城区，具备发展数字娱乐产业的地位优势和产业基础，产业园区建设在这里地理位置优越，交通便捷，环境优美，可以满足现代快节奏的商务办公需求。

园区依托文三路电子信息街区的地位优势和产业基础、政府引导优势、人文优势、资本优势、教学研发优势，以互联网游戏软件开发、动漫产品制作、网络游戏、手机游戏、手机动漫、彩铃彩信等数字娱乐增值服务为基础，形成了较为完备的产业链结构，已成为"集教育培训、产品研发、创业孵化、天使投资、渠道和国际合作等功能于一体"的数字娱乐产业集聚地。

园区成立以来，入驻企业总数达166家，成功培育出上市公司1家及一批高成长性企业，成为省内最大的数字娱乐产业集聚地之一。并且园区搭建了公共平台，以促进科技成果转化和创新创业人才培育，吸引省内外数字娱乐类企业进驻，实现了产业聚集。该园区品牌先后成为"浙江省文化产业示范基地""国家数字娱乐产业示范基地""国家高新技术创业服务中心"。

### （六）高碑店传统文化创意产业园区

高碑店传统文化创意产业园区位于北京朝阳区高碑店，以古典家具和民俗文化为主导。近年来，园区内传统文化内涵也得到了极大的丰富与拓展，科技、饮食、艺术会展等特色文化内容不断被引进，新兴了一批文化创意项目，初步形成了"产业聚集、各具特色"的发展格局。主要包括盛世龙源、古典家具街、民俗文化园三个项目。盛世龙源项目主要包括六个区域：艺术会展区（桥艺术中心）、中国商业文化区（晋商博物馆）、中国饮食文化区（美食苑）、国粹艺术文化区（国粹苑）、中国茶文化艺术区（茶文化艺术中心）、中国传统演艺文化区（演艺苑）。目前，盛世龙源项目基本建设已经完工，2009年6月全面开街。古典家具街项目涵盖内容为：两馆、两街、四胡同，即民族家居文化博物馆、乐器博物馆、古典家具一条街、水乡茶楼一条街，花板胡同、花梨胡同、紫檀胡同、红木胡同。古典家具一条街被北京市商务局命名为全市特色商务街，2009年将着力打造和提升为具有民族文化特点的商业街。民俗文化园区项目主要内容为：四馆、三院、两中心，以紫砂壶博物馆、内画艺术博物馆、暖炉博物馆、科举博物馆四馆为文化支点，积极引入中国艺术研究院下属的中国油画研究院、紫砂壶研究院、雕塑研究院，并打造华声天桥、皇晟造办两个中心。

## （七）开封宋都古城文化产业园区

开封市"宋都古城文化产业园区"的区域范围包括一城四点，即老城区之内古城产业区，面积为1 300公顷；城外东南部繁塔禹王台产业区，面积为40.6公顷；城外西南部"城摞城"遗址博物馆产业区，面积为11.3公顷；城外西北部收藏文化产业区（含收藏文化论坛坛址与电视台产业区两部分），面积为36.4公顷；城外北部创新文化产业区，面积为98.5公顷。总面积为1 486.8公顷（14.9平方千米）。

2008年11月28日通过的《中共河南省委河南省人民政府关于设立河南省文化改革发展试验区的通知》，将开封市古城文化产业园区总体定位为：以宋文化、黄河文化为核心，以文化旅游、演艺餐饮、工艺美术、休闲娱乐等为载体，将文化发展和城市运营相结合，打造全国知名的休闲文化产业试验区。

依托宋文化这个核心中所包含的十大文化，即黄河文化、宫廷文化、府衙文化、名人文化、园林文化、宗教文化、饮食文化、菊花文化、民俗文化、工艺美术文化，做强十大产业，即文化旅游业、文艺演出业、工艺美术业、饮食文化业、休闲娱乐业、传媒出版业、会议展览业、收藏文化业、文化培训业、新兴文化业，使文化产业整体推进，将园区建设成为全国知名的以宋文化为特色的休闲娱乐旅游产业园区。

## 项目训练

去一个文化创意产业园进行调研，了解该文化创意产业园的发展情况。

## 复习思考题

1. 文化创意产业的特征有哪些？
2. 文化创意产业的分类有哪些？
3. 文化创意产业发展的主要模式有哪些？
4. 文化创意产品的概念是什么？文化创意产品的类型包括哪些？
5. 文化创意产业园的概念是什么？国内典型文化创意产业园有哪些？并举例说明。

# 第三篇
# 职 业 篇

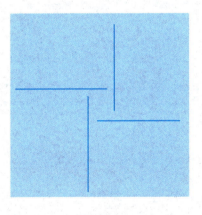

项目九　文旅行业职业岗位

项目十　文旅职业资格证书

# 项目九

# 文旅行业职业岗位

## 项目导读

"十三五"以来,我国陆续出台了一系列促进文旅产业发展的政策,进一步推动了文旅产业的结合。其中,《国务院关于加快发展旅游业的意见》提出,到2020年,我国旅游产业规模、质量、效益基本达到世界旅游强国水平;《国家"十三五"时期文化发展改革规划纲要》要求,到"十三五"末,文化产业将成为国民经济支柱型产业。由此可见,当前文旅产业发展的势头十分强劲。

文旅产业是一个跨行业的朝阳产业,在经济社会发展中有着十分重要的作用。在文旅融合发展的时代背景下,需要加强高质量产业人才队伍建设,并通过行之有效的人才培养及扶持计划,增加文化和旅游人才总量,提高人才质量,培养和储备一支高素质、专业化的复合型文化旅游人才队伍,进一步推动文化和旅游融合发展。

本项目将着重对文旅行业的职业岗位进行阐述和介绍,包括对策划设计类岗位、运营管理类岗位、营销推广类岗位、服务类岗位等类别进行介绍,重点介绍旅行社计调、导游员、会展策划师、会展项目经理、研学产品设计师、研学活动项目经理、文创产品设计师、新媒体营销专员等岗位的岗位职责和任职资格。

# 项目九 文旅行业职业岗位

## ◎ 知识目标

1. 了解文旅产业策划设计类岗位的岗位职责和任职资格。
2. 了解文旅产业运营管理类岗位的岗位职责和任职资格。
3. 了解文旅产业营销推广类岗位的岗位职责和任职资格。
4. 了解文旅产业服务类岗位的岗位职责和任职资格。

## ◎ 能力目标

1. 能够运用所学知识，分析行业岗位的工作案例。
2. 能够通过调研文旅企业，加深对行业岗位的了解。
3. 能够以某一岗位为例，分析这一岗位的工作内容。

## ◎ 素质目标

1. 热爱文旅产业，有致力于从事文旅行业的职业信心。
2. 能够收集文旅行业相关信息，通过社会调研，提升融入社会、与人交往的能力。
3. 根据岗位的要求，主动提升自身的能力和素质。

## ◎ 思政素养

1. 培养对文旅产业的认同感以及将来成为一名文旅从业者的荣誉感和自豪感。
2. 以行业里的先进人物、典型事迹为榜样，培养学生树立拼搏向上、勇于追求理想的信念。
3. 培养学生对待工作要求精益求精的工匠精神。
4. 培养学生恪守职业道德，做到爱岗敬业、忠于职守、乐于奉献。

### 微笑青岛首批国家高级导游员孙树伟：纵情山海之间，讲好青岛故事[①]

"'登瀛梨雪'是20世纪30年代青岛的十大胜景之一，每年四月梨花盛开，十里似雪十分壮观；崂山本地产的'窝梨'，口感香甜，但是跟甘蔗一样，吃完汁水要把渣滓吐出来；金钩虾米具有'散干黄弯鲜'五大特色，购买时尽量挑选散装、晒干的虾米，形似弯钩、色泽金黄，尝起来鲜中略带一点咸……"

独具一格的解说词、娓娓道来的城市风韵介绍、细致周到的物产体验分享，这个提起青岛就滔滔不绝、如数家珍的人叫孙树伟，一个用脚步丈量青岛，将一街一景装在心中，纵情于山海之间的"金牌导游员"。

---

① 资料来源：徐佳. 微笑青岛首批国家高级导游员孙树伟：纵情山海之间，讲好青岛故事[EB/OL]. https://baijiahao.baidu.com/s?id=1677470210856658760&wfr=spider&for=pc.（2020-09-11）[2023-02-10].

20世纪80年代末,国内还没有旅游的概念,导游主要为来中国参观的外国人或者回国探亲的海外华人服务,因此招考导游的门槛非常高,不仅要求报名者具备灵活处理问题的能力,最好还要有点才艺,经过面试、笔试、试讲等环节层层筛选,最后才能拿到导游证。

"当时一共有100多个人报考导游证,通过率不超过20%,难度不亚于报考专业文艺团体。"因为培训班白天上课,孙树伟当时上班需要"三班倒",为了不耽误上课,也不影响上班,他跟工友们换了班,一连上了三个月的夜班,白天去上培训班,平均每天只睡2~3小时。凭借着超强的毅力,最终孙树伟以优异的成绩从培训班毕业,并成为青岛首批全国导游资格证书的持有者之一。

祖国山河美不美,全靠导游一张嘴。从业31年,孙树伟始终坚守本心,他觉得除了要讲好景点特色,还有一个责任是做国家的宣传员,热爱和讲好城市故事,把家乡的特点挖掘出来进行讲解,才能让更多人了解并爱上青岛这座城市。

出于对工作的喜爱和对自身的严格要求,每个景点他都会准备3~5种导游词,并根据不同的人群与需求进行相应的讲演,他常常在景点原有导游词的基础上,反复斟酌加工,根据自己掌握的独特信息,给故事赋予新意。

2004年4月,以孙树伟名字命名的"孙树伟导游工作室"成立了,这也是全国首个导游工作室,对于孙树伟来说,工作室的成立有着里程碑一样的意义,"如果别人说我是最好的导游,那么我感到很悲哀。应该有很多新人好苗子比我更有潜质,保护好他们,也就是保护好导游事业。可是现在由于导游业存在不规范的现象,负面的影响使得年轻导游的信心受挫,而另一方面导游没有基本工资,使得很多苗子因缺乏安全感而中途退出,我感到很痛心。"孙树伟说,"我希望通过工作室,把优秀的苗子先召集起来,给他们一定的保障,然后把他们培养成品牌导游,在游客中重树行业形象。这样年轻的导游既可以从事自己喜欢的导游事业,又可以在一定程度上让整个社会的导游业回归理性。"截至目前,孙树伟导游工作室先后培养出了十一位省、市级导游大赛冠军和百余名各级大赛十佳导游。他们已经成为青岛市政务接待和2008奥帆赛、2014世界园艺博览会、上合峰会、中国海军节等重大活动接待的中坚力量,孙树伟导游工作室也因此先后荣获"山东省旅游人才培训基地"以及"青岛市十大旅游服务名牌""青岛市服务名牌""山东省旅游服务名牌"和"山东省服务名牌"等荣誉,成为山东省旅行社行业唯一的大满贯服务品牌。

旅游界跨界大王:好导游既是杂家也是专家——孙树伟还在山东省及全国的厨艺大赛中屡获佳绩。我国台湾的杂志将其制作的十多道菜品,作为2014年青岛世界园艺博览会向我国台湾读者特别推介。中央电视台的《消费主张》还将其以"民间厨神"为专题,介绍给全国的电视观众。作为2018年上海合作组织峰会的"国宴"美食评审,在上海合作组织峰会期间,孙树伟成为央视的直播嘉宾,向全国观众介绍了青岛的旅游和美食元素。

白驹过隙,31年仿佛弹指一挥间,对于双鬓斑白的孙树伟来说,不变的始终是那颗对沿途风景热爱的心,一路走来,一路收获,这个旅游业的"斜杠先生"用坚守"导"出了一片新天地。

**思考**:高级导游孙树伟的经历为我们的职业发展带来什么启示?

# 任务一　策划设计类岗位

## 一、旅行社计调

计调（operator，简称 OP），百度词条的解释是计划与调度的结合称谓，是旅行社内部专职为旅行团、散客的运行走向安排接待计划，统计与之相关的信息，并承担与接待相关的旅游服务采购和有关业务调度工作的一种职位类别。旅行社计调是旅行社的核心岗位。

微课：策划设计类岗位

### （一）旅行社计调的岗位职责

旅行社计调的岗位职责主要是负责旅游产品的介绍和推广；负责客户的跟踪管理；负责游客行程的安排和监督；负责按客户要求对行程进行快速核算报价；负责游客行程结束后的回访和评估。其中，成本领先与质量控制是计调岗位的两大核心。

（1）成本领先。计调掌握着旅行社的成本；要与接待旅游团队的酒店、餐馆、旅游车队及合作的地接社等洽谈接待费用。所以，一个好的计调人员必须要做到成本控制与团队运作效果相兼顾，也就是说，必须在保证团队有良好的运作效果的前提下，在不同行程中编制出一条能把成本控制得最低的线路来。

（2）质量控制。质量控制是指在细心周到地安排团队行程计划书外，还要对所接待旅游团队的整个行程进行监控。因为导游在外带团，与旅行社唯一的联系途径就是计调，而旅行社也恰恰是通过计调对旅游团队的活动情况进行跟踪、了解，对导游的服务进行监管，还要对游客在旅游过程中的突发事件代表旅行社进行灵活应变。所以，计调是一次旅行的幕后操纵者。

### （二）旅行社计调的素质要求

一名好的计调应具备素质如下：责任心，一名好的计调会让导游和旅行社省心；工作有计划性，如出境游需要提前多少天办理签证，要给自己建立一个预警机制；掌握与合作地接社、酒店的谈判技巧；有风险和法律意识，对旅游相关法规要了如指掌；市场意识。

计调是旅行社完成地接、落实发团计划的总调度、总指挥、总设计。可以说，"事无巨细，大权在握"，具有较强的专业性、自主性、灵活性。正因工作并非简单重复的技术性劳动，计调岗位十分需要高素质、高水平的人员，这位幕后英雄的优秀与否，是旅行社经营运作的一个重要因素。

### （三）旅行社计调的分类

根据供应链关系，旅行社的计调岗位，又可分为地接计调、同业计调、组团计调。

#### 1. 地接计调

作为供应链的上游环节，更符合通常意义的计调职能，主要工作是为组团社或供应商提供产品报价，设计编排目的地旅游线路，采购目的地旅游资源如住宿、景区、餐饮、旅游交通、导游等，与导游确认出团计划及团队结算，处理团队进行中的一般突发事件等。

一位优秀的地接计调需要掌握旅游目的地的一切资源情况，如每个景区间的地理位置和分布情况，各种档次的酒店餐饮、住宿及其价格，各类车型的旅游交通，常用导游的能力等，以便安排出时间、路线及成本合理的旅游产品。

### 2. 同业计调

作为供应链的中间环节，一面是组团社、一面是地接社、一面又是旅游者，同业计调的主要工作是为组团社提供产品报价，设计编排目的地旅游线路，采购组团地与目的地间大交通，安排中转的住宿、景区、餐饮、区间旅游交通等，采购地接社的报价旅游产品，与导游确认出团计划及团队结算，处理团队中的一般突发事件等。

一位优秀的同业计调需要掌握旅游目的地的地接资源及往返大交通情况，如不同的地接社都有哪些优势，铁路、航空、船运等多家公司的计划及价格等。"散拼团"产品中的控位尤为重要，稍有不慎将"前功尽弃"。

### 3. 组团计调

作为供应链的末端环节，他们是直接面对旅游者销售的终极环节，在众多的供应商和地接社之间进行选择、合作仅仅是第一步；其次要进行产品资源之间的反复比对，选择性价比更高的组团社的旅游产品，通过二次包装将产品上架，为旅游者的选择提供更好的视觉享受；此外还要不断地向供应商和地接社索要最新的产品报价，设计编排非同质化的自组团旅游线路，掌握组团地与各个目的地之间的大交通、住宿、景区门票、餐饮、区间旅游交通等情况，解决团队行进中的一般突发事件等。

一位优秀的组团计调需要掌握旅游目的地的情况，仔细研究这些地方，争取为旅游者提供最好的服务，其实"世界那么大，我也想去转转"是每一个组团工作者的心声，不断的知识积累以及各种"竞品"分析是他们的工作常态。

## 二、会展策划师

会展策划师是从事会展项目的市场调研，进行项目立项、招商、招展、预算与运营管理等方案的策划，项目销售以及现场运营管理的专业人员。

### （一）会展策划师的岗位职责

会展策划师的岗位职责是：会展（会议、展览、节事活动、场馆租赁、奖励旅游等）项目的市场调研；会展的立项、主题、招商、招展、预算和运营管理等方案的策划；会展项目的销售；会展的现场运营管理；展会活动的全程策划协调。

### （二）会展策划师的任职资格

要想成为一名会展策划师，需要具备的条件有：了解会展业市场，熟悉商务考察、会务及展览项目的执行流程；能独立完成设计，了解基本的设计和施工方法，掌握基本的展位布置、展架设计能力；对品牌和客户有深刻的理解能力、独特的创意能力；思维敏捷，富有创新思想和现代艺术感；有较强的组织策划、逻辑思维和表达能力；热爱会展事业和本职工作，具有吃苦耐劳精神、责任心以及团队合作精神。

## 三、研学旅行产品设计师

中国旅游研究院发布的《中国研学旅行发展报告 2021》指出，研学旅行的理念构想、项目运营、产品设计、课程研发、营销推广、基（营）地运营管理等多个环节需要继续提升。研学旅游产品的设计是十分重要的一环，这是产品质量的体现。优秀的研学旅行产品设计可以给学生带来正面影响。研学旅行产品设计师的作用至关重要。

### （一）研学旅行产品设计师的岗位职责

研学旅行产品设计师的岗位职责包括：负责用户行为分析和用户调研，深入了解和挖掘用户和客户需求，不断完善用户体验；定期进行行业趋势及前沿分析，参与课程形式的创新研究；负责产品研发到教学落实各环节工作的组织管理与实施，包括制订工作计划、设计项目方案、建立产品说明等相关文档、对业务部门进行产品培训和销售支持、完成可交付的研发成果；参与产品顶层设计，负责产品体系、产品架构、教学内容、教学标准等研发性工作；参与完善课程开发相关业务制度、工作流程与标准。

### （二）研学旅行产品设计师的任职资格

一名合格的研学产品设计师，需要具备的能力和素质：拥有独立组织和完成整体产品研发项目策划与落地执行的能力，包括拟定项目策略、项目预算、成本控制、成果交付等；热爱青少年素质教育工作，知识面广，思维活跃，工作主动，有责任感，有较强的文字功底；良好的团队合作精神，一流的执行力，独立思考能力，观察力和应变能力，能承受较大的工作压力；有良好的沟通能力和组织协调能力。

## 四、文创产品设计师

随着国潮的崛起和消费者需求的日益多元化，文创产品越来越受到社会的追捧。文创产品设计师应运而生。

### （一）文创产品设计师的岗位职责

文创产品设计师的岗位职责是：根据公司提出的产品开发项目需求，结合品牌理念、产品特性、定义与市场需求和目标客户群的特点，分析和提出产品设计创意，进行文创产品设计工作；负责文创产品的开发设计、三维造型和外观渲染；责产品设计，包括产品主体及部件结构设计、材料选型、设计图纸输出；跟踪与分析业界产品和结构造型设计，进行新概念的造型预研。

### （二）文创产品设计师的任职资格

一名合格的文创设计师需要具备的能力和素质：熟悉文创行业，能敏锐洞察和吸收新的流行元素，对造型、色彩和工艺有充分的感知把握能力；设计理念活跃、灵感丰富，有符合大众的审美观念；较强的表达能力，能清晰阐述产品理念与设计。有较强的理解能力，能准确把握公司的业务方向和需求。

### 项目训练

1. 搜集资料，进一步了解文旅产业策划设计类岗位的重要性。
2. 以小组为单位，到某一文旅企业（旅行社、会展公司、研学企业等）进行实地调研，了解相关策划设计类岗位的真实工作案例。

# 任务二 运营管理类岗位

## 一、会展项目经理

### （一）会展项目经理的岗位职责

微课：运营管理类岗位

会展项目经理就是具体负责运作某个会展项目的管理人员。其主要岗位职责包括：制订招展计划并带领团队完成展览会销售目标；制订市场宣传计划及实施策略；管理项目团队，根据项目预算控制成本；开发、维护和服务重要展商；维护与各行业协会及合作伙伴的良好合作关系。

### （二）会展项目经理的任职资格

会展项目经理是会展业的核心人才，对于项目的运营起到至关重要的作用。一名会展项目经理需要具备的能力或素质有：有独立完成项目策划文案并统筹营运的能力；熟练操作办公软件，能够熟练规划、制作展位图及平面设计；具有信息整理能力，善于在互联网收集及发布信息；具有对外公关沟通技巧，富有团队协作精神，能尽快适应并管理一个团队，善于处理矛盾和分歧；能独立克服各种困难，并能提出解决意见。

### （三）会展项目经理的能力要求

会展项目经理应具备以下能力。

（1）战略经营能力。会展业的项目经理不应只满足于成为一个优秀的执行者，更应放眼市场把握经济，成为一个战略经营高手。除了项目的生命周期，工作分工结构的开发、管理流程变动的实施、如何投资一个项目、项目的盈利点在哪里、对于项目的预算控制、对于展位和观众的控制、策展项目的创新点和成长点都是一个高瞻远瞩的项目经理应该考虑的问题，不能仅仅满足于完成一个项目，而要着眼于如何通过这个项目取得市场回报和经济效益。

（2）掌控协调能力。会展业的项目经理首先要保证按时，在预算之内优质地完成整个项目，这需要项目经理能激励团队有效、可靠地执行运作。由于要和客户、自己的团队、施工人员、展会主办方等方方面面的人物打交道，从立项一直要跟进到项目总结，处理协调在这个过程中出现的各种问题，因此项目经理的掌控协调能力一定要强，要善于交际、沟通，并且有良好的团队意识和合作精神。项目经理的思路要细致、井井有条，能明晰确定哪些工作分派给团队内部的哪些人员完成，哪些工作应转交给承包商完成。

（3）风险管理能力：项目经理进入项目执行之前，首先要制订一份完备的工作进度表，并在项目实施过程中监督执行。项目经理要能预测、规避及应对项目进行过程中的"风险"，以便在项目发生变化时及时作出调整，在危机事件发生时冷静地发现、辨识、处理问题。

（4）高度学习能力：会展业的门槛不高，而项目经理又紧缺，因此有些项目经理的经验固然丰富，但在知识面层次上较薄弱。作为项目经理，需要跟客户不断接触沟通，若是遇到层次较高的客户，除了凭借经验办事外，还需要有很高的自身文化素质和修养进行应对。作为项目的全面掌控人，项目经理对所负责项目的背景知识不能说精通，但至少要非常了解，对各种展览技术也要很熟悉，但注意不要用高科技手段喧宾夺主，让人忽略了展会的真正内容。项目经理要保持高度的学习意愿和创新意图，以便与时俱进。

## 二、旅游事业部经理

旅游事业部的设立要紧跟市场发展的趋势。如随着休闲度假游的需求越来越大，2015年，携程旅游事业部将团队游、自由行和邮轮三个合并，成立新的旅游事业部，同时发布新的人事和架构。此次重组并购标志着携程将正式发力度假市场，而度假领域也成为各个旅游企业的征战之地。

### （一）旅游事业部经理的岗位职责

旅游事业部经理是旅行社非常重要的一个管理岗位，其主要工作内容如下：负责公司景区事业部，带领旅游策划师、规划师、产品研发团队、旅游顾问及商务营销团队，完成景区类旅游项目的策划开发及运营管理工作，提供景区类旅游产品策划、规划、设计、运营支持及市场开拓等工作，并承担收入和利润业绩指标；参与公司重大决策研究，根据公司战略目标制订部门品牌营销计划并组织实施；负责部门的团队建设、人才梯队培养和储备；负责部门项目的优化与升级，确保项目不断完善。

### （二）旅游事业部经理的任职资格

一名旅游事业部经理需要具备的能力或素质：熟悉旅游行业相关政策法规和业务操作流程，能独立完成主题景区类、公园类旅游规划类项目策划的全程工作，包括前期调研、创意策划、项目可行性分析、项目策划文本编写及方案汇报工作；有良好的客户资源基础和业务渠道关系；具备优秀的组织策划、团队管理、沟通协调等能力；有事业心，有创业精神，组织能力强，愿意与公司一起成功。

## 三、研学活动项目经理

2016 年 11 月，教育部等 11 个部门印发了《关于推进中小学生研学旅行的意见》，对全国中小学研学旅行工作的推进提出明确要求，将研学旅行纳入中小学教育教学计划，要求各地采取有力措施，推动研学旅行健康快速发展。该意见指出："中小学生研学旅行是由教育部门和学校有计划地组织安排，通过集体旅行、集中食宿方式开展的研究性学习和旅行体验相结合的校外教育活动，是学校教育和校外教育衔接的创新形式，是教育教学的重要内容，是综合实践育人的有效途径。"

### （一）研学活动项目经理的岗位职责

中小学研学旅行活动的推进是一个系统工程，需要各地教育、文化、旅游、交通、安全等多部门共同参与，密切配合，做好课程资源体系、组织管理体系、安全责任体系建设，建立经费筹措机制，才能推动研学旅行工作积极健康发展。而项目经理起到很重要的管理和协调作用。研学活动项目经理直接关系研学项目能否顺利成功举办。那么，研学活动项目经理具体工作包括哪些事情？

（1）负责制订研学活动发展的总体规划和年度工作计划，监督和评估研学活动业务的整体运营情况，实现研学活动业务的经营管理及发展目标。

（2）负责研学活动筹备期运营模块的规划管理及落地推进管理。

（3）负责研学活动中的服务质量，处理研学活动中的紧急情况。

（4）负责监督研学活动业务的市场拓展，结合区域市场变化，不断改变营销策略。

（5）负责对接政府、幼儿园、中小学、亲子机构、旅行社等机构的业务开展工作，维护与相关活动合作举办单位的良好关系。

（6）负责维护与区域内的票区、酒店等活动开展场所的良好关系。

### （二）研学活动项目经理的任职资格

一名研学活动项目经理需要具备的任职资格：具备极强的沟通、协调、组织、逻辑思维能力并且能快速组建团队；吃苦耐劳，自信开朗，具有较强的沟通能力和谈判能力；优秀的策划、公关能力；能适应高强度工作压力；有较强文字功底，能够独立撰写文章。

## 项目训练

1. 搜集资料，进一步了解文旅产业运营管理类岗位的重要性。

2. 以小组为单位，到某一文旅企业（旅行社、会展公司、研学企业等）进行实地调研，了解运营管理类岗位的真实工作案例。

# 任务三　营销推广类岗位

## 一、旅游产品销售专员

微课：营销推广类岗位

### （一）旅游产品销售专员的岗位职责

旅游产品销售专员是指旅游行业中，具体负责旅游产品销售的人员。其主要岗位职责有：负责旅游产品的销售工作；收集行业信息，协助上司制定销售策略并实施；负责商务考察市场的开拓和维护；维护客户，保持良好关系；催收账款；对旅游散客或团队进行服务；处理客户旅游投诉。

### （二）旅游产品销售专员的任职资格

一名旅游产品销售专员需要具备的条件：性格开朗、善于沟通；掌握较高的销售及谈判技巧，具有一定的销售经验；思维敏捷、反应迅速，工作细致，有较快的工作效率和独立的处事能力；具有良好的身体素质，能适应外地出差，能承受较大的工作压力；具有良好的协调、组织、策划能力；具有良好的语言表达能力。

知识链接：旅游产品的销售渠道

## 二、会展招商招展专员

### （一）会展招商招展专员的岗位职责

招商招展专员是会展公司重要的营销岗位，招展是把展位卖给参展商并进行积极的展商服务，招商是吸引观众来到展会现场。这一岗位的工作内容主要包括：通过电话、邮件、展会现场等方式进行招商招展，完成展位销售目标及吸引观众的任务；维护老客户的关系，挖掘客户最大潜力；定期与合作客户进行沟通，建立良好的长期合作关系。

### （二）会展招商招展专员的任职资格

一名会展招展专员需要具备的条件：普通话标准，语言表达流畅，具备良好的销售意识和电话沟通技巧，有较强的谈判能力；思维活跃，具备良好的应变能力和承压能力；有较强的策划及活动组织能力、良好的团队合作意识及服务意识。

## 三、研学产品销售专员

### （一）研学产品销售专员的岗位职责

研学产品销售专员是负责销售研学产品的岗位，其岗位职责包括：研学产品的销售工作；对客户需求进行处理和跟进，维护现有客户，开发潜在客户；协助公司收集分析行业及市场情况。

### （二）研学产品销售专员的任职资格

一名研学产品销售专员需要具备的条件：良好的抗压能力，优秀的团队合作能力；工作认真负责，熟练掌握办公系统软件；热爱旅游行业，了解研学、游学市场；具有一定的销售技巧。

## 四、酒店销售专员

### （一）酒店销售专员的岗位职责

酒店销售专员的岗位职责包括：开发企业会员客户，展开商旅（储值）会员的销售、管理工作；客户档案的建立和管理；收集行业信息，特别是竞争品牌的性能、价格、竞争手段等信息的收集、整理和分析；搜集、分析并及时反馈客户信息，做好重点客户维护工作；进行市场调研，掌握消费者购买心理和行为，制订销售方案和促销计划，开展销售活动,完成销售目标。

### (二)酒店销售专员的任职资格

一名酒店销售专员需要具备的条件:良好的公关能力、沟通技能和协调合作能力;高度的工作热情,良好的团队合作精神,有强烈的责任心,做事认真,为人正直、诚信;形象气质较好,性格外向,有感染力,沟通协调能力强。

## 五、新媒体营销专员

新媒体营销是指利用新媒体平台进行营销的方式,主要包括但不限于:门户、搜索引擎、微博、微信、SNS、博客、播客等。新媒体营销已经开始逐渐成为现代营销模式中最重要的部分。

### (一)新媒体营销专员的岗位职责

新媒体营销专员的岗位职责包括:定期策划并执行新媒体(特别是微信)内容编辑撰写,营销策划线上及线下活动,提高粉丝的关注度、活跃度,扩大新媒体传播效应;通过撰写相应的软文,以及其他运营手段提升微博&微信活跃度;微信营销方案的策划和撰写;有效利用官网微信进行公司知名度等的宣传推广;负责微信等微媒体全方位运营的工作,为公司整体品牌传播和营销服务;搜集、挖掘、分析客户与同行业在新媒体推广营销方面的情感、体验感受或习惯,制订新媒体推广计划,并组织实施;可以独立完成日常新媒体合作推广策划文案撰写和营销方案执行的工作。

### (二)新媒体营销专员的任职资格

相关案例:黄山开启文旅新媒体营销模式

一名新媒体营销专员需要具备的条件:热爱新媒体,有良好的写作能力,能够独立撰写符合新媒体需求的稿件;熟悉网络新闻传播特点,有移动互联网客户端操作经验、对微信操作熟练以及对微信公众号运营及推广拥有一定经验;有想法、有创意,善于联系热点,对文案内容进行包装并能承受工作压力;熟悉新媒体用户体验和传播规律,知道如何积聚目标粉丝并和粉丝互动,充分发挥新媒体的互动性;善于捕捉互联网热点事件与话题,思维活跃,有创新意识和挑战精神,并结合到实际工作中,提出运营方案;为人踏实肯干、执行力强、有强烈的责任心、态度积极主动、善于沟通、有团队合作精神。

## 项目训练

1.搜集资料,进一步了解文旅产业营销推广类岗位的重要性。

2.以小组为单位,到某一文旅企业(旅行社、会展公司、研学企业等)进行实地调研,了解营销推广类岗位的真实工作案例。

# 任务四  服务类岗位

## 一、导游员

### （一）导游员岗位职责

导游人员是指依照《导游人员管理条例》的规定取得导游证，接受旅行社委派，为旅游者提供向导、讲解及相关旅游服务的人员。导游员的岗位职责包括：根据旅行社与游客签订的合同或约定，按照接待计划安排和组织游客参观、游览；负责为游客导游、讲解，介绍中国（地方）文化和旅游资源；配合和督促有关单位安排游客的交通、食宿等，保护游客的人身和财物安全；耐心解答游客的问询，协助处理旅途中遇到的问题；反映游客的意见和要求，协助安排游客会见、会谈活动。

微课：服务类岗位

### （二）导游员任职资格

一名优秀的导游人员需要具备以下能力。

#### 1. 独立工作能力

导游服务工作的独立性很强。带团外出旅游，导游人员一般是独当一面，独立地组织旅游活动，独立地处理各种各样的问题等。

#### 2. 组织协调能力

导游人员接团后，要根据旅游接待计划合理安排旅游活动，带领全团游览好、生活好。这就要求导游人员具有较强的组织、协调能力；要求导游人员在安排活动时有较强的针对性并留有余地；在组织各项活动时讲究方式、方法并及时掌握变化着的客观情况，灵活地采取相应的有效措施。

#### 3. 善于和各种人打交道的能力

导游人员的工作对象面广、复杂，善于和各种人打交道是导游人员最重要的技能之一。与层次不同、品质各异、性格不同的中外人士交往，要求导游人员必须掌握一定的公共关系学知识并能熟练运用，且具有灵活多变、能适应不断变化着的氛围的能力，随机应变处理问题，搞好各方面的关系。

#### 4. 导游讲解能力

导游人员要学会对相同的题材从不同角度讲解，使其达到不同的意境，满足不同层次和不同审美情趣旅游者的审美要求。

#### 5. 特殊问题的处理和突发事件的应变能力

旅游活动中出现问题和事故在所难免，能否妥善处理问题和事故是对导游人员的考验。临危不惧、处惊不乱、头脑清醒、处事果断、办事利索、随机应变是导游人员处理问题和事故时应有的素质。

## 二、研学旅行指导师

2022年6月,研学旅行指导师被纳入新版《中华人民共和国职业分类大典》,这一包含教育和旅游等综合领域知识的职业迅速走红。

### (一)研学旅行指导师的岗位职责

研学旅行指导师被定义为策划、制定、实施研学旅行方案,组织、指导开展研学体验活动的人员。研学旅行指导师不仅要根据学生需求确定教学目标,还要设计既有体验性又有教育意义的课程内容和形式。其岗位职责包括:负责研学实践课程的研发与升级;研学实践课程的实施与管理;参与市场调研、研学产品的收集整理;与合作的研学基地(营)地对接协调、课程协助、监督;围绕产品完成与上、下游部门/负责人的对接。

### (二)研学旅行指导师的任职资格

要想成为一名研学旅行指导师需要具备以下条件:对于研学实践、营地教育有正确的认知;具有亲和力,有耐心、责任心;有较强的适应能力,性格开朗,工作细心,抗压能力及执行力强;具备良好的配合能力和服务意识;熟练使用各类办公软件。

## 三、讲解员

相关案例:从业者讲述职业内容

### (一)讲解员的岗位职责

讲解员是景区、博物馆内为游客提供讲解服务的人员。其主要职责包括:负责日常参观接待的讲解工作;负责讲解过程中,景区或博物馆内物品的安全、监护;负责贵宾接待室的接待服务和卫生清扫工作;负责游客参观途中的安全、秩序;负责宣传推介纪念品;负责参观接待的信息反馈、相关报道;负责讲解器的保存、维护、充电。

### (二)讲解员的任职资格

要想成为一名讲解员,需要具备以下条件:吃苦耐劳,有强烈的事业心和责任感;具有较好的沟通能力、服务意识和团队合作精神;具有较强的口头表达能力,普通话标准,吐字清晰;有团体合作意识和奉献精神,能够服从岗位安排。

## 四、会务专员

### (一)会务专员的岗位职责

会务专员的岗位职责包括:安排嘉宾签到、住宿和餐饮;保障会议安全及参观、考察途经地的交通安全;制作会议通讯录,准备会议所需要的会议资料、会议用品、会议演讲稿等相关物品;办理与会人员的证件、参会期间的人身意外伤害保险等;安排和检查会场及其音响设备、灯光系统、多媒体等项目,保障设备正常运行;协调解决嘉宾和与会人员在会议期间提出的各种要求和问题。

工作业绩优秀的会务专员在积累一定工作经验后可提升为会务主管或更高级的管理者，也可以转向秘书、行政等相关职业或其他旅行会务中心、会议服务公司，甚至创办自己的公司。

### （二）会务专员的任职资格

要想成为一名会务专员，需要具备以下条件：熟练操作 Office 办公软件；熟悉会务、展览、执行流程；具有优秀的沟通技巧和人际交往能力；具有高度责任感，以及较强的抗压能力；为人干练、踏实、细致。

知识链接：会议期间的服务

## 项目训练

1. 搜集资料，进一步了解文旅产业服务类岗位的重要性。
2. 以小组为单位，到某一文旅企业（旅行社、会展公司、研学企业等）进行实地调研，了解服务类岗位的真实工作案例。

## 复习思考题

1. 旅行社计调的岗位职责和任职资格。
2. 如何成长为一名会展项目经理？
3. 研学旅行指导师的岗位职责和任职资格。
4. 新媒体营销的方式有哪些？举例说明。
5. 导游员的岗位职责和任职资格。

# 项目十

# 文旅职业资格证书

## 项目导读

职业资格证书是表明劳动者具有从事某一职业所必备的学识和技能的证明。职业资格证书是劳动就业制度的一项重要内容,也是一种特殊形式的国家考试制度。从事文旅行业相关工作,也需要具备相应的职业资格证书。特别是《国家职业教育改革实施方案》和《关于在院校实施"学历证书+若干职业技能等级证书"制度试点方案》即"1+X"证书相关制度实施之后,文旅行业相关职业资格证书的考取也是学生学习的重要目标。

本项目将主要介绍导游资格证、会展管理职业技能等级证书、旅行策划职业技能等级证书以及研学旅行课程设计与实施职业技能等级证书等相关证书的基本情况、考试科目和考取过程等知识,增强学生对相关职业技能等级证书的了解和认知,为将来考取相关证书做好准备。

## 项目十 文旅职业资格证书

### 学习目标

◎ **知识目标**

1. 理解导游人员的概念,掌握导游人员的分类。
2. 掌握导游人员资格考试制度,掌握报名条件、考试内容。
3. 了解导游证的申领和颁发,了解导游证的执业管理制度。
4. 掌握会展管理职业技能等级证书的学习内容及考取方式。
5. 掌握旅行策划职业技能等级证书的学习内容及考取方式。
6. 掌握研学旅行课程设计与实施职业技能等级证书的学习内容及考取方式。

◎ **能力目标**

1. 能够运用所学知识,规划未来考取的职业技能等级证书。
2. 能够分析导游资格证的考取重难点,并制订导游资格证相关课程的学习方案。
3. 能够分析会展管理职业技能等级证书的考取重难点,并制订相关学习计划和方案。
4. 能够分析旅行策划职业技能等级证书的考取重难点,并制订相关学习计划和方案。
5. 能够分析研学旅行课程设计与实施职业技能等级证书的考取重难点,并制订相关学习计划和方案。
6. 能够提高学生职业岗位适应能力和竞争力,保证高职人才培养质量。

◎ **素质目标**

1. 培养热爱学习、主动学习的思想意识。
2. 培养热爱旅游、致力于从事旅游行业的职业信心。
3. 培养认真踏实、吃苦耐劳、勤奋好学、持之以恒的学习态度。

◎ **思政素养**

1. 培养对文旅行业的认同感以及将来从事文旅行业的荣誉感和自豪感。
2. 接受爱岗敬业、乐于奉献、工匠精神和劳动光荣的理念熏陶。
3. 引导学生树立敬业、踏实、奉献的优秀工作品质和职业态度,塑造提升自身职业修养,矢志投身文旅事业发展。

### 案例导入

#### 进退有据,助力"1+X"证书制度守正创新[①]

为了进一步完善"学历证书+若干职业技能等级证书"制度试点管理制度体系,1月6日,国务院职业教育工作部际联席会议办公室发布《职业教育培训评价组织及职业技能等

---

[①] 资料来源:王寿斌.进退有据,助力"1+X"证书制度守正创新[EB/OL]. https://baijiahao.baidu.com/s?id=1757064332815460890&wfr=spider&for=pc.(2023-02-06)[2023-02-10].

级证书退出目录实施细则》(以下简称《细则》),并决定自发布之日起实施。《细则》的出台,在职业教育领域引起强烈反响,引发全社会高度关注。

"1+X"证书制度的正式提出,源于2019年1月国务院印发的《国家职业教育改革实施方案》(简称"职教20条")。"1+X"证书制度把学历证书与职业技能等级证书有机结合、互通衔接,深化复合型技术技能人才培养培训模式改革和评价方式改革,是我国建立现代职业教育制度框架的重大创新设计。4年来,在各相关部门的大力支持和密切配合下,"1+X"证书制度工作稳步推进,取得长足发展,为全国职业教育发展走上提质培优、增值赋能快车道作出巨大贡献。

然而,由于"1+X"证书制度特别强调"课证融通",需要将体现人的个性化、社会化水平的学历证书与体现产业、企业和职业岗位综合职业能力水平程度的若干种职业技能等级证书相互衔接和融通,职业技能等级标准必须与各个层次职业教育的专业教学标准相互对接,"X"证书的培训内容与专业人才培养方案的课程内容相互融合,"X"证书的培训过程与学历教育专业教学过程统筹组织、同步实施,"X"证书的职业技能考核与学历教育专业课程考试统筹安排、同步考试和评价,学历证书与职业技能等级证书体现的学习成果相互转换,这对"1+X"证书制度的高质量实施提出了严峻挑战。尤其是根据"职教20条"的相关要求,培训评价组织是面向社会公开招募遴选,而不是由教育行政主管部门、其下属机构或委托特定机构来承担相应职能,培训和评价主体的这一根本性变化,不可避免地使得"1+X"证书制度在试点过程中出现诸如工作推进缓慢、配套资源开发不足、操作过程违规、承担主体变更,以及部分"X"证书的社会认可度不高等现实问题。

此次出台《细则》,对培训评价组织资质退出和职业技能等级证书实施资格退出等内容进行明确规范,为"1+X"证书制度的健康持续实施举旗定向,对于助力"1+X"证书制度守正创新具有重大意义。

思考:文旅行业"1+X"证书有哪些,这些证书对于促进文旅行业的发展有什么作用和意义?

# 任务一　导游资格证与导游证

## 一、导游人员

微课:导游证

旅行社是旅游业的龙头和纽带,在旅行社基本业务之中,以导游服务为主体的接待业务无疑是其中的关键环节。

从服务管理理论来看,导游人员处于旅行社企业与旅游消费者之间的互动层面,既是旅行社服务产品价值的直接传递者,也是旅行社服务产品的组成部分。导游服务质量的高低,很大程度上影响甚至决定着顾客对服务体验的最终评价。

在实际业务中,我们经常将导游人员简称为导游。从一般意义上讲，导游是指那些为旅游者引路并作讲解、帮助旅游者参观游览，必要时还为旅游者提供旅途生活照料的人员。

鉴于导游工作的重要性，许多国家对于从事导游工作人员的资格都有着严格的规定。

### （一）导游人员的概念

在我国，《导游人员管理条例》对导游人员的定义是：导游人员，是指依照本条例的规定取得导游证，接受旅行社委派，为旅游者提供向导、讲解及相关旅游服务的人员。

### （二）导游人员的分类

#### 1. 以使用的语言为标准

以使用的语言为标准，导游人员可分为外国语导游员和中文导游员。中文导游包括普通话、方言、少数民族语导游，外文导游常用语种主要有英语、法语、韩语、日语、俄语、德语。

#### 2. 以职业性质为标准

以职业性质为标准，导游人员可分为专职导游员、业余导游员和自由职业导游员。

#### 3. 以所具备的技术等级为标准

以所具备的技术等级为标准，导游人员可分为以下几类。初级导游员：取得导游人员资格证书后工作满一年，经考核合格。中级导游员：取得初级导游员资格工作两年以上。高级导游员：取得中级导游员资格工作四年以上。特级导游员：取得高级导游员资格工作五年以上。

#### 4. 按导游人员工作任务的范围划分

按导游人员工作任务的范围划分，导游人员可分为全陪（全程陪同导游人员）、地陪（地方陪同导游人员）、点陪（景点陪同导游人员）。

### 头脑风暴

请结合所学知识，说说你对专职导游员、业余导游员和自由职业导游员的认识。

## 二、导游人员资格考试制度

《导游人员管理条例》规定，通过导游资格考试并获得导游证是从事导游工作的先决条件，考试工作由国家旅游局授权的全国各省、自治区、直辖市旅游行政主管机关相关部门负责具体组织实施。

### （一）导游人员资格考试报名条件

《导游人员管理条例》规定，国家实行全国统一的导游人员资格考试制度。具有高级中学、中等专业学校或者以上学历，身体健康，具有适应导游需要的基本知识和语言表达能力的中华人民共和国公民，可以参加导游人员资格考试；经考试合格的，由国务院旅游行政部门或者国务院旅游行政部门委托省、自治区、直辖市人民政府旅游行政部门颁发导游人员资格证书。

### (二）考试内容

考试分为闭卷考试和现场考试（面试）两种。科目一到科目四为闭卷考试，科目五为现场考试（面试）。考试科目如下：科目一：《政治与法律法规》；科目二：《导游业务》；科目三：《全国导游基础知识》；科目四：《地方导游基础知识》；科目五：《导游服务能力》。

科目一、科目二合并为一张试卷进行测试，其中科目一、科目二分值所占比例各为50%；科目三、科目四合并为一张试卷进行测试。

闭卷考试实行全国统一的计算机考试，现场考试（面试）以模拟考试方式进行，由省级考试单位根据考试大纲和《全国导游资格考试现场考试工作标准（试行）》组织。

科目五考试中文类考生每人不少于15分钟，备考旅游景区不少于12个；外语类考生每人不少于25分钟，备考旅游景区不少于5个。

考试成绩采用百分制，中文类分值比例为：礼貌礼仪占5%，语言表达占20%，景点讲解占45%，导游服务规范占10%，应变能力占10%，综合知识占10%。

外语类分值比例为：礼貌礼仪占5%，语言表达占25%，景点讲解占30%，导游服务规范占10%，应变能力占5%，综合知识占5%，口译占20%。

### （三）导游人员资格证书的颁发

印制机关：文化和旅游部。

颁发机关：国家和省级文化和旅游局。

适用范围：全国。

取得条件：考试合格。

取得时间：考试结束之日起30个工作日内。

有效期：2016年1月，国家旅游局通知，导游资格证终身有效，导游证全国通用。

导游员资格证书如图10-1所示。

图10-1　导游员资格证书

## 三、导游证申领和颁发

根据《导游管理办法》，取得导游人员资格证，并与旅行社订立劳动合同或者在旅游行业组织注册的人员，可以通过全国旅游监管服务信息系统向所在地旅游主管部门申请取得导游证。

在旅游行业组织注册并申请取得导游证的人员，应当向所在地旅游行业组织提交下列材料：身份证；导游人员资格证；本人近期照片；注册申请。旅游行业组织在接受申请人取得导游证的注册时，不得收取注册费；旅游行业组织收取会员会费的，应当符合《社会团体登记条例》等法律法规的规定，不得以导游证注册费的名义收取会费。

导游通过与旅行社订立劳动合同取得导游证的，劳动合同的期限应当在1个月以上。

申请取得导游证，申请人应当通过全国旅游监管服务信息系统填写申请信息，并提交下列申请材料：身份证的扫描件或者数码照片等电子版；未患有传染性疾病的承诺；无过失犯罪以外的犯罪记录的承诺；与经常执业地区的旅行社订立劳动合同或者在经常执业地区的旅游行业组织注册的确认信息。前款第四项规定的信息，旅行社或者旅游行业组织应当自申请人提交申请之日起5个工作日内确认。

所在地旅游主管部门对申请人提出的取得导游证的申请,应当依法出具受理或者不予受理的书面凭证。需补正相关材料的,应当自收到申请材料之日起5个工作日内一次性告知申请人需要补正的全部内容;逾期不告知的,收到材料之日起即予受理。所在地旅游主管部门应当自受理申请之日起10个工作日内,作出准予核发或者不予核发导游证的决定。不予核发的,应当书面告知申请人理由。

具有下列情形的,不予核发导游证:无民事行为能力或者限制民事行为能力的;患有甲类、乙类以及其他可能危害旅游者人身健康安全的传染性疾病的;受过刑事处罚的,过失犯罪的除外;被吊销导游证之日起未逾3年的。

## 四、导游证版式

根据2018年1月1日开始实施的《导游管理办法》,导游证采用电子证件形式,由国家旅游局制定格式标准,由各级旅游主管部门通过全国旅游监管服务信息系统实施管理。电子导游证以电子数据形式保存于导游个人移动电话等移动终端设备中。

知识链接:拿到导游资格证后,如何申请电子导游证

电子导游证与原IC卡导游证都是导游取得的从事导游执业活动的许可证件,但二者在核发、外观形态、载体、功能、使用和管理等方面存在显著区别。

一是在核发方面,导游通过全国旅游监管服务平台申领,在旅游部门审批通过后即可自动生成"电子导游证",导游只需将相关证件保存在自己手机APP中即可;同时旅游部门配套设计了卡片式"导游身份标识",作为工作标牌便于旅游者和执法人员识别,电子导游证和导游身份标识的申领均十分便捷。而IC卡导游证的制作周期长,程序相对复杂,核发、使用的时间成本也较高。

二是在载体形态方面,电子导游证保存在导游个人移动电话等移动终端设备中,以电子数据形式存在,只要有手机等终端设备,即可随身携带。而原IC卡导游证虽然内含电子芯片,但并非以电子数据形态存在。

三是在功能方面,电子导游证除了显示导游的基本信息之外,还能够存储导游的执业轨迹,记录导游的社会评价,体现导游的服务星级水平,拥有导游执业的完整数据库。而IC卡导游证只能体现导游姓名、性别、证号等一般性静态信息。

四是在使用和管理方面,对于电子导游证,旅游者和旅游监管人员仅采用微信、App扫描二维码的方式,即可与系统信息进行比对,甄别导游身份,防止导游与证件不匹配而非法从事导游业务等问题发生。对于IC卡导游证,只有监管人员采用专用的扫描设备才可读取导游基本信息,识别导游真伪。

由此可见,推行导游执业证件改革,并在《导游管理办法》中明确导游证电子化制度,大大方便了导游证的申领、变更和注销,降低了导游证的制作成本,也有利于旅游者加强对导游身份的识别和旅游部门对导游执业行为的监管。

## 五、导游执业管理

根据《导游管理办法》,导游为旅游者提供服务应当接受旅行社委派,但另有规定的

除外。导游在执业过程中应当携带电子导游证、佩戴导游身份标识,并开启导游执业相关应用软件。旅游者有权要求导游展示电子导游证和导游身份标识。

导游身份标识中的导游信息发生变化,导游应当自导游信息发生变化之日起10个工作日内,向所在地旅游主管部门申请更换导游身份标识。旅游主管部门应当自收到申请之日起5个工作日内予以确认更换。导游身份标识丢失或者因磨损影响使用的,导游可以向所在地旅游主管部门申请重新领取,旅游主管部门应当自收到申请之日起10个工作日内予以发放或者更换。

导游在执业过程中应当履行下列职责:自觉维护国家利益和民族尊严;遵守职业道德,维护职业形象,文明诚信服务;按照旅游合同提供导游服务,讲解自然和人文资源知识、风俗习惯、宗教禁忌、法律法规和有关注意事项;尊重旅游者的人格尊严、宗教信仰、民族风俗和生活习惯;向旅游者告知和解释文明行为规范、不文明行为可能产生的后果,引导旅游者健康、文明旅游,劝阻旅游者违反法律法规、社会公德、文明礼仪规范的行为;对可能危及旅游者人身、财产安全的事项,向旅游者作出真实的说明和明确的警示,并采取防止危害发生的必要措施。

导游在执业过程中不得有下列行为:安排旅游者参观或者参与涉及违反我国法律法规和社会公德的项目或者活动;擅自变更旅游行程或者拒绝履行旅游合同;擅自安排购物活动或者另行付费的旅游项目;以隐瞒事实、提供虚假情况等方式,诱骗旅游者违背自己的真实意愿,参加购物活动或者另行付费的旅游项目;以殴打、弃置、限制活动自由、恐吓、侮辱、咒骂等方式,强迫或者变相强迫旅游者参加购物活动、另行付费等消费项目;获取购物场所、另行付费旅游项目等相关经营者以回扣、佣金、人头费或者奖励费等名义给予的不正当利益;推荐或者安排不合格的经营场所;向旅游者兜售物品;向旅游者索取小费;未经旅行社同意委托他人代为提供导游服务;法律法规禁止的其他行为。

旅游突发事件发生后,导游应当立即采取下列必要的处置措施:向本单位负责人报告,情况紧急或者发生重大、特别重大旅游突发事件时,可以直接向发生地、旅行社所在地县级以上旅游主管部门、安全生产监督管理部门和负有安全生产监督管理职责的其他相关部门报告;救助或者协助救助受困旅游者;根据旅行社、旅游主管部门及有关机构的要求,采取调整或者中止行程、停止带团前往风险区域、撤离风险区域等避险措施。

具备领队条件的导游从事领队业务的,应当符合《旅行社条例实施细则》等法律、法规和规章的规定。旅行社应当按要求将本单位具备领队条件的领队信息及变更情况,通过全国旅游监管服务信息系统报旅游主管部门备案。

## 项目训练

1. 到所在城市的某个景区,进行导游志愿服务,体验导游工作。
2. 准备一份5A级景区的导游词,理解记忆背诵,并以小组为单位开展模拟导游讲解训练。

# 任务二　会展管理职业技能等级证书

## 一、证书简介

为贯彻落实《国家职业教育改革实施方案》(国发〔2019〕4号）和《关于在院校实施"学历证书＋若干职业技能等级证书"制度试点方案》（教职成〔2019〕6号）文件精神，根据《关于受权发布参与"1+X"证书制度试点的第四批职业教育培训评价组织及职业技能等级证书名单的通知》（教职所〔2020〕257号）文件要求，会展管理成为第四批"1+X"职业技能等级证书，网育网（北京）国际教育科技发展中心（以下简称"网育网"）成为第四批职业教育培训评价组织。

微课：会展管理职业技能等级证书

证书名称：会展管理职业技能等级证书

颁证机构：网育网（北京）国际教育科技发展中心

依据《职业教育国家学分银行建设工作规程（试行）》，对会展管理职业技能等级证书学习成果认定、积累，最终实现与院校专业（课程）之间学分转换。相关结果存储在职业教育国家学分银行信息平台。

## 二、适用院校专业

中等职业学校：会展服务与管理、旅游服务与管理、高星级饭店运营与管理、康养休闲旅游服务、导游服务、休闲体育服务与管理、体育设施管理与经营、服装陈列与展示设计、商务英语、国际商务等专业。

高等职业学校：会展策划与管理、旅游管理、酒店管理与数字化运营、民宿管理与运营、旅行社经营与管理、休闲服务与管理、智慧景区开发与管理、智慧旅游技术应用、森林生态旅游与康养、导游、体育运营与管理、休闲体育、社会体育、服装陈列与展示设计、展示艺术设计、文物展示利用技术、应用英语、商务英语、国际经济与贸易、商务管理、国际商务、文化创意与策划、全媒体广告策划与营销等专业。

应用型本科学校：会展经济与管理、旅游管理、酒店管理、旅游管理与服务教育、会展、文化产业管理、社会体育指导与管理、休闲体育、体育旅游、国际经济与贸易、国际商务等专业。

高等职业教育本科学校：旅游管理、酒店管理、旅游规划与设计、展示艺术设计、社会体育指导与管理、休闲体育、应用英语、国际经济与贸易等专业。

## 三、面向职业岗位（群）

主要面向开展会议、展览、庆典、赛事、演出、广告、旅游、酒店、在线展览、线上会展、云展会等相关服务的企事业单位，从事会展营销、活动策划与开发、会展服务与运营管理、会展设计等相关工作；也可面向政府机构、旅行社、酒店、景区、会展行业协会、会展专业组织等机构从事会展相关的行业规划与管理工作。

## 四、职业技能要求

### (一) 职业技能等级划分

会展管理职业技能等级分为三个等级：初级、中级、高级，三个级别依次递进，高级别涵盖低级别职业技能要求。

会展管理（初级）：主要面向会展公司、文化发展公司、广告公司、旅行社、婚庆策划公司、星级酒店宾馆、旅游景区等企业，从事市场营销、活动策划、行政管理、休闲服务与管理、景区开发与管理、展会开幕准备服务、现场接待服务、会展商务服务等工作。

会展管理（中级）：主要面向各类会展公司、会展中心、广告公司、公关公司、旅游公司、会议酒店、文化创意公司、外贸公司、国际贸易与商务管理部门等相关企事业单位，从事会展服务、营销策划、执行运营、品牌推广、休闲活动策划、景区活动策划、体育赛事策划、涉外旅游等第一线工作。可在会展业、旅游业、广告业、机关企事业单位的宣传部门、市场部门、公共关系部门与发展开拓部门，从事会展的市场调研、会议营销、项目管理、现场综合服务及团队组织管理、运营管理、客户关系管理等工作。

会展管理（高级）：主要面向各类会展公司、主办机构、广告公司、公关公司、旅游公司、酒店宾馆、外贸公司、国际贸易与商务管理部门等相关企事业单位，从事项目运营、品牌管理、公关策划、大客户管理等工作；面向政府机构、会展行业协会和社团组织，从事会展调研、行业活动策划组织、研究与管理工作；面向会展场馆、酒店和各类文博馆等场馆机构，从事会展活动策划、会议与活动管理、运营管理；面向目的地管理公司、旅游公司或旅行社、涉外旅游，从事商务考察、奖励旅游活动策划与管理；面向参展企业，从事企业参展管理、品牌推广工作；面向会展教育、科研、咨询和出版机构，从事教学、咨询与研究工作。

### (二) 职业技能等级评定标准

会展管理职业技能等级评定标准如表 10-1 ~ 表 10-3 所示。

表 10-1 会展管理职业技能等级要求（初级）

| 工作领域 | 工作任务 | 职业技能要求 |
| --- | --- | --- |
| 1. 会展策划 | 1.1 策划构思与诊断 | 1.1.1 能记录和整理项目策划过程信息资料<br>1.1.2 能陈述会展项目利益相关者<br>1.1.3 能协助制定项目策划程序<br>1.1.4 能按照规定编辑策划文案 |
| | 1.2 策划论证 | 1.2.1 能应用相关软件录入策划信息<br>1.2.2 能协助执行项目策划程序<br>1.2.3 能填写项目预算表能统计和协助分析项目策划信息<br>1.2.4 能协助进行项目策划可行性论证 |

续表

| 工作领域 | 工作任务 | 职业技能要求 |
| --- | --- | --- |
| 1. 会展策划 | 1.3 招投标管理 | 1.3.1 能按招投标规定准备相关资料<br>1.3.2 能填写招投标相关资料表格<br>1.3.3 能描述招投标流程 |
| | 1.4 项目前期筹备 | 1.4.1 能陈述项目论证方案框架内容<br>1.4.2 能寻找和联络项目配套供应商<br>1.4.3 能联络和收寄项目相关资料<br>1.4.4 能执行项目材料的全程物流管理<br>1.4.5 能根据材料清单寻找和验收材料 |
| 2. 会展营销 | 2.1 市场调查 | 2.1.1 能根据调查目标制定简单的调查问卷<br>2.1.2 能识别问卷调查的对象<br>2.1.3 能编辑与发布线上问卷<br>2.1.4 能整理和分析问卷数据<br>2.1.5 能协助开展线下问卷调查 |
| | 2.2 电话营销 | 2.2.1 能通过电话向潜在客户介绍产品或服务<br>2.2.2 能按照工作流程并运用电话沟通技巧与客户进行电话沟通<br>2.2.3 能按照公司规范解答客户的疑问<br>2.2.4 能记录客户对产品或服务的意见或建议<br>2.2.5 能开展电话营销总结<br>2.2.6 能协助实施会展推介活动 |
| | 2.3 客户沟通 | 2.3.1 能展现客户沟通中个人仪容、仪表、仪态等礼仪<br>2.3.2 能进行自我介绍、介绍他人及产品<br>2.3.3 能运用客户拜访的规范标准与客户进行握手递接名片及行致意礼<br>2.3.4 能倾听并回答客户提出的基础性问题<br>2.3.5 能领会洽谈时机并适时告辞<br>2.3.6 能协助处理客户投诉<br>2.3.7 能整理并上报客户投诉与意见反馈 |
| | 2.4 招商与招展 | 2.4.1 能收集整理招商招展资料<br>2.4.2 能讲解招商招展项目基本信息<br>2.4.3 能协助编制招商招展资料和合同<br>2.4.4 能进行参展商、专业观众协调沟通<br>2.4.5 能协助讲解招商招展项目相关的权利、义务和违约责任 |
| 3. 会展运营 | 3.1 项目计划执行 | 3.1.1 能填报项目计划表<br>3.1.2 能操作项目计划系统进行任务分派管理<br>3.1.3 能绘制项目计划工作图表<br>3.1.4 能编辑和打印项目运营文档资料 |
| | 3.2 现场接待服务 | 3.2.1 能执行观众登记和来宾引领服务能布置接待活动现场环境<br>3.2.2 能布置接待活动现场环境<br>3.2.3 能执行现场前台顾客咨询和投诉接待工作<br>3.2.4 能协助现场安检、检查证件和秩序维护工作<br>3.2.5 能协助组织和指导现场临时员工、志愿者 |

续表

| 工作领域 | 工作任务 | 职业技能要求 |
|---|---|---|
| 3. 会展运营 | 3.3 会展商务基础服务 | 3.3.1 能执行会展礼仪服务人员规范<br>3.3.2 能执行会议记录、文件收发等文档工作<br>3.3.3 能完成文印、传真和邮递等商务中心服务<br>3.3.4 能协助组织和指导办理展品运输、展位展品租赁等手续<br>3.3.5 能协助执行会展商务咨询服务 |
| | 3.4 会展服务规范执行 | 3.4.1 能根据服务流程和规范执行相关会展服务工作<br>3.4.2 能调配会展活动物料和清点库存<br>3.4.3 能执行会展项目公关宣传规范<br>3.4.4 能执行会展现场安全、急救、消防等应急措施 |
| 4. 会展信息管理 | 4.1 会展信息采集 | 4.1.1 能识别不同会展信息<br>4.1.2 能搜集会展举办地信息<br>4.1.3 能搜集会展参展商信息<br>4.1.4 能采集会展现场观众信息<br>4.1.5 能运用互联网搜索引擎完成会展信息收集整理 |
| | 4.2 会展信息加工 | 4.2.1 能列举会展信息的分类标准与关键词<br>4.2.2 能运用现代办公软件对会展信息整理<br>4.2.3 能进行简单的会展信息加工与处理<br>4.2.4 能协助做好会展信息的基本分析与报告整理工作<br>4.2.5 能使用新媒体进行会展信息的发布 |
| | 4.3 会展信息系统与软件操作 | 4.3.1 能识别计算机软硬件系统常见故障<br>4.3.2 能安装配置会展信息系统及相关软件<br>4.3.3 能描述会展信息系统的操作方法<br>4.3.4 能导入与导出会展信息系统数据<br>4.3.5 能查询、统计相关会展信息数据，并打印报表 |

表 10-2 会展管理职业技能等级要求（中级）

| 工作领域 | 工作任务 | 职业技能要求 |
|---|---|---|
| 1. 会展策划 | 1.1 策划构思与诊断 | 1.1.1 能分析项目策划的政策与宏观环境<br>1.1.2 能分析竞争对手的差异性和发掘创意<br>1.1.3 能协助分析和制定项目策划目标<br>1.1.4 能运用利益相关者模型分析会展项目主体关系<br>1.1.5 能寻找和分析项目策划的目标市场<br>1.1.6 能协助组织策划活动和建议创意思路<br>1.1.7 能协助分析和评审项目策划报告 |
| | 1.2 策划论证 | 1.2.1 能编制项目策划论证方案<br>1.2.2 能执行项目策划论证程序<br>1.2.3 能协助制定项目策划过程控制措施<br>1.2.4 能编制项目分项预算<br>1.2.5 能执行项目成本预算并控制成本<br>1.2.6 能协助控制项目策划进度和预算<br>1.2.7 能协助进行项目策划实施偏差检查和分析 |

续表

| 工作领域 | 工作任务 | 职业技能要求 |
|---|---|---|
| 1. 会展策划 | 1.3 招投标管理 | 1.3.1 能制定招标项目的评审规则和评分标准<br>1.3.2 能编制简单的招投标方案<br>1.3.3 能讲解和演示招投标方案 |
| | 1.4 项目前期筹备 | 1.4.1 能解释项目方案基本内容<br>1.4.2 能联络和沟通项目合作单位<br>1.4.3 能考察和准确反馈项目举办场地信息<br>1.4.4 能审核项目预定设备及物料的可行性和功能<br>1.4.5 能编制项目宣传资料<br>1.4.6 能协助组织项目宣传活动和邀约谈判 |
| 2. 会展营销 | 2.1 市场调查 | 2.1.1 能制订市场调查方案<br>2.1.2 能制定市场调查问卷和访谈提纲<br>2.1.3 能运用询问法进行市场调查<br>2.1.4 能运用市场调查数据分析工具制作可视化报表<br>2.1.5 能撰写会展市场调查报告 |
| | 2.2 网络营销 | 2.2.1 能制订网络营销工作方案<br>2.2.2 能运用网络营销工具进行细分市场营销<br>2.2.3 能使用互联网推广工具<br>2.2.4 能使用微信、微博、小程序、公众号等移动互联网自媒体营销工具<br>2.2.5 能监测营销数据及优化营销策略<br>2.2.6 能收集广告数据及效果跟踪 |
| | 2.3 客户服务 | 2.3.1 能进行分类管理参展商和观众等客户数据，并及时更新<br>2.3.2 能制定客户服务管理策略和措施<br>2.3.3 能了解客户需求，持续与客户互动<br>2.3.4 能制订客户回访方案和建立客户档案<br>2.3.5 能开展客户跟踪服务<br>2.3.6 能编写客户关系改善报告与建议 |
| | 2.4 招商与招展 | 2.4.1 能运用会展招商招展的方法<br>2.4.2 能制作招展函和开展宣传推广<br>2.4.3 能测算招商招展成本<br>2.4.4 能撰写招商、招展方案、赞助方案等文案<br>2.4.5 能撰写招商招展的相关法律文书 |
| 3. 会展运营 | 3.1 项目运营计划工作协调 | 3.1.1 能协调项目工作内涵界定、时间估算和设计工作排序<br>3.1.2 能归纳汇总计划与进度信息<br>3.1.3 能发布计划与进度信息<br>3.1.4 能总结和反馈项目执行情况 |
| | 3.2 现场引导服务与管理 | 3.2.1 能执行会展现场接待工作方案<br>3.2.2 能协调和执行会展现场配套服务<br>3.2.3 能协调和执行现场车辆引导和场地标识设置<br>3.2.4 能协调和执行特殊人群接待与服务工作<br>3.2.5 能执行临时员工、志愿者招募与管理工作 |

| 工作领域 | 工作任务 | 职业技能要求 |
|---|---|---|
| 3. 会展运营 | 3.3 会展商务咨询服务 | 3.3.1 能培训与指导临时员工、志愿者工作礼仪规范<br>3.3.2 能处理和指导填写会展商务相关工作文档、表格<br>3.3.3 能协助组织和指导办理展品单证与报关手续<br>3.3.4 能协助执行相关会展商务委托服务<br>3.3.5 能执行会展商务咨询服务 |
| | 3.4 会展服务质量管控 | 3.4.1 能协助组织和指导执行会展服务流程和质量标准<br>3.4.2 能制订会展物料采购标准和协助组织采购<br>3.4.3 能协助建立和组织实施会展项目公关宣传规范<br>3.4.4 能联络和协助消防、治安等部门的现场安保检查 |
| 4. 会展信息管理 | 4.1 会展信息采集 | 4.1.1 能识别会展项目中的关键信息<br>4.1.2 能获取同类展会信息<br>4.1.3 能获取会展参展商关键信息<br>4.1.4 能运用搜索引擎及多种新媒体工具开展观众信息采集<br>4.1.5 能建立会展信息采集标准<br>4.1.6 能建立信息数据库并更新 |
| | 4.2 会展信息加工 | 4.2.1 能运用现代办公软件对会展信息资料分析和归类<br>4.2.2 能整合分析同类展会关键数据<br>4.2.3 能进行多维度的会展信息加工与处理<br>4.2.4 能撰写会展信息的基本分析报告<br>4.2.5 能协作进行会展新媒体信息的编辑、发布与管理工作 |
| | 4.3 会展信息系统与软件操作 | 4.3.1 能运用系统组织协调项目分工<br>4.3.2 能运用系统执行策划运营分项工作<br>4.3.3 能运用系统进行岗位工作管理<br>4.3.4 能运用系统进行场馆和设备使用登记<br>4.3.5 能运用系统进行进场和撤场管理 |

表 10-3 会展管理职业技能等级要求（高级）

| 工作领域 | 工作任务 | 职业技能要求 |
|---|---|---|
| 1. 会展策划 | 1.1 策划构思与诊断 | 1.1.1 能分析项目策划的市场定位和目标客户群定位<br>1.1.2 能组织中小型会展项目立项创意研讨会<br>1.1.3 能撰写会展项目可行性研究报告<br>1.1.4 能制订和撰写会展项目策划方案<br>1.1.5 能制订会展项目具体实施计划<br>1.1.6 能编制会展项目风险控制与应急预案<br>1.1.7 能诊断项目策划方案 |
| | 1.2 策划论证 | 1.2.1 能分析项目策划任务书<br>1.2.2 能编制项目策划实施方案<br>1.2.3 能制定项目策划工作制度<br>1.2.4 能编制和审核项目资金论证方案<br>1.2.5 能制订项目资金计划方案与资金风险预案<br>1.2.6 能审核项目进度和资金应用情况<br>1.2.7 能审订项目策划方案 |

续表

| 工作领域 | 工作任务 | 职业技能要求 |
|---|---|---|
| 1. 会展策划 | 1.3 招投标管理 | 1.3.1 能撰写和审定招投标方案<br>1.3.2 能测算招投标方案标的成本<br>1.3.3 能分析招投标合同<br>1.3.4 能进行招投标竞争性谈判 |
| | 1.4 项目前期筹备 | 1.4.1 能讲解项目方案内容与策划思路<br>1.4.2 能执行项目组织机构间的联络和反馈<br>1.4.3 能勘测和选择项目举办场地<br>1.4.4 能组织项目合作单位进行合作洽谈<br>1.4.5 能撰写项目宣传工作方案<br>1.4.6 能协助开展项目临时人员培训 |
| 2. 会展营销 | 2.1 市场分析 | 2.1.1 能制订市场调查方案，并组织实施<br>2.1.2 能进行市场营销环境分析<br>2.1.3 能进行竞争对手分析<br>2.1.4 能运用多种市场分析工具<br>2.1.5 能撰写会展市场分析报告 |
| | 2.2 媒体宣传 | 2.2.1 能策划和制订项目媒体宣传方案<br>2.2.2 能确定媒体并策划信息发布时机<br>2.2.3 能策划新闻宣传创意和编写新闻通稿<br>2.2.4 能收集和反馈媒体受众信息<br>2.2.5 能追踪和评估项目信息效果<br>2.2.6 能联络和接待媒体记者<br>2.2.7 能策划和组织项目新闻发布会、专题活动 |
| | 2.3 客户关系管理 | 2.3.1 能运用客户关系管理软件开展管理工作<br>2.3.2 能处理客户投诉<br>2.3.3 能制订项目客户维护与业务拓展方案<br>2.3.4 能制订留住客户的工作方案<br>2.3.5 能执行客户战略合作项目<br>2.3.6 能执行项目客户分层管理和大客户服务<br>2.3.7 能维护客户关系，建立商业友谊<br>2.3.8 能组织实施客户服务改善机制 |
| | 2.4 招商与招展 | 2.4.1 能选择目标参展商、目标观众及代理商<br>2.4.2 能编制和执行项目招商招展营销方案<br>2.4.3 能利用营销组合方法制定招商招展策略<br>2.4.4 能组织安排好招商招展进度与相关活动<br>2.4.5 能评估和预算招商招展成本，并编制相关报表 |
| 3. 会展运营 | 3.1 项目运营计划监管与工作协调 | 3.1.1 能设计项目计划进度的监控机制<br>3.1.2 能定义工作范围和制订相应进度计划<br>3.1.3 能监管项目工作计划进度和协调相应执行<br>3.1.4 能汇总项目执行情况和书面汇报材料 |
| | 3.2 现场管控协调与贵宾服务 | 3.2.1 能协助制定会展活动现场管理与接待服务方案<br>3.2.2 能执行和管控活动现场搭建与拆撤<br>3.2.3 能进行现场服务人员管理和设备调配 |

续表

| 工作领域 | 工作任务 | 职业技能要求 |
| --- | --- | --- |
| 3. 会展运营 | 3.2 现场管控协调与贵宾服务 | 3.2.4 能协助制订贵宾接待方案并执行接待工作<br>3.2.5 能运用英语进行现场服务交流 |
| | 3.3 会展商务配套服务 | 3.3.1 能建立会展礼仪人员服务规范和培训礼仪人员<br>3.3.2 能制定和建立会展商务工作文件和表格规范<br>3.3.3 能协助组织和办理展品运输与报关<br>3.3.4 能协助制订和执行会展商务咨询方案<br>3.3.5 能设计和组织协调会展商务委托服务 |
| | 3.4 会展服务规范建设与组织实施 | 3.4.1 能协助制订和监管会展服务流程和质量规范<br>3.4.2 能协助组织会展供应商和制定采购标准<br>3.4.3 能协助制订会展项目财务预算和提供决算信息<br>3.4.4 能协助建立会展危机管理体系和应急决策 |
| 4. 会展信息管理 | 4.1 会展信息采集 | 4.1.1 能使用相关软件进行会展信息采集<br>4.1.2 能建立会展项目信息采集来源跟踪模式<br>4.1.3 能运用会展大数据采集工具与方法<br>4.1.4 能运用多种搜索工具开展客户信息采集<br>4.1.5 能进行会展数据和行业数据库的维护 |
| | 4.2 会展信息加工 | 4.2.1 能运用搜集信息为会展项目立项<br>4.2.2 能运用会展文献计量工具，并进行文献统计分析<br>4.2.3 能进行复杂的会展信息加工与处理，大数据处理<br>4.2.4 能撰写多维度会展信息的分析报告<br>4.2.5 能带领团队开展会展新媒体管理工作 |
| | 4.3 会展信息系统与软件操作 | 4.3.1 能运用系统进行资料审批与管理<br>4.3.2 能运用系统对会展信息进行多维度分类和宏观价值分析<br>4.3.3 能运用系统协助项目整体协调和交叉管理<br>4.3.4 能利用会展数字化工具软件开展管理工作<br>4.3.5 能运用系统开展工作流程管理与服务<br>4.3.6 能运用系统分析和评估会展项目分项工作 |

## 项目训练

登录会展管理职业技能等级培训评价组织网站，搜集相关学习资料，并进行模拟考试训练。

# 任务三　旅行策划职业技能等级证书

## 一、证书简介

本证书面向旅游产品策划专业领域。面向的职业岗位（群）为旅行社企业、综合性旅游集团、在线旅游运营商或旅行策划机构的旅游产品策划、市场拓展、旅行供应商运营管理、旅行活动组织与策划等从业者等。适用于在旅行社、综合性旅游集团、在线旅游运营商或旅行策划机构中负责旅游产品策划的专业人才的职业技能培训、考核与评价。

本证书由中国旅游协会旅游教育分会负责考评。中国旅游协会成立于1986年1月30日,是国务院批准正式成立的第一个旅游全行业组织,是由中国旅游行业相关的企事业单位、社会团体自愿结成的全国性、行业性、非营利性社团组织,是经国家民政部核准登记的独立社团法人。中国旅游协会下设中国旅游协会旅游教育分会等十七个分支机构,共有会员单位4 000余家,以国内著名的大型综合性旅游集团、省级旅游协会和重要旅游城市旅游协会等机构为会员骨干,其中有中国旅游集团有限公司、华侨城集团、中青旅控股股份有限公司、北京首都旅游集团有限责任公司、锦江国际(集团)有限公司、携程旅行网、开元旅业集团有限公司、广东长隆集团有限公司等。

微课:旅行策划职业技能等级证书

## 二、适用院校专业

中等职业学校:旅游服务与管理、导游服务、高星级饭店运营与管理、会展服务与管理、康养休闲旅游服务等专业。

高等职业学校:旅游管理、导游、旅行社经营与管理、智慧景区开发与管理、酒店管理与数字化运营、休闲服务与管理、会展策划与管理、研学旅行管理与服务、定制旅行管理与服务、民宿管理与运营、葡萄酒文化与营销、旅游英语、森林生态旅游与康养、文化创意与策划、智慧健康养老服务与管理、婚庆服务与管理等专业。

应用型本科学校:旅游管理、会展经济与管理、旅游管理与服务教育、酒店管理、会展、休闲体育、体育旅游、风景园林、人文地理与城乡规划、文物与博物馆学、文化产业管理、养老服务管理等专业。

高等职业教育本科学校:旅游管理、酒店管理、旅游规划与设计等专业。

## 三、面向职业岗位(群)

旅行策划(初级):主要面向旅行社企业、在线旅游运营商、旅游企业的旅游线路策划、导游、计调等职业岗位,主要完成预制型旅游线路产品策划创意、资源采购、行程规划、产品定价等工作,从事预制型旅游线路产品的设计与制作等工作。

旅行策划(中级):主要面向旅行社企业、在线旅游运营商、旅游企业的旅游产品经理、旅游定制师、旅游市场拓展专员、旅游供应商管理等职业岗位,主要完成定制旅游产品需求研判、策划创意、产品制作、供应商管理等工作,从事定制旅游产品的设计与制作,以及供应商管理等工作。

旅行策划(高级):主要面向旅行社企业、在线旅游运营商、旅游企业的高级产品经理、产品总监、产品策划总监、旅游品牌经理等岗位,主要完成旅游产品市场分析、定制旅游产品设计与制作流程管控、智能旅行工具选择和运用等工作,从事旅游产品规划、集成及创新,以及定制旅游产品核心竞争力提升等工作。

## 四、职业技能要求

### （一）职业技能等级划分

旅行策划职业技能等级分为三个等级：初级、中级、高级，三个级别依次递进，高级别涵盖低级别职业技能要求。

旅行策划（初级）：主要面向旅行社企业、在线旅游运营商，根据作业流程的规定，从事面向大众旅游市场的预制型旅游线路产品的设计与制作。可以完成资源分析、产品创意描述及论证等工作；可以完成交通、餐饮住宿游览、地接社服务等资源采购工作；可以完成产品的节点规划和行程编排、行程单制作等工作；可以完成产品成本核算、利润预估和产品定价等工作。

旅行策划（中级）：主要面向旅行社企业、在线旅游运营商、旅游企业，根据业务的需求，从事面向细分旅游市场的定制旅游产品的设计与制作，以及供应商管理工作。可以完成目标市场需求分析、描述与确认等工作；可以完成旅游目的地调研、产品开发资源分析以及产品开发可行性分析等工作；可以完成资源采购、行程规划、产品定价等工作；可以完成供应商档案建立、服务绩效评价以及激励与退出等工作。

旅行策划（高级）：主要面向旅行社企业、在线旅游运营商、旅游企业，根据业务的需求，可以完成旅游产品市场分析工作；可以完成定制旅游产品策划创意、产品制作、供应商管理等流程管控工作；可以完成智能旅行工具选择和运用工作。

### （二）职业技能等级要求描述

旅行策划职业技能等级要求见表 10-4 ～表 10-6。

表 10-4　旅行策划职业技能等级要求（初级）

| 工作领域 | 工作任务 | 职业技能要求 |
| --- | --- | --- |
| 1.旅游线路产品策划创意 | 1.1　旅游目的地旅游资源分析 | 1.1.1　能从地文景观、水域风光、生物景观等角度分析旅游目的地自然旅游资源的稀有度、审美意蕴 |
| | | 1.1.2　能从遗址遗迹、建筑与设施、人文活动等角度分析旅游目的地人文旅游资源的历史文化、科学艺术、观赏游憩价值 |
| | 1.2　旅游线路产品创意描述 | 1.2.1　能提炼旅游线路产品的主题特色 |
| | | 1.2.2　能清晰描述旅游线路产品食住行游购娱要素所能带给旅游者的利益 |
| | 1.3　旅游线路产品创意论证 | 1.3.1　掌握将拟开发的旅游线路产品与同业的近似旅游线路产品进行对比分析的方法 |
| | | 1.3.2　能分析旅游线路产品资源采购的保障性 |
| | | 1.3.3　能预估旅游线路产品落地接待过程中可能产生的风险，并制定防范措施 |
| 2.旅游线路产品资源采购 | 2.1　旅游线路产品交通服务采购 | 2.1.1　能采购航空交通服务，并注重其安全性、行程顺畅度、性价比 |
| | | 2.1.2　能采购铁路交通服务，并注重其安全性、舒适性、便捷性 |

续表

| 工作领域 | 工作任务 | 职业技能要求 |
|---|---|---|
| 2.旅游线路产品资源采购 | 2.1 旅游线路产品交通服务采购 | 2.1.3 能采购公路交通服务，并能够合理规避安全风险，满足旅游者群体的个性化需求 |
| | | 2.1.4 能采购水上交通服务，并注重其安全性、水上游览路线的景观观赏价值、水上交通服务质量 |
| | 2.2 旅游线路产品餐饮住宿游览服务采购 | 2.2.1 能选择预订渠道，并注重其保障性、稳定性、经济性 |
| | | 2.2.2 能预订住宿服务，并注重其地理位置、配套设施、服务质量 |
| | | 2.2.3 能预订餐饮服务，并注重其菜品质量、用餐环境、服务质量 |
| | | 2.2.4 能预订游览服务，并注重其资源品位、服务设施、服务质量 |
| | 2.3 旅游线路产品地接服务采购 | 2.3.1 按照法律法规的要求，评估地接服务商的资质 |
| | | 2.3.2 按需选择地接服务商提供的服务 |
| 3.旅游线路产品行程规划 | 3.1 旅游线路产品节点规划 | 3.1.1 能综合考虑旅游城市之间的区域合作与协同以及旅游可进入性，对城市节点进行规划 |
| | | 3.1.2 能综合考虑景区的吸引力、服务质量、地理位置、游览时间、内部游览线路安排以及景区游览顺序，对景区节点进行规划 |
| | | 3.1.3 能综合考虑设施、服务质量以及旅游行程安排的需要，对餐饮住宿节点进行规划 |
| | | 3.1.4 能综合考虑交通工具的选择和交通路线的安排，对交通集散节点进行规划 |
| | 3.2 旅游线路产品行程编排 | 3.2.1 旅游线路构成要素完整、要素衔接紧凑，体现出行程编排的完整性 |
| | | 3.2.2 旅游线路时间和空间规划合理，体现出行程编排的顺畅性 |
| | | 3.2.3 旅游线路行程时间分配科学合理，体现出游时设计的合理性 |
| | 3.3 旅游线路产品行程单制作 | 3.3.1 能拟订旅游线路产品的名称，名称完整且能体现产品的特点 |
| | | 3.3.2 能准确、具体地描述旅游行程的安排 |
| | | 3.3.3 能按照法律法规要求，规范撰写行程单的服务标准和安全提示 |
| 4.旅游线路产品定价 | 4.1 旅游线路产品成本核算 | 4.1.1 能评估影响旅游线路产品成本的内部和外部因素，并据此对成本构成进行相应调整 |
| | | 4.1.2 能核算旅游线路产品构成各个要素的成本，掌握成本控制的方法 |

续表

| 工作领域 | 工作任务 | 职业技能要求 |
| --- | --- | --- |
| 4.旅游线路产品定价 | 4.2 旅游线路产品利润预估 | 4.2.1 能综合考虑要素采购优势以及规模效益，分析旅游线路产品的利润来源 |
| | | 4.2.2 能遵循比例原则、固定最低利润原则、目标均摊原则，列出各项利润汇总表，加总后估算旅游线路产品的利润 |
| | 4.3 旅游线路产品定价 | 4.3.1 能体现旅游线路产品定价的市场原则、质量原则、稳定性原则、灵活性原则 |
| | | 4.3.2 能依据成本导向定价法、损益平衡分析法等定价方法给旅游线路产品定价 |
| | | 4.3.3 能使用团费明细定价表给旅游线路产品核算价格 |

表 10-5 旅行策划职业技能等级要求（中级）

| 工作领域 | 工作任务 | 职业技能要求 |
| --- | --- | --- |
| 1.定制旅游产品需求研判 | 1.1 定制旅游产品目标市场分析 | 1.1.1 了解定制旅游产品目标市场旅游者群体的旅游动机，并依此有针对性地选择产品开发方向 |
| | | 1.1.2 能分析定制旅游产品目标市场旅游者群体关注的核心利益，并依此构思产品的内容 |
| | | 1.1.3 熟悉定制旅游产品目标市场旅游者群体旅游消费的特点，并依此构思产品呈现的形式 |
| | 1.2 定制旅游产品目标客户需求描述 | 1.2.1 能倾听客户诉求，描述定制旅游产品目标客户旅游需求实现的场景 |
| | | 1.2.2 能给客户提供旅游目的地的具体信息，引导定制旅游产品目标客户描述旅游需求的时间指向性和地域指向性 |
| | | 1.2.3 能引导定制旅游产品目标客户描述功能类旅游需求和情感类旅游需求 |
| | 1.3 定制旅游产品目标客户需求确定 | 1.3.1 能与客户进行有效沟通，确定定制旅游产品目标客户旅游需求实现的场景 |
| | | 1.3.2 能掌握核实技巧，确定定制旅游产品目标客户旅游需求的时间指向性和地域指向性 |
| | | 1.3.3 能逐渐引导定制旅游产品目标客户明确和确认其自身的功能类旅游需求和情感类旅游需求 |
| 2.定制旅游产品策划创意 | 2.1 旅游目的地调研 | 2.1.1 能分析旅游目的地旅游资源的价值和效益 |
| | | 2.1.2 能评估旅游目的地的无障碍环境建设水平 |
| | | 2.1.3 能分析旅游目的地社会资源对定制旅游产品开发的影响 |
| | 2.2 定制旅游产品开发所需资源分析 | 2.2.1 能分析定制旅游产品开发所需的技术团队和服务团队人力资源，并做好人力规划 |

续表

| 工作领域 | 工作任务 | 职业技能要求 |
|---|---|---|
| 2. 定制旅游产品策划创意 | 2.2 定制旅游产品开发所需资源分析 | 2.2.2 能分析定制旅游产品开发所需的各类旅游供应商资源，并做好采购预案 |
| | | 2.2.3 能估算定制旅游产品开发所需的经费投入，并制定经费预算表 |
| | 2.3 定制旅游产品开发可行性分析 | 2.3.1 能分析定制旅游产品规模化量产的可行性 |
| | | 2.3.2 能分析定制旅游产品在市场上的竞争优势 |
| | | 2.3.3 能分析定制旅游产品的盈利预期 |
| | | 2.3.4 能分析定制旅游产品运营过程中可能产生的风险 |
| 3. 定制旅游产品制作 | 3.1 定制旅游产品资源采购 | 3.1.1 能根据定制旅游产品主题，采购旅游供应商提供的各项旅游服务 |
| | | 3.1.2 能根据客户需求，对旅游供应商提供的各项旅游服务进行组合，并指导旅游供应商提升旅游服务的文化内涵和体验质量 |
| | | 3.1.3 能根据客户需求，在合理而可能的前提下，推荐并规划特色旅游服务 |
| | 3.2 定制旅游产品行程规划 | 3.2.1 能根据定制旅游产品主题对产品节点进行整体规划，节点规划应符合旅游者体验最佳原则 |
| | | 3.2.2 能根据定制旅游产品主题设计具备峰值体验的活动，并制定体验活动执行手册 |
| | | 3.2.3 能撰写定制旅游产品说明书，产品说明书能够体现定制旅游产品的特质与目标市场需求的对应度，能够合法合规、图文并茂、富有文采地描述定制旅游产品行程安排 |
| | 3.3 定制旅游产品定价 | 3.3.1 能评估定制旅游产品目标客户在一定时间内所能承受的价格上限 |
| | | 3.3.2 能预判定制旅游产品的战略性价格，并根据市场竞争情况制定旅游产品的战术性价格 |
| | | 3.3.3 能挖掘定制旅游产品独有的利润来源，并分析其创利稳定性 |
| | | 3.3.4 能预判定制旅游产品可能产生的风险成本 |
| 4. 定制旅游产品供应商管理 | 4.1 供应商档案建立 | 4.1.1 能确定供应商档案的归档范围 |
| | | 4.1.2 能按照归档范围，收集整理供应商原始资料 |
| | | 4.1.3 能按照供应商资质证照、有效合作协议、业务合作明细、往来函件、投诉纠纷等类别，建立供应商档案 |
| | 4.2 供应商服务绩效评价 | 4.2.1 熟悉供应商绩效评价指标及权重，熟练填写供应商绩效评价的各种表单 |
| | | 4.2.2 定期收集利益相关方对供应商绩效的评价并进行核实 |
| | | 4.2.3 能对供应商的服务绩效进行完整的过程性监督与评价 |

续表

| 工作领域 | 工作任务 | 职业技能要求 |
|---|---|---|
| 4. 定制旅游产品供应商管理 | 4.3 供应商激励与退出 | 4.3.1 熟悉供应商激励与退出的规定,及时做好供应商沟通工作 |
| | | 4.3.2 能综合评判供应商的硬件设施、运营能力、配合程度,慎重选择激励与退出的供应商 |
| | | 4.3.3 能灵活采用价格激励、订单激励、商誉激励等供应商激励模式,并进行适时调整 |
| | | 4.3.4 能妥善办理拟退出供应商的结算收尾工作 |

表 10-6 旅行策划职业技能等级要求(高级)

| 工作领域 | 工作任务 | 职业技能要求 |
|---|---|---|
| 1. 旅游产品市场分析 | 1.1 旅游产品目标市场评估 | 1.1.1 能评估目标市场的规模和增长潜力 |
| | | 1.1.2 能结合大数据分析,从属性、行为、期待等方面勾画目标用户 |
| | | 1.1.3 能分析目标市场的开发是否符合企业的战略定位 |
| | 1.2 同业产品分析 | 1.2.1 能分析同业产品在同一目标市场上的占有率 |
| | | 1.2.2 能分析同业产品的综合竞争力 |
| | | 1.2.3 能分析同业产品的品牌定位 |
| | 1.3 旅游产品市场定位 | 1.3.1 能从技术、采购、特色、价格、品质、服务等方面明确旅游产品的竞争优势 |
| | | 1.3.2 能确定旅游产品在目标市场上的品牌定位 |
| 2. 定制旅游产品设计与制作流程管控 | 2.1 定制旅游产品策划创意流程管控 | 2.1.1 能评估旅游目的地的旅游可进入性,优先选择无障碍环境建设完善的旅游目的地,并积极推动旅游目的地建设 |
| | | 2.1.2 能确定定制旅游产品开发方向与企业的战略发展目标是否一致 |
| | | 2.1.3 能确定定制旅游产品开发所需的经费投入、人力投入,以及产品的盈利目标 |
| | | 2.1.4 能评估旅游产品策划创意流程的合法合规性,能指导和监督风险防范预案的执行,能制定残疾人、老年人、未成年人等特殊人群旅游风险防范预案并指导和监督执行 |
| | 2.2 定制旅游产品制作流程管控 | 2.2.1 能对购进的旅游服务项目进行控制、验证,评估采购活动的必要性、合理性与规范性 |
| | | 2.2.2 能从艺术性和舒适性、安全性等角度出发,对定制旅游产品节点规划和体验活动设计作出评估,并进行修正和完善 |
| | | 2.2.3 能归类分析定制旅游产品行程说明书撰写存在的问题,并提出整改方案 |
| | | 2.2.4 能评估定制旅游产品的定价是否有利于市场竞争,适时提出价格调整方案并指导执行 |

续表

| 工作领域 | 工作任务 | 职业技能要求 |
|---|---|---|
| 2. 定制旅游产品设计与制作流程管控 | 2.3 定制旅游产品供应商管理流程管控 | 2.3.1 能指导和监督供应商档案的建立，定期对供应商档案进行检查，并适时提出调整和完善方案 |
| | | 2.3.2 能确定供应商评价的指标和权重，指导和监督供应商服务绩效评价工作，并适时形成评价报告，提出提高供应商服务绩效的对策 |
| | | 2.3.3 能制定供应商激励与退出的机制，并指导和监督执行 |
| 3. 智能旅行工具选择和运用 | 3.1 行程规划工具选择和运用 | 3.1.1 能选择和运用合适的工具对定制旅游产品的行程节点进行布局 |
| | | 3.1.2 能选择和运用合适的工具设计定制旅游产品的游览时间 |
| | | 3.1.3 能选择和运用合适的工具规划定制旅游产品的要素衔接 |
| | 3.2 资源采购工具选择和运用 | 3.2.1 能选择和运用合适的网络平台工具对接交通资源供应商完成线上采购 |
| | | 3.2.2 能选择和运用合适的网络平台工具对接餐饮、住宿资源供应商完成线上采购 |
| | | 3.2.3 能选择和运用合适的网络平台工具对接游览资源供应商完成线上采购 |
| | | 3.2.4 能选择和运用合适的网络平台工具对接休闲、娱乐资源供应商完成线上采购 |
| | 3.3 智能管理工具选择和运用 | 3.3.1 能选择和运用平台系统管理产品的行程 |
| | | 3.3.2 能选择和运用平台系统管理旅游要素资源 |
| | | 3.3.3 能选择和运用平台系统维护供应商资源 |
| | | 3.3.4 能选择和运用客户关系管理系统维护客户资源 |

## 项目训练

登录旅行策划职业技能等级培训评价组织网站，搜集相关学习资料，并进行模拟考试训练。

# 任务四　研学旅行课程设计与实施职业技能等级证书

## 一、证书简介

研学旅行课程设计与实施职业技能等级证书，是一种技能等级证书。作为研学旅行课程设计与实施能力水平的证明，证书持有人具有：完成研学行前准备、研学实践组织、引

微课：研学旅行课程设计与实施职业技能等级证书证

导多元评价、基础服务保障、生活服务管理、健康习惯管理、安全事故预防、安全隐患排查及应急事故处理等工作的能力。主要面向研学旅行、综合实践、劳动教育、文化教育领域相关单位的实践教育职业岗位。

## 二、适用院校专业

（1）中等职业学校：旅游服务与管理、旅游外语、导游服务、景区服务与管理、康养休闲旅游服务、学前教育、休闲体育服务与管理、森林资源保护与管理等。

（2）高等职业学校：研学旅行管理与服务、旅游管理、导游、旅行社经营管理、景区开发与管理、休闲农业、小学教育、语文教育、生物教育、历史教育、地理教育、体育教育、思想政治教育、科学教育、现代教育技术、心理健康教育、旅游英语、文物博物馆服务与管理、社会体育、休闲体育、青少年工作与管理、酒店管理、森林生态旅游等。

（3）应用型本科学校：旅游管理与服务教育、旅游管理、酒店管理、教育学、科学教育、人文教育、小学教育、体育教育、文化遗产、历史学、地理科学、地理信息科学、地质学、生物科学、环境科学等。

## 三、面向职业岗位（群）

该证书主要面向研学旅行、综合实践、劳动教育、文化教育领域相关单位：中小学校、研学教育企业、旅行社、研学基地、研学营地、(红色)文化教育基地、教育信息化企业、亲子机构、体育拓展企业、景区、度假村等的实践教育职业岗位，完成研学课程设计讲授、评价以及研究性课题指导（高级）、体验式课程指导研学旅行服务、安全保障、从业人员培训指导等工作。

## 四、职业技能要求

### （一）职业技能等级划分

研学旅行课程设计与实施职业技能等级分为三个等级：初级、中级、高级，三个级别依次递进，高级别涵盖低级别职业技能要求。

（1）研学旅行课程设计与实施职业技能（初级）：根据研学旅行课程特点，完成研学行前准备、研学实践组织、多元评价引导、基础服务保障、生活服务管理、健康习惯管理、安全事故预防、安全隐患排查及应急事故处理等工作。

（2）研学旅行课程设计与实施职业技能（中级）：根据研学课程设计理论知识和基本原则，完成研学需求调研、需求评估分析及课程资源开发等工作；根据研学课程方案及研学手册，完成研学行前管理、研学实践探究、研学课程评价、安全预案制定、应急事故处理及安全教育培训等工作。

（3）研学旅行课程设计与实施职业技能（高级）：掌握研学课程设计与实施的新知识、新技能，完成研学课程计划、课程方案设计及研学手册设计等工作；完成课程资源管理、研学实践指导、评价机制构建、应急机制构建、安全体系建立及安全系数评估等工作。

## （二）职业技能等级评定标准

研学旅行课程设计与实施职业技能等级要求见表 10-7～表 10-9。

表 10-7　研学旅行课程设计与实施职业技能等级要求（初级）

工作领域：1. 课程实施

| 工作任务 | 职业技能要求 |
|---|---|
| 1.1　研学行前准备 | 1.1.1　能根据研学课程方案，协助进行研学课程、研学师资及服务保障等方面的工作落实 |
| | 1.1.2　能根据研学课程方案及工作手册，明确工作任务及工作职责 |
| | 1.1.3　能根据研学课程方案及工作手册，做好相关物资、形象及心理等准备工作 |
| | 1.1.4　能根据研学课程学生手册，做好相关知识准备 |
| 1.2　研学实践组织 | 1.2.1　能根据研学课程方案，进行研学课程内容解读 |
| | 1.2.2　能根据研学课程方案及组织形式，引导学生深度参与、积极体验 |
| | 1.2.3　能根据研学课程方案及工作手册，进行参观式、体验式研学课程实践活动 |
| | 1.2.4　能根据研学课程学生手册，指导学生完成研学活动 |
| 1.3　引导多元评价 | 1.3.1　能根据研学课程学生手册，组织学生对研学过程及效果进行自评、互评、组评 |
| | 1.3.2　能根据研学课程学生手册，对学生学习效果进行评价 |
| | 1.3.3　能组织学生及教师对研学课程内容、课程实施、服务保障、安全管理等环节进行评价 |
| | 1.3.4　能对课程组织实施、服务保障及相关方合同履行情况等方面进行评价 |
| | 1.3.5　能汇总教师与学生对研学课程组织实施的评价结果，进行分析 |

工作领域：2. 服务保障

| 工作任务 | 职业技能要求 |
|---|---|
| 2.1　基础服务保障 | 2.1.1　能引导学生有序集合，按规定乘坐交通工具；对学生乘坐交通工具的安全注意事项及文明出行进行说明 |
| | 2.1.2　能根据学生分房原则，合理分配房间，办理入住手续，查房、退房；对学生安全注意事项、文明入住进行说明 |
| | 2.1.3　能带领学生熟悉逃生通道，讲解消防和逃生器材的使用知识；对学生进行住宿安全教育 |
| | 2.1.4　能根据分餐表，组织学生文明就餐，对用餐的基本礼仪及特色餐饮知识进行讲解 |
| 2.2　生活服务管理 | 2.2.1　能关注学生的精神状态，对学生的作息时间进行管理 |
| | 2.2.2　能结合学生研学作业情况，指导学生合理规划完成研学作业 |
| | 2.2.3　能在研学过程中指导学生合理使用手机 |
| | 2.2.4　能在研学过程中对学生自律、守时等方面进行指导 |

续表

| 工作领域：2. 服务保障 | | |
|---|---|---|
| 工作任务 | | 职业技能要求 |
| 2.3 | 健康习惯管理 | 2.3.1 关注学生的健康情况，能对有特殊情况的学生进行及时处理 |
| | | 2.3.2 关注学生在研学过程中的卫生习惯，能引导学生做好个人卫生，养成良好习惯 |
| | | 2.3.3 关注学生情绪，能根据学生年龄特点，对在研学过程中，情绪波动较大的学生进行心理疏导 |
| | | 2.3.4 能在研学过程中指导学生做好常见疾病预防 |

| 工作领域：3. 安全防控 | | |
|---|---|---|
| 工作任务 | | 职业技能要求 |
| 3.1 | 安全事故预防 | 3.1.1 能根据安全预案及应急预案，明确安全职责 |
| | | 3.1.2 能根据安全预案及应急预案，明确处理应急事件工作流程 |
| | | 3.1.3 能根据研学过程中常见安全问题，进行行前安全教育 |
| | | 3.1.4 能在研学过程中进行安全教育，讲解安全须知、安全防护、风险管理等注意事项 |
| 3.2 | 安全隐患排查 | 3.2.1 能根据研学课程方案，对住宿、用餐、车辆等进行安全隐患排查 |
| | | 3.2.2 能根据研学课程方案，对研学基地教育设施、导览设施、配套设施等进行安全隐患排查 |
| | | 3.2.3 能根据研学课程方案，对研学路线进行安全隐患排查 |
| | | 3.2.4 能对参加研学旅行的师生进行健康情况排查，建立健康档案 |
| 3.3 | 应急事故处理 | 3.3.1 能采取恰当措施现场处理学生摔伤、割伤、撞伤、烫伤、互伤等常见人身意外伤害事件 |
| | | 3.3.2 能采取恰当措施现场处理学生发烧、中暑、急性肠炎等常见疾病 |
| | | 3.3.3 能采取恰当措施现场处理学生物品丢失、人员走失、交通事故等突发事件 |
| | | 3.3.4 能在安全事故发生后留存相关证据，协助伤者向保险公司索赔 |

表 10-8 研学旅行课程设计与实施职业技能等级要求（中级）

| 工作领域：1. 课程设计 | | |
|---|---|---|
| 工作任务 | | 职业技能要求 |
| 1.1 | 研学需求调研 | 1.1.1 能根据研学课程组织原则，设计研学课程需求调研表 |
| | | 1.1.2 能根据课程调研内容，确定调研对象 |
| | | 1.1.3 能选择恰当的调研方式，完成研学课程需求调研 |
| 1.2 | 需求评估分析 | 1.2.1 能根据课程需求调研的基本信息，进行调研分析 |
| | | 1.2.2 能评估课程需求调研结果的合理性和可执行性 |
| | | 1.2.3 能根据调研结果，分析评估课程设计的方向、原则及目标 |

续表

工作领域：1.课程设计

| 工作任务 | 职业技能要求 |
| --- | --- |
| 1.3 课程资源开发 | 1.3.1 能根据课程需求调研，合理选择研学课程资源 |
| | 1.3.2 能根据课程需求调研，挖掘研学资源教育价值，进行课程开发 |
| | 1.3.3 能根据研学课程主题，合理规划研学线路 |
| | 1.3.4 能结合研学资源地的特点，设计研学课程内容及组织形式 |

工作领域：2.课程实施

| 工作任务 | 职业技能要求 |
| --- | --- |
| 2.1 研学行前管理 | 2.1.1 能根据研学课程方案，进行研学课程、研学师资及服务保障等方面的工作落实 |
| | 2.1.2 能根据研学课程方案及工作手册，组织召开行前工作部署会，分配工作任务 |
| | 2.1.3 能正确解读研学课程方案、学生手册及工作手册 |
| | 2.1.4 能根据研学课程方案、学生手册及工作手册，检查初级研学旅行从业人员的物资、知识、形象及心理等准备工作 |
| 2.2 研学实践探究 | 2.2.1 能根据行前课教学设计进行教学实施 |
| | 2.2.2 能根据课程方案及工作手册，进行服务性学习及社会学习类研学课程实施 |
| | 2.2.3 能根据研学课程学生手册，组织召开各类研学成果展示 |
| 2.3 研学课程评价 | 2.3.1 能对学生研学课程中的行为表现进行分析，并给出合理化建议 |
| | 2.3.2 能根据研学课程方案、组织实施及服务保障等内容，设计研学课程实施评价表（学生、教师） |
| | 2.3.3 能根据研学课程方案及组织实施等内容，进行研学课程内容契合性、行程合理性、课程资源利用有效性等的评价 |
| | 2.3.4 能对研学课程组织实施评价结果进行分析 |

工作领域：3.安全保障

| 工作任务 | 职业技能要求 |
| --- | --- |
| 3.1 安全预案制订 | 3.1.1 能根据研学课程方案，选择恰当的保险方案 |
| | 3.1.2 能根据研学课程方案，制订切实可行的安全预案 |
| | 3.1.3 能根据研学课程方案，制订切实可行的应急预案 |
| 3.2 应急事故处理 | 3.2.1 能对研学旅行过程中的突发事件及时启动应急预案，采取积极、稳妥方式进行处理 |
| | 3.2.2 能对研学旅行过程中的突发事件进行现场管理，控制舆情 |
| | 3.2.3 能对安全事故处理结果进行总结分析，形成案例 |

续表

工作领域：3. 安全保障

| 工作任务 | 职业技能要求 |
|---|---|
| 3.3 安全教育培训 | 3.3.1 能根据研学课程方案、安全预案及应急预案等内容，制订研学课程安全教育培训方案 |
| | 3.3.2 能对参加研学旅行的师生进行研学安全教育培训 |
| | 3.3.3 能对研学旅行从业人员进行研学安全教育培训 |

表 10–9 研学旅行课程设计与实施职业技能等级要求（高级）

工作领域：1. 课程设计

| 工作任务 | 职业技能要求 |
|---|---|
| 1.1 研学课程计划 | 1.1.1 能根据研学课程计划需求调研分析结果，选择研学课程计划主题 |
| | 1.1.2 能根据研学课程计划需求调研分析结果，制定规范、准确、科学的研学课程目标 |
| | 1.1.3 能根据研学课程目标，筛选研学课程资源地，合理安排研学课程内容 |
| | 1.1.4 能根据研学课程内容、学生特点及课程的组织规律，设计研学课程计划实施安排 |
| 1.2 课程方案设计 | 1.2.1 能根据主题及目标制定原则，确定研学课程主题、研学目标 |
| | 1.2.2 能根据研学课程设计原则，进行体验式学习、参观式学习、服务性学习、研究性学习及社会学习类研学课程内容设计 |
| | 1.2.3 能根据研学课程需求调研结果及研学课程内容，筛选课程资源、设计研学行程 |
| | 1.2.4 能根据研学课程需求调研结果及研学课程内容，制作经费预算 |
| 1.3 研学手册设计 | 1.3.1 能根据研学课程方案及相关信息，制作研学工作手册信息汇总表 |
| | 1.3.2 能根据研学课程方案及相关信息，制作研学工作手册工作安排表 |
| | 1.3.3 能根据研学课程方案，进行研学学生手册前言及研学分组内容设计 |
| | 1.3.4 能根据研学课程方案，进行研学学生手册行前知识内容设计 |
| | 1.3.5 能根据不同研学课程学习规律，进行参观式、体验式、服务性及研究性学习研学学生手册内容设计 |

工作领域：2. 实施管理

| 工作任务 | 职业技能要求 |
|---|---|
| 2.1 课程资源管理 | 2.1.1 能根据研学课程资源特点，分区域建立课程资源库 |
| | 2.1.2 能根据研学课程实施方案，建立课程资源评价管理机制 |
| | 2.1.3 能根据研学课程资源特点，挖掘其教育内涵，对课程资源内容、组织形式进行优化 |
| 2.2 研学实践指导 | 2.2.1 能根据研学课程方案，进行行前课教学设计 |
| | 2.2.2 能根据研学课程方案，组织、指导学生进行开题报告 |

续表

| 工作领域：2.实施管理 | |
|---|---|
| 工作任务 | 职业技能要求 |
| 2.2 研学实践指导 | 2.2.3 能根据课程方案及工作手册，进行研究性学习研学课程实施 |
| | 2.2.4 能指导学生完成研究性学习课题报告 |
| 2.3 评价机制构建 | 2.3.1 能根据研学课程方案及学生手册，设计学生研学学习效果评价量表 |
| | 2.3.2 能根据研学课程方案、组织实施及服务保障等内容，设计研学课程实施评价表（从业人员） |
| | 2.3.3 能结合学生及教师对研学课程的评价结果和研学从业人员的评价结果，分析并组织召开评价总结会 |
| | 2.3.4 能根据各方研学课程评价分析结果，对研学课程组织与实施提出合理化建议 |

| 工作领域：3.安全管理 | |
|---|---|
| 工作任务 | 职业技能要求 |
| 3.1 应急机制构建 | 3.1.1 能制定安全保障监督机制 |
| | 3.1.2 能建立应急处置小组，规定岗位职责、权利及义务 |
| | 3.1.3 能对研学课程相关服务方资质进行审核 |
| | 3.1.4 能对研学课程相关服务方应急预案进行审核 |
| 3.2 安全体系建立 | 3.2.1 能建构研学旅行活动的安全管理体系 |
| | 3.2.2 能建立安全管理小组，规定岗位职责、权利及义务 |
| | 3.2.3 能制定研学活动安全管理制度 |
| | 3.2.4 能制定安全员考核评价机制 |
| 3.3 安全系数评估 | 3.3.1 能对住宿条件、用餐环境、车辆状况等进行安全系数评估 |
| | 3.3.2 能对研学基地教育设施、导览设施、配套设施等进行安全系数评估 |
| | 3.3.3 能对安全员进行培训，评估安全执行力 |
| | 3.3.4 能对研学课程组织形式、线路进行安全系数评估 |

## 项目训练

登录研学旅行课程设计与实施培训评价组织网站，搜集相关学习资料，并进行模拟考试训练。

## 复习思考题

1. 导游的概念是什么？导游可以分成哪些类型？
2. 导游证申领和颁发的程序有哪些？
3. 会展管理职业技能等级证书报考的条件是什么？
4. 研学旅行职业技能等级（中级）要求有哪些？
5. 研学旅行课程设计与实施职业技能等级证书（中级）的有哪些？

# 参 考 文 献

[1] 李天元. 旅游学概论[M]. 7版. 天津：南开大学出版社：2014.
[2] 吴必虎，黄潇婷. 旅游学概论[M]. 3版. 北京：中国人民大学出版社：2019.
[3] 龚鹏. 旅游学概论[M]. 北京：北京理工大学出版社，2016.
[4] 马勇. 旅游学概论[M]. 北京：高等教育出版社，2012.
[5] 王昆欣. 旅游概论[M]. 北京：高等教育出版社，2021.
[6] 谢彦君. 基础旅游学[M]. 大连：东北财经大学出版社，1999
[7] 李天元. 旅游学[M]. 2版. 北京：高等教育出版社，2006
[8] 谢彦君. 基础旅游学[M]. 北京：中国旅游出版社，1999
[9] 薛可，余明阳. 文化创意学概论[M]. 上海：复旦大学出版社，2021.
[10] 谢梅，王理. 文化创意与策划[M]. 2版. 北京：清华大学出版社，2021.
[11] 夏龙，申强，王军强. 会展业发展与产业结构转型升级——基于中介效应的实证[J]. 产经评论，2020，11（6）：114-126.
[12] 破局赋能，共谋未来——积极探索线上线下融合的云上会展新业态[J]. 中国会展，2020（11）：78-80.
[13] 刘大可. 中国会展业的"黄金十年"[J]. 中国会展（中国会议），2022（20）：89.
[14] 李琦. 会展业对地区经济发展的实证研究[J]. 商展经济，2022（13）：4-7.
[15] 储祥银. 中国会展业稳中求进迈入高质量发展阶段[J]. 中国会展，2021（11）：20.
[16] 张奕蕾. 数字经济背景下会展业的转型升级研究[J]. 商展经济，2021（8）：4-6.
[17] 张洪睿，杨敏. 双循环背景下会展业的发展机遇、挑战与成长路径研究[J]. 商展经济，2021（5）：7-9.
[18] 马勇，李丽霞. 会展学原理[M]. 重庆：重庆大学出版社，2015.
[19] 乔治·费尼奇. 会展业导论[M]. 王春雷，译. 重庆：重庆大学出版社，2018.
[20] 徐静，高跃. 会展概论[M]. 北京：北京大学出版社，2013.
[21] 邓德智，伍欣. 研学旅行指导师实务[M]. 北京：旅游教育出版社，2020.
[22] 薛兵旺，杨崇君. 研学旅行概论[M]. 2版. 北京：旅游教育出版社，2021.
[23] 邓德智，刘乃忠，景朝霞，等. 研学旅行课程设计与实施[M]. 北京：高等教育出版社，2021.
[24] 薛兵旺，杨崇君，官振强. 研学旅行实用教程[M]. 武汉：华中科技大学出版社，2020.
[25] 魏巴德，邓青. 研学旅行实操手册[M]. 北京：人民出版社，2000.
[26] 叶娅丽，边喜英. 研学旅行基地服务与管理[M]. 北京：旅游教育出版社，2020.
[27] 孙英俊. 开发与实施课程，有效组织研学旅行[J]. 现代教学，2019（12）：70-72.
[28] 杨艳利. 研学旅行：撬动素质教育的杠杆——访上海师范大学旅游学系主任朱立新教授[J]. 中国德育，2014（17）：21-24.
[29] 吴儒练，李洪义，田逢军. 中国国家级研学旅行基地空间分布及其影响因素[J]. 地理科学，2021，41（7）：1139-1148.